Der Locus 2007

Impressum

Herausgegeben vom CBF Darmstadt – Club Behinderter und ihrer Freunde in Darmstadt und Umgebung e.V.

Pallaswiesenstraße 123a
64293 Darmstadt

Tel. +49 (0) 6151 8122-0
Fax +49 (0) 6151 8122-81
E-Mail info@cbf-darmstadt.de
Internet www.cbf-darmstadt.de

Redaktion und redaktionelle bearbeitung
Jonathan Binas, Georg Brandes, Gregor Keller, Alfred Konhäuser, Marc Mengler, Matthias Vogl

Layout/Satz Jonathan Binas

Umschlag Ulrich Reuß, Müller-Stoiber & Reuß, Darmstadt

Druck Justizvollzugsanstalt Darmstadt

3. Auflage 2011: 5000

ISBN 978-3-00-021877-4

Inhaltsverzeichnis

Vorwort	4
Statistisches	5
Verzeichnis Deutschland	8
Verzeichnis Frankreich	267
Verzeichnis Großbritannien	294
Verzeichnis Niederlande	301
Verzeichnis Österreich	305
Verzeichnis Schweiz	338
Verzeichnis Spanien	366
Die Nachtscherben	370
Städteregister	371

Vorwort

Jeder Mensch kennt das Bedürfnis, keiner bleibt von ihm verschont. Wenn es drückt, dann muss man drücken, ob man will oder nicht. Da ist es gut, zu wissen, wo man sein Geschäft erledigen kann. Im Eilschritt strebt der Mensch der nächsten Toilette zu.

Was aber, wenn der Mensch behindert ist, im Rollstuhl sitzt? Unüberwindbare Stufen oder zu enge Türen können die schönste Toilette unerreichbar machen.

Um hier eine Hilfestellung zu bieten, brachte der CBF Darmstadt 1993 die erste Auflage des »Locus« heraus. Diese Broschüre verzeichnete rund 1.000 Toiletten in der Bundesrepublik, dazu einige in Österreich. Heute halten Sie die vierte Auflage in den Händen, die inzwischen ca. 9000 Standorte umfasst und damit seit der letzten Auflage einen Zuwachs von rund 40% aufweist.

In der aktuellen Auflage wurden neben der Aktualisierung und Erweiterung der Verzeichnisse in der Bundesrepublik vor allem auch die Standortinformationen für zahlreiche Nachbarstaaten erweitert. So befinden sich mittlerweile ca. ein Drittel der verzeichneten Standorte im europäischen Ausland. Ein Großteil der Toiletten kann mit dem »Euroschlüssel« geöffnet werden (siehe dazu »Das Schlüsselerlebnis«, Seite 6).

Wir denken, dass wir mit unserer Arbeit vielen Behinderten »Erleichterung« schaffen. Sollten Toiletten nicht in Ordnung sein, scheuen Sie nicht, sich an die Toilettenbetreiber zu wenden. Auch an Kritik und Anregungen zum »Locus« sind wir jederzeit interessiert. Wir freuen uns, wenn Sie mitarbeiten und uns Veränderungen oder neue Standorte mitteilen.

Darmstadt, Sommer 2007

Vorwort

Statistisches

Auch wir möchten uns und unseren »Locus« verbessern.

Da das Projekt maßgeblich auf der aktiven Mitarbeit engagierter und aufmerksamer Bürger basiert, sollen folgende Tabellen und Statistiken zu weiterer und verstärkter Mitarbeit an einem inzwischen internationalen Projekt anregen. Wir wollen hiermit sowohl unsere Erfolge der letzten Jahre aufzeigen, vielmehr jedoch darauf hinweisen, dass sich noch vieles bewegen lässt und in diesem Sinne Kritik am mangelnden Interesse und Engagement mancher Bürger und Städteverwaltungen üben. Denn Kritik ist eines der wichtigsten Elemente in einem Optimierungsprozess.

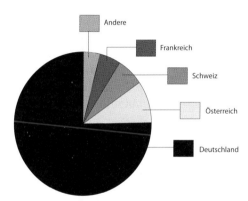

Internationale Verteilung der gemeldeten Standorte

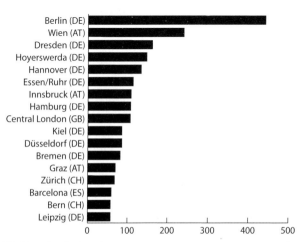

Die Top-Städte im »Locus«

»Einheitlicher Schlüssel für Behindertentoiletten«

Es ist unerfreulich, wenn öffentliche Behindertentoiletten verschlossen werden müssen, aber oftmals lassen ständige Verunreinigung und Vandalismus keine andere Wahl. Um eine verschlossene Toilette benutzen zu können, braucht man einen passenden Schlüssel. Der muss dann erst gesucht (und gefunden) werden, ehe ein Behinderter sich erleichtern kann...

Dieser unbefriedigende Zustand führte zu der Überlegung: Wenn schon Schlüssel, dann bitte nur ein Schlüssel! 1986 wurden auf die Initiative von Frau Hofmann vom CBF-Darmstadt die Behindertentoiletten an den deutschen Autobahnen mit einem einheitlichen Schließsystem ausgestattet. Der CBF Darmstadt hat sich bereit erklärt, den Vertrieb der Schlüssel zu organisieren.

Schon bald erfreute sich dieses System großer Beliebtheit unter den Behinderten. Ein nächster Schritt war die bundesweite Anpassung aller verschlossenen Behindertentoiletten mit entsprechende Schließzylinder. Durch intensive Öffentlichkeitsarbeit konnte erreicht werden, dass viele Städte und Gemeinden in Deutschland behindertengerechte Toiletten auf das Einheitsschloss umrüsteten. Inzwischen haben sich Länder wie Österreich und die Schweiz unserem System angeschlossen. Mit dem

Vorwort

Euro-Schlüssel – wie wir ihn jetzt nennen – können Toiletten bald europaweit geöffnet werden. Selbst in Slowenien und in Istanbul ist das System zu finden.

Es hat sich inzwischen herausgestellt, dass verschlossene Toiletten gepflegter und sauberer sind und weniger häufig zerstört werden.

Inzwischen hat sich der Schlüssel auch in anderen Einrichtungen bewährt. Mit dem Euro-Schlüssel können Behinderte z.B. Aufzüge, Treppenlifte, Rufanlagen oder Schranken vor Behindertenparkplätzen nutzen.

Der Euro-Schlüssel kann beim CBF Darmstadt bezogen werden. Dazu senden Sie und bitte eine Kopie Ihres Schwerbehindertenausweises (Vorder- und Rückseite!) und EUR 18,–. Der Schlüssel in Verbindung mit dem LOCUS-Führer kostet EUR 25,–, der LOCUS allein EUR 8,–, Porto und Verpackung sind jeweils enthalten.
Sie können uns einen Verrechnungscheck oder Bargeld zuschicken. Wenn Sie den Betrag auf unser „Schlüsselkonto" bei der Postbank Frankfurt/Main (BLZ 500 100 60, Konto-Nr. 13 14 15 601) überweisen wollen, teilen Sie uns bitte brieflich oder per Fax Ihre Adresse mit und notieren außerdem, dass die Überweisung veranlasst wurde – am besten durch eine Bestätigung der Bank. Bitte haben Sie Verständnis, dass wir den Schlüssel erst nach Eingang der Unterlagen und der Geldes verschicken können.

CBF Darmstadt
Pallaswisenstraße 123a
64293 Darmstadt
Tel.: 06151 / 8122-0
Fax.: 06151 / 8122-81
E-Mail: info@cbf-darmstadt.de
Internet: www.cbf-darmstadt.de

Der Locus · Deutschland

Verzeichnis Deutschland

Aachen

Adalbertsteinweg 59-65; Jugendamt

🗝 Adalbertstraße 20-30; Galeria Kaufhof
Mo-Mi: 0930-2000; DO: 0930-2100; Sa 0930-2000; die toilette befindet sich in der 2.Etage im Restaurant

Am Marschiertor; Stadtverwaltung/Verwaltungsgebäude

Blondelstraße; Parkplatz

Couvenstraße 15; öffentliche Bibliothek

Dammstraße; Kurgarten Burtscheid, Kurparkterrasse

Elisenbrunnen/Hartmannstraße; öffentliches WC

Hartmannstraße/Elisabethstraße

🗝 Hauptbahnhof Aachen
permanent geöffnet; im Tunneldurchgang zu den Bahnsteigen

Hermannstraße 14; Caritasverband für Aachen-Stadt und -Land

Jesuitenstraße/vor Kleinmarschierstraße; freistehed

Kaiserplatz/nach Stiftstraße; freistehend

Kapellenstraße/nach Von-Pastor-Platz; freistehend

Karlshof; am Markt, AOK

Katschhof; Rückfront Rathaus; öffentliches WC

🗝 Matthiashofstraße 28-30; Mayerschen
Toilette befindet sich in der 2.Etage

Monheimsallee 52; Eurogress Aachen

Peterstraße 21-25; Volkshochschule

Roermonder Straße 51; Arbeitsamt

Römerstraße; Verwaltungsgebäude, Stadtverwaltung

Sandkaul/nach Alexanderstraße; freistehend

Verwaltungsgebäude Katschhof; Stadtverwaltung

Wilhelmstraße 18; Suermondt-Ludwig-Museum

Willy-Brandt-Platz; gegenüber Kaufhaus C&A, freistehend

Zollernstraße; Verwaltungsgebäude der Kreisverwaltung Aachen

Aalen

🗝 Aalener Straße 7; Ortschaftsgebäude, Zugang von Bahnunterführung, OT Unterkochen

🗝 Bürgerhaus; 1.OG Aufzug, OT Wasseralfingen

🗝 Gmünder Torplatz 9; Torhaus, EG und 3.OG

Deutschland

Aalen
- Marktplatz 3
- Marktplatz 30; Rathaus
- Marktplatz 4; „Altes Rathaus"
- Parkstraße 15; Greuthalle
- Pelikanweg 21; Ganztagesschule und Jugendtreff Unterrombach
- Spitalstraße; Parkhaus

Achern
- Am Stadtgarten
- Eisenbahnstraße 40; Bahnhof
- Rathausplatz 1; Rathaus I

Achim
- Hauptbahnhof; Erdgeschoß/Vorplatz, Containerstadt, 1. OG
- Langenstraße 1

Adendorf
- Rathausplatz 14; neben der Bücherei

Adorf
- Waldbadstraße 5; Erlebnisbad im Badebereich/Hallenbad

Ahaus
- Wallstraße; freistehende Behinderten-WC-Anlage

Ahlen
- Bahnhofsplatz/neben Taxizentrale
- Bismarckstraße 10; Arbeitsamt, EG und 2. OG
- Kapellenstraße 25; Caritas, Elisabeth-Tombrock-Haus, EG
- Klosterstraße 10a; Familienbildungsstätte, EG
- Königstraße 7; Bürgerzentrum Schuhfabrik, KG
- Richard-Wagner-Straße 50; AWO/Hugo-Stoffers-Zentrum, EG und 2. OG
- Robert-Koch-Straße 55; St.-Franziskus-Hospital, EG
- Westenmauer 10; Rathaus, 1. OG
- Westenmauer 10; Stadthalle, EG
- Westenmauer 12; Stadtbücherei, Kellergeschoß

Der Locus · Deutschland

Ahlen
Wilhelmstraße 7; Kreismusikschule, EG

Ahrensburg
- Kaufhaus Nessler
- Bahnhofstraße; am ZOB/S-Bahnhof
- Manfred-Samusch-Str. 5
  vor dem Rathaus, Bushaltestelle

Aichach
- Rosenau 10; Sozialzentrum Bayerisches Rotes Kreuz

Albstadt
Bade- und Freizeitzentrum badkap; Richtung Lautlingen

Johannesstraße 5; Bücherei, EG und 1. OG

Kirchgraben 11; Städtische Galerie, EG

Kirchgraben 15/17; Rathaus, EG, OT Ebingen

Poststraße 6; Parkhaus Bahnhof, Parkdeck 1/2

Untere Bachstraße 12; Haus am Uhlandsgarten, EG, OT Tailfingen

Aldenhoven
- Pestalozziring; Großsporthalle, in der Realschule

Schwanenstraße 6; Hauptschule

Allensbach
- Rathausplatz 2; Museumsgebäude
  WC im Museumsgebäude neben dem Rathausplatz (Marktplatz)
- Strandweg 30; Campingplatz Himmelreich

Allersberg
- Nürnberger Straße 42; Freibad Allersberg

Alpirsbach
Hauptstraße; Kurhaus, an der B294

Alsdorf
Burgstraße; Arbeiterwohlfahrt Alsdorf-Burg 1927

Denkmalplatz 1; Euro-Music-Halle/Stadthalle

Alsdorf

Denkmalplatz 1; Restaurant „Amadeus", Stadthalle

Ernst-Abbe-Straße 10; Caritas-Behindertenwerk GmbH Alsdorf

Hubertusstraße 17; Rathaus, Alsdorf-Mitte

Luisenstraße 12; „Luisenbad"

Luisenstraße 19; Restaurant „Burger King"

Otto-Wels-Straße 4; Arbeitsamt

Saint-Brieue-Platz 1; Sparkasse Aachen/Geschäftsstelle Alsdorf

Theodor-Seipp-Straße; Freibad Alsdorfer Weiher; im Eingangsbereich

Alsfeld

Neurathgasse

🔑 Pfarrgasse 2; an der Grundschule; in 36326 Antrifttal, OT Ruhlkirchen

Altdorf

🔑 Adalbert- Stifter- Allee 2; WC Ankerweiher

🔑 Röderstraße 10; WC Rathaus

Altena/Westf.

Am Markaner; ZOB

🔑 Kirchstraße 20; Burg Holtzbrinck

Linscheider Bach; Freibad „Linscheider Bach"

Marktstraße 14-16; Stadtbücherei

Altenau

🔑 Alte Fuhrherrenstraße 5; Haus des Gastes, OT Buntenbock

Hüttenstraße 9; Kurverwaltung, OT Altenau

🔑 Im Spiegeltal; Kurhaus, OT Wildemann

Altenberg

🔑 Am Zollplatz 1; Gemeinschaftszollanlage Altenberg, im Gebäude 4 + 14

Altensteig

Hegelstraße 3; Seniorenzentrum „Haus Sonnenhalde"

Poststraße 47; Städtische Musikschule

Altötting

🔑 Am Kreuzweg

Der Locus · Deutschland

Altötting

- Kapelplatz
  In der Tiefgarage
- Bahnhofsplatz 3; Empfangsgebäude Bahnhof
  Mo - So 07.00 - 21.30

  Freibad St. Georgen

  Tiefgarage am Kapellplatz

Alzenau

- Burgstr. 12; Öffentl. Toilettenanlage an der Burg
  während der Öffnungszeiten

Alzey

- Im Industriegebiet; Real-Supermarkt
  9.30-20.00; permanent
- Industriestr. 23; Im Rheinhessen-Center
- Karl Heinz Kipp Str; Rael Markt Alzey unter der Rolltreppe
  9-20 Uhr; Permanent mit Schlüssel
- Ostdeutsche Straße; Parkplatz
- Schloßgasse 11

Amberg

- Hockermühlstraße; Freibad
- Marienstraße; Parkdeck
- Marktplatz 11; Rathaus

Ammerbuch-Reusten

- Jesingerstr. 32; Evang. kirche

Ampfing

- Hinmühler Weg 27; Naturbadanlage Grüne Lagune

Amt Neuhaus

- Am Markt 4; Verwaltungsgebäude Gemeinde
  Amt Neuhaus- ZOB- Scheune

  Rosengartenweg 4; Heimatmuseum
  Behinderten Parkplatz am Penny Markt

Andernach

- Am Stadtgarten; Hochgarage gegenüber Helmwartsturm

Deutschland

Andernach
- Breite Straße 30; Appartmenthaus für Behinderte, Nähe LVA
- Bürresheimer Gasse; Schiffshospital Andernach, Haupteingang
- Elisabethenschule; Taubenträrke, Nebentrakt
- Hochstraße/Kramgasse; Altes Rathaus, Stadtbibliothek
- Johannisplatz; Kreissparkasse, Nähe Bahnhof (Hintereingang)
- Konrad-Adenauer-Allee; Mittelrhein-Halle
- 🔑 Läufstraße; Neues Rathaus, EG
- Schillerring/Hammerweg; Kreuzkirche
- 🔑 Vulkanstr. 58; Rhein-Mosel-Fachklinik im Konferenzzentrum
- Vulkanstraße; Klinikum, Landesnervenklinik (an Pforte)

Angermünde
- 🔑 Marktplatz
- 🔑 Strandbad Wolletzsee

Annweiler
- 🔑 Markwardanlage

Anröchte
- Hauptstraße 74; Rathaus
- Hauptstraße 76; Alte Schule

Ansbach
- 🔑 Johann-Sebastian-Bach-Platz 3; Ev. St.-Gumbertus-Kirche
- 🔑 Residenzstraße 2-6; Einkaufszentrum Brücken-Center

Appenweier
- 🔑 An der A5; Autobahnrathaus Renchtal West
- Oberkirchnerstraße 24; Eingangsbereich Schwarzwaldhalle

Arnsberg
- 🔑 Bahnhofsvorplatz; Bahnhof; OT Hüsten
- 🔑 Clemens-August-Straße; in Bahnhofsnähe, OT Alt-Arnsberg
- 🔑 Goethestraße; Busbahnhof, OT Neheim
- 🔑 Gutenbergplatz; Nähe Rumbecker Straße, OT Alt-Arnsberg
- 🔑 Hallenstraße/Ecke Steinweg; im Alten Rathaus, jedoch eigener Zugang, OT Alt-Arnsberg

Arnsberg

- 🔑 Hüstener Markt; Parkplatz Möthe, OT Hüsten
- 🔑 Kirchstraße 47; im Gebäude Bürger-Service-Center, OT Oeventrop
- 🔑 Neheimer Markt; im Parkhaus Nordseite, Zugang über Schobbostraße; OT Neheim
- 🔑 Neumarkt/Steinweg; Tiefgarage, OT Alt-Arnsberg
- 🔑 Promenade; neben Schützenhalle, OT Alt-Arnsberg
- 🔑 Rathausplatz 1; im Rathaus, OT Neheim

Arnstadt

- Hauptbahnhof
- Ichtershäuserstraße; BP-Tankstelle, Ortseingang von Autobahn
- Im Theater; im Schloßgarten, Eingang wie Theatercafé
- Lohmühlenweg 11; Mobilitätszentrum des Behindertenverbandes
- Markt 1; Rathaus Stadtzentrum
- Marktstraße/Stadtzentrum; keine Parkmöglichkeit
- Rosenstraße/Stadtzentrum; keine Parkmöglichkeit
- Schloßgarten; Eingang Erfurter Straße, keine Parkmöglichkeit
- Sozialamt des Landkreises; Nähe Fischtor
- Wollmarkt vor dem Stadtbad

Arolsen

- Birkenweg 11
  Eingang rückwärtig
- Professor-Klapp-Straße 14
- 🔑 Rathausstraße 3, Bürgerhaus
- 🔑 Strandbad Twistesee

Artern

- 🔑 Boulevard
- 🔑 Leipziger Straße; Artern Boulevard
- Leipziger Straße; Boulevard
- Saline; Soleschwimmbad

Asbach-Sickenberg

- 🔑 Alter Bahnhof; Naturpark Eichsfeld-Hainichen-Werratal
- Freibad; OT Uder

Deutschland

Asbach-Sickenberg
Grenzmuseum

🗝 Naturpark Eichsfeld-Hainich-Werratal;„Am alten Bahnhof" und im „Alten Wasserturm"

Aschaffenburg
🗝 Am Schönbusch; Stadion, Behinderten-WCs in Kiosk/WC-Gebäuden (Neubauten)

🗝 Brentanostraße; Kiosk

Dalbergstraße 15; Rathaus, EG

🗝 Darmstädterstr.; Am Volksfestplatz

🗝 Friedrichstraße; Kiosk

🗝 Hofgartenstraße; Park Schöntal

Schloßplatz 1; Stadthalle

🗝 Schloßplatz 4; Schloß Johannisburg

Stadion am Schönbusch (Sportanlage); 3 WC-Anlagen

Aschau im Chiemgau
Bahnhofsplatz; Bahnhof
bis 20 Uhr offen

Ascheberg
🗝 Burgstraße; Turnhalle, OT Davensberg

🗝 Dieningstraße 7; Gemeindeverwaltung

Aschersleben
Bestehornhaus

🗝 Hinterbreite

🗝 Luisenpromenade

Asperg
🗝 Bahnhof

Attendorn
Busbahnhof

Im Tangel

Kölner Straße 12, Rathaus, EG

Parkplatz Feuerteich

Der Locus · Deutschland

Attendorn
Torenkasten

Aue
Altmarkt

Lessingstraße; Rathaus, EG

🔑 Marktplatz

🔑 Postpassage

🔑 Postplatz; Zentraler Busabfahrtsplatz

Auerbach
🔑 Pavillon Neumarkt (Zentrum)

🔑 Unterer Bahnhof

🔑 Götzschtalstraße; Bushaltestelle

🔑 Nicolaistr. 51; Rathaus
während der Öffnungszeiten

Augsburg
Bischof-von-Zollern-Platz

🔑 Heinrich-von-Buz-Straße

🔑 Königsplatz; Umsteigedreieck

Oberhauser Bahnhof

Prof.-Steinbacher-Straße; Parkhaus

🔑 Rathausplatz; Verwaltungsgebäude

Rote-Torwall-Straße 11

🔑 Spickelstraße 1; Wasserwachtstation mit öffentlichem WC

🔑 Viktoriastraße 3; CINE-STAR Filmpalast, 1. OG

Augustusburg
🔑 Augustusburg; Schloßinnenhof

Aurich
Fischteichweg; Kreishaus des Landkreises Aurich

Fischteichweg; Rathaus der Stadt Aurich

🔑 Marktplatz; Tiefgarage der Stadt Aurich, unter dem Marktplatz

🔑 Pferdemarkt; Omnibusbahnhof, Steinbömersches Haus

Deutschland

Backnang
- Bahnhof; P+R Parkhaus
- 🔑 Bleichwiese
- Jahnstraße 10; Stadthalle
- Untere Schillerstraße

Bad Aibling
- Bahnhofsplatz; Bahnhof, Nähe Jugendtreff
- Wilhelm-Leibl-Platz 1; Kurhaus
- Wilhelm-Leibl-Platz 3; Haus des Gastes - Kurverwaltung

Bad Bentheim
- Schloßstraße 18; Haus des Gastes
  8-18h

Bad Berleburg
- Poststraße 42; Rathaus

Bad Bramstedt
- 🔑 Bleeck 17-19

Bad Camberg
- 🔑 Bircher-Benner-Straße; Luft- und Sonnenbad
- 🔑 Chambray-les-Tours-Platz 1; Bürgerhaus, Kurhaus
- 🔑 Horstweg 4; Erlenbachhalle
- 🔑 Neue Straße 2; Gemeindezentrum

Bad Doberan
- 🔑 Am Kinderstrand; öffentliches WC
- 🔑 Rostocker Straße, öffentliches WC
- 🔑 Seedeichstraße; öffentliches WC, OT Heiligendamm

Bad Düben
- Neuhofstraße 3; Landschaftsmuseum/Burg
- Paradeplatz 19; Stadtinformation
- Windmühlenweg 16; Jugendhaus „Poly"

Der Locus · Deutschland

Bad Dürkheim
- Busbahnhof
  Mannheimer Straße 24; Rathaus; EG

Bad Dürrenberg
- Kurpark

Bad Dürrheim
  Friedrichstraße/Adlerplatz; bei Bushaltestelle
  Hubertstraße 8; Solemar-Erlebnis-Therapiebad
  Luisenstraße 11; Haus des Bürgers
  Luisenstraße 23; Kurhaus
  Luisenstraße 7; Haus des Gastes
  Osterberghalle; OT Öfingen

Bad Ems
- Kurpark/Kolonaden
  Kurtheater
- Marktplatz; "Auf der Wipsch"
  neben dem Eingang "Pelzmarkt"

Bad Feilnbach
- Minigolfplatz/Ortsmitte

Bad Gandersheim
- Am Plan; Plangarten
- Kellergasse; Toilettenanlage "Kellergasse"

Bad Harzburg
  Am Markt 6; Gemeinschaftshaus, OT Göttingerode
  Am Schwimmbad; Soletherme, OT Bad Harzburg
  Bahnhofsplatz 1; WC-Anlage Am Bahnhof, Gebäude Verkehrsverein
  Forstwiese 3; Heimatstube, OT Bad Harzburg
  Forstwiese 5; WC-Anlage Rathaus, OT Bad Harzburg
  Gestütsstraße 20; Schloß Bundheim
  Herzog-Wilhelm-Straße 86; Kurzentrum
  Kurhausstraße; Kurhaus, OT Bad Harzburg

Deutschland

Bad Harzburg
- Nordhäuser Straße; WC- und Kiosk-Anlage „Berliner Platz", OT Bad Harzburg

  Rohkammallee/Schmiedestraße 7a; WC- und Kiosk-Anlage „Badepark"; Eingang Nähe Parkdeck

Bad Herrenalb
Kurpromenade 8; Kurhaus

Bad Hersfeld
- Am Markt 1; WC
- Vitalisstraße; WC

Bad Hindelang
- Unterer Buigenweg 2; Im Kurhaus (Schlüssel Info-Schalter)

Bad Homburg v.d.H.
Augusta-Allee; Kurzentrum

Elisabethenstraße 4-8; Volkshochschule

Ferdinandsplatz; Englische Kirche
- Frankfurter Landstraße; U-Bahn Station Gonzenheim, Kiosk
- Friedrichsdorfer Straße 4; Vereinshaus, OT Gonzenheim

  Gluckensteinweg 101; Gemeindezentrum St. Franziskus
- Gluckensteinweg 150; Evangelische Gedächtniskirche

  Kaiser-Wilhelm-Bad; im Kurpark
- Louisenstraße 13; Marktlauben

  Louisenstraße 58; Kurhaus, Theaterhauptgarderobe
- Marktplatz; Toilette am Marktplatz, Marktlauben

  Oberste Gärten; Jugendclub Oberste Gärten, OT Kirdorf

  Rathausplatz 1; Stadtladen, Rathaus

  Ritter-von-Marx-Brücke; Tiefgarage Schloßplatz, 1. UG
- Saalburgstraße 158; Vereinshaus, OT Dornholzhausen
- Sandelmühle/Mühlweg; Sportplatz Sandelmühle
- Seedammweg 7; Seedammbad, im Schwimmhallenbereich

  Stedter Weg 40; Bürgerhaus - Gaststätte, OT Kirdorf

  Stettiner Straße 48; Evangelische Christuskirche

  Stettiner Straße 53; Club der Begegnung mit Körperbehinderten

Bad Homburg v.d.H.
- 🔑 Tannenwaldweg 102; Gotisches Haus
- 🔑 Tannenwaldweg 102; Stadtarchiv
- Urseler Straße 33; Kreiskrankenhaus, EG, bei den Personenaufzügen
- Wallstraße 24; E-Werk, Kultur- und Jugendtreff

Bad Honnef
- Hauptstraße 22; Hotel Avendi
- Rathausplatz 1; Rathaus, Schlüssel beim Pförtner
- 🔑 Selhofer Str. 106; Jugendherberge Bad Honnef

Bad Karlshafen
- 🔑 Lesehalle an der Kurpromenade
- 🔑 Weserstraße 21; Landgraf-Carl-Gebäude; öffentliche Toilette

Bad Kissingen
- 🔑 Am Kurgarten 1; Bayrische Staatsbad GmbH / Kurgastzentrum
- 🔑 Hemmerichstraße; Parkhaus Zentrum
- 🔑 Kapellenstraße; Parkhaus Theater

Bad Kohlgrub
- Hauptstraße 27a; Kurpark-Restaurant-Café

Bad Königshofen/Grabfeld
- 🔑 Marktplatz; am Rathaus

Bad Kreuznach
- 🔑 Bahnhof
- 🔑 Europaplatz; Bushaltestelle, auf Verkehrsinsel
- 🔑 Im Salinental; Im Schwimmbad Salinental
- 🔑 Mühlenstr. 23-25; Haus für Jugendliche
- 🔑 Turmstraße; hinter der Sparkasse/Kornmart

Bad Laasphe
- Mühlenstraße 20; Rathaus
- 🔑 Volkshalle, OT Fendingen
- Wilhelmsplatz; Haus des Gastes

Deutschland

Bad Langensalza
- An der Alten Post; Kultur-Kongreßzentrum Bad Langensalza
- Marktstraße 1; Rathaus
- Neumarkt; Mohren-Parkplatz, Polleranlage für Krankenhaus

Bad Lauchstädt
- Kurpark
- Markt 1; Rathaus

Bad Lippspringe
- Komgreßhalle
- Lange Straße; Marktplatz
- Peter - Hartmann - Allee; MZG

Bad Mergentheim
- H.-H.-Erler-Platz 35; Kulturforum
- Milchlingstraße 51, Friedhof
- Schloß; WC-Anlage
- Wachbacher Str. 4; Handelshof
- Zaisenmühlstraße 10; Parkhaus beim Bahnhof

Bad Münder am Deister
- Hannoversche Straße 14a; Konzertsaal
- Lange Straße; Parkplatz neben der Feuerwehr

Bad Nauheim
- Bahnhofsvorplatz

Bad Neuenahr-Ahrweiler
- Bahnhof; OT Bad Neuenahr
- Bossardstraße; Parkplatz Adenbachtor, OT Ahrweiler
- Hauptstraße; Rheinischer Hof, OT Bad Neuenahr
- St.-Pius-Straße; Parkplatz, neben Kindergarten, OT Bachem

Bad Neustadt a.d. Saale
- Marktplatz
- Rhönblick 17; Werner-von-Siemens-Realschule

Der Locus · Deutschland

Bad Neustadt a.d. Saale
- Valentin-Rathgeber-Str. 1; Grund und Teilhauptschule (Brendlorenzen) - Schüler WC

Bad Oeynhausen
- FBO-Werrepark
- Fürstenwinkel 5; Arbeitsamt
- Herforder Straße; Zentraler Omnibusbahnhof „Am Salzhof"
- Mindener Str. 32
- Sielpark; An der Saline
- Weserstraße/Ecke Detmolder Straße, Wear-Valley-Platz

Bad Oldesloe
- Hindenburgstraße 46; Stadthaus
- Hude 7; Innenstadt

Bad Orb
- Kurparkstraße 2; Freischwimmbad

Bad Pyrmont
- Altenaustraße 10a; Arbeitsamt
- Am Moorteich 1; Ackermann
- Bahnhof; Vorderfront zwischen Schalterhalle und Durchgang
- Bahnhofstraße 4; Dietrichkeit, Friedel
- Bahnhofstraße 50a; Sporthalle Bahnhofstraße
- Bombergallee 1; Königin-Luise-Bad
- Bombergallee 8; St. Georg-Krankenhaus
- Brunnenplatz 4; Wandelhalle mit Brunnenausgabe, Seiteneingang
- Brunnenstraße 32; Restaurant „Brunnenstube"
- Bürgermeister-Nolte-Straße 5; Altenheim
- Dr.-Harnier-Straße 2; Wohnstift
- Forstweg; Hufeland-Bad, im Eingangsbereich
- Grießemer Straße 53; Gaststätte „Zum Lindenhof"
- Hauptallee; Kurtheater
- Heiligenangerstraße 32; Spielbank, Seiteneingang Kurpark
- Heiligenangerstraße 6; Lesesäle, Eingang Löwentor
- Heiligenangerstraße 6; Verwaltung Eingang über Löwentor

Deutschland

Bad Pyrmont

Heiligenhagerstraße 31; Konzerthaus

Helenenstraße 19; Jugendzentrum

Helenenstraße 25; Wohn- und Pflegeheim

Hubertusweg 7; Altenpension

Humboldstraße 30; Turnhalle Gymnasium

Lortzingstraße 22; Altenheim

Lügder Straße 17; Bahnhof und Bahnhofsgaststätte

Maulbeerallee 4; Bathildiskrankenhaus

Rathausstraße 1; Fundbüro, Eingang A

Rathausstraße 1; Pyrmonter Nachrichten, Nebeneingang

Rathausstraße 1; Stadtverwaltung

Robert-Koch-Straße 11; Altenheim

Schloßplatz 2; Seniorenresidenz

Schloßstraße 13; Kreisvolkshochschule

Schloßstraße 13; Museum im Schloß

Schloßstraße; Schloßbereich zwischen Kreis-VH und Kommandantenh.

Südstraße 13; Kuhlmann, Detlef

Südstraße 13; Wellenbad (Café, Restaurant)

Südstraße 5; Sporthalle Südstraße

Südstraße; Hallen-Wellen-Freibad

Wiesenweg 5a; Seniorenruhesitz

Winkelstraße 8-9; Evangelisch-lutherischer Kindergarten

Winzenbergstraße 43; Berufsförderungswerk des Landes Niedersachsen

Bad Rappenau

🔑 Kirchplatz; Tiefgarage, Einkaufszentrum II, öffentliches WC

Bad Reichenhall

Heiligbrunnerstr.

🔑 Wittelsbacherstraße; Kurgastzentrum

Bad Säckingen

🔑 Einkaufszentrum Lohgerbe 1; Parkhaus Bad Säckingen
Mo. - Sa. 7.00 - 22.00 Uhr; Innenstadt/ WC im Parkhaus 2. OG

Bad Salzuflen

- 🔑 Am Herforder Tor; Parkhaus 1
- Extersche Straße; Thermalsole-Bewegungsbad
- 🔑 Festhalle; OT Schötmar
- 🔑 Heldmannstraße 2; Schloß Schötmar
- 🔑 Herforder Straße; Parkhaus 6
- 🔑 Herforder Straße; Parkplatz
- 🔑 Kurgastzentrum
- 🔑 Kurhaus
- 🔑 Kurpark; Wandelhalle
- 🔑 Lohfeld; an der Wasserfuhr
- 🔑 Osterstraße; Parkhaus 3
- 🔑 Ostertor; Parkhaus
- Parkstraße 20; Kurverwaltung
- Parkstraße; Kur- und Stadttheater
- 🔑 Rudolph-Brandes-Allee 19; Rathaus
- 🔑 Salzhof
- 🔑 Schloßpark; Schötmarkt
- Sophienstraße; Parkhaus Kurpark

Bad Sassendorf

- Am Bahnhof 1
- Sälzerplatz 3e
- Weslarner Straße 25a

Bad Schandau

- Haus des Gastes, Haltestelle Kirnitzschtalbahn
- 🔑 Kurpark; öffentliche Toilettenanlage

Bad Schönborn

- 🔑 Friedrichstraße 67; Jugendmusikschule, OT Mingolsheim
- 🔑 Huttenstraße 11; Rathaus, OT Langenbrücken
- 🔑 Kraichgaustraße 10; Kurverwaltung, Haus des Gastes, OT Mingolsheim
- 🔑 Prof.-Kurt-Sauer-Straße 4; Gotthard-Schettler-Klinik, Ebene 5 neben dem Café

Deutschland

Bad Schwalbach
- Kurhaus
- Moorpackungshaus
- Stahlbadehaus

Bad Schwartau
- 🔑 Am Kurpark 3; Holstein-Therme, in der Therme
  nur für Besucher!
- 🔑 Augustaraße/Zentralparkplatz; Bereich Kloppenburg - Fußgängerzone
- 🔑 Bahnhofstraße; Bahnhof, Wartehalle
- 🔑 Ludwig-Jahn-Straße; WC am ZOB
- Markt 15; Rathaus, UG

Bad Soden am Taunus
- 🔑 Königsteiner Straße 86; Öffentliche Toilettenanlage am Badehaus

Bad Soden-Salmünster
- Frowin-von-Hutten-Straße 5; Kurzentrum Therma Sol, OT Bad Soden

Bad Staffelstein
- 🔑 Vierzehnheiligen 2; Franzikanerkloster
  Besuchertoilette

Bad Tölz
- Bürgergarten; WC-Anlage
- Ludwigstraße 11; Städtische Kurverwaltung
- Ludwigstraße 18; „Haus des Gastes"
- Ludwigstraße 25; Kurhaus
- Parkplatz am Isarkai, WC-Anlage am Isarkai
- WC-Anlage am Waldfriedhof; nördliche Stadtgrenze
- WC-Anlage an der Isarpromenade, Nähe Eisstockbahn

Bad Vilbel
- 🔑 Am Wendehammer (Bushaltestelle); OT Heilsberg
- 🔑 An der Burgruine; Toiletten für die Burgfestspiele
- 🔑 Im Burgpark
- 🔑 Kulturzentrum „Alte Mühle"
- 🔑 Zentralparkplatz

Der Locus · Deutschland

Bad Waldsee
- Bücherei
- Freibad
- Städtische Kurverwaltung

Bad Wiessee
- Adrian-Stoop-Straße 20; Kuramt, EG
- Schiffanlegestelle Ortsmitte
- Söllbachtalstraße/Richtung Söllbachklause; Parkplatz
- Wilhelminastraße 2; Bade Park

Bad Wildbad/Schwarzwald
- 🗝 Kernerstraße 39; Ladenzeile im Kurpark
- 🗝 König-Karl-Straße 76; Bismarckinsel
- 🗝 Parkhaus; Kurzentrum

Bad Wildungen
- Am Markt 1; Rathaus, UG im Neubauteil
- Bilsteinstraße; öffentliches WC, OT Reitzenhagen
- Brunnenallee 1; Parkplatz, öffentliches WC
- Hauptstraße 2; Kurcentrum „Galleria", öffentliches WC, Zugang über Foyer, OT Reinhardshausen
- Hauptstraße; Toilettenhaus vor dem Kurcentrum „Galleria"; OT Reinhardshausen
- Kurpark der Bad Reinhardsquelle GmbH; Toilette in der Wandelhalle, OT Reinhardshausen
- Langemarckstraße 13; Behindertentoilette im Neuen Kurhaus, Zugang über Foyer
- Langemarckstraße 2; Kurverwaltung Hessisches Staatsbad
- Mittelstraße; Parkhaus
- Quellenstraße; Kurpark der Bad Reinhardsquelle GmbH, Toilettenhaus, OT Reinhardshausen
- Zum Hahnberg 3; Bürgerhaus, öffentliches WC, OT Reinhardshausen

Bad Windsheim
- Eisweiherweg; Parkplatz, Fränkisches Freilandmuseum
- Jahnstraße/Külsheimer Straße; Minigolfplatz im Kurpark
- 🗝 Klosterplatz; Öffentlichen Toilette
  Schüsselmarkt

Deutschland

Bad Windsheim
- Schüsselmarkt 4; Archiv
  8.00 - 19.00; mit Rampe und Automatiktür

Bad Wörishofen
- Bahnhofsplatz 3; Parkhaus am Bahnhof
- Bürgermeister-Stöckle-Straße (Hauptstraße); Parkhaus Süd

Bad Wurzach
- Gottesberg
- Hallenbad am Riedpark
- Kirchbühlstraße 1; Kurhaus am Kurpark

Bad Zwischenahn
- Auf dem Hohen Ufer 24; Wandelhalle
- Bahnhofstraße 26; Bahnhof (Eingang Tunnelhaus Nord)

Baden-Baden
- An der Lichtentaler Allee; Brenners Park Hotel
- Augustaplatz
- Ecke Eisenbahnstraße/Eichelgarten; beim Busbahnhof
- Falkenstraße 2; Queens Hotel
- Heiligensteinstraße 19a; Hotel Heiligenstein, für kleine Rollstühle geeignet
- Kaiserallee 1; Restaurant Kurhaus
- Kaiserallee; Kurhaus, 1. Stock mit Aufzug, Schlüssel dafür bei der Information
- Kapuzinerstraße 1; Klinik Dr. Dengler
- Klosterbergstraße 15; Gasthaus Zum Adler, nur Toilette geeignet
- Klosterplatz; Lichtental, Schlüssel auch beim Kiosk
- Lange Straße 47; Hotel Badischer Hof
- Lichtentaler Allee; gegenüber Minigolf-Anlage
- Marktplatz 2; beim Rathaus
- Merkurstraße 8; Merkurhotel
- Rathaus; Darmstädter Hof, beim Bürgerbüro
- Rehgartenweg 11; Appartments Ingrid Hördt
- Sinsheimer Straße; Festhalle Baden-Baden-Oos
- Sophienstraße 14; Holland Hotel Sophienpark

Baden-Baden

- Steinbacher Straße 55; Ortsverwaltung, OT Steinbach
- Umweger Straße 103; Restaurant Bocksbeutel, für kleine Rollstühle geeignet
- Umweger Straße 133; Haus Rebland, 2 Stufen
- Voglergasse 1; Appartementhaus Both, innen behindertengerecht, aber 8 Stufen!
- Voglergasse 4a; Appartments Gisela Bergbauer, 2 Stufen

Badenweiler

- Parkplatz West

Badra

- Hauptstraße 25; Dorfgemeinschaftshaus Badra

Baiersbronn

- Rosenplatz; Dienstleistungszentrum

Balingen

- Bahnhofstraße; WC-Anlage beim ZOB, Balingen
- Wilhelmstraße; Parkhaus Balingen-Mitte

Bamberg

- Am Domberg; Alte Hofhaltung
- Collegium oecumenicum/Internationales Studentenwohnheim
- Freibad; OT Gaustadt
- Georgendamm 2a; Tiefgarage (Parkhaus Zentrum Nord)
- Geyerswörthstraße; Stadtbad, öffentliches WC
- Heinrichsdamm; P+R Parkplatz, WC-Anlage
- Hollstadterstr.; Friedhof
  Haupteingang
- Jahnwiese; öff. WC
- Pödeldorfer Straße; Freibad Volkspark
- Promenade; Zentraler Omnibusbahnhof
- Schützenhaus Kunigundenruh; OT Litzendorf
- Schützenstraße 2; Parkhaus Schützenstraße
- Untere Brücke 2a; WC-Anlage

Deutschland

Bannesdorf auf Fehmarn
- vorm Deich; Parkplatz „Niobe-Strand"

Bansin/Usedom
- Haus des Gastes; an der Seebrücke
- Seepark 1; Nahversorgungszentrum Bansin
- WC Ost; an der Strandpromenade, in Richtung Heringsdorf

Barmstedt
- Chemnitzstr. 30; Amt Rantzau
- Seestraße; Wellenbad, OT Bantzau

Barsbüttel
- Rahlstedter Straße; Bauhaus Fachmarktcentrum
  entsprechend den Öffnungszeiten des Baumarkts

Barßel
- Deichstraße; Bootshafen Barßel

Bassum
- Mittelstraße 2-4; neben den öff. Toiletten auf dem Gelände des städtischen Bauamtes, rückw. Bereich

Baumholder
- Am Weiherdamm 1; Am Rathaus der Verbandsgemeindeverwaltung in Baumholder
  von Außen zugänglich

Baunatal
- Marktplatz 17; Raiffeisen Warenzentrum
- Parkplatzstraße
- Rathaus
- Zentraler Omnibusbahnhof

Baunschwg
- Bohlwg; Rathaus
  permanent geöffnet
- Gifhorner Str.; Umsteigeanlage Lincolnsl.
  permanent geöffnet

Der Locus · Deutschland

Baunschwg

- Helmstedterstr.; Endstation Straßenbahn
  permanent geöffnet; Krematorium

Bautzen

- August-Bebel-Platz; Busbahnhof
- Buttermarkt; Behindertentoilette am Reichenturm
- Fleischmarkt 1; Stadtzentrum, am Rathaus
- Kornmarkt; am Reichenturm
- Töpferstrasse 17; Ärztehaus
  Im Erdgeschoss

Bayreuth

- Albrecht-Dürer-Straße; Parkhaus Oberfrankenhalle; Eingang von der Schwimmbadseite
- Bahnhofstraße 20; Hauptbahnhof, Bahnsteig 1
- Festspielhügel; 3. Osttrakt des Festspielhauses
- Hohenzollernring 58; Rotmain-Center
- Opernstraße 9
- Richard-Wagner-Straße/Hofgartenpassage
- Weiherstraße 15; Zweigstelle d. Stadtsparkasse

Bebra

- Knaresborough-Platz/Apothekenstraße;

Beckingen

- Parkstrasse; Marktplatz Beckingen
  Hinter Accord-Markt

Bedburg-Hau

- Kalkarer Straße 19

Bellheim

- Franz-Hage-Stadion

Bendorf

- Am Telegrafenberg; Mehrzweckhalle, OT Stromberg
- Yzeurer Platz

Deutschland

Bensheim
Am Marktplatz
- Amperestraße; ARAL-Tankstelle
Hauptbahnhof; Tiefgarage
- Haus am Markt; Stadtmitte
Kirchbergstraße 18; Rathaus
- Kronepark - Minigolfanlage

Berchtesgaden
Am Parkplatz Königssee, OT Schönau am Königssee
Kur- und Kongreßhaus; OT Berchtesgaden

Bergheim
Bethlehemer Straße 9; Rathaus

Bergholz-Rehbruecke
- Zum Springbruch 1b-c

Bergisch Gladbach
Am Bahnhofsvorplatz
Am Birkenbusch 59; AWO
Am Hammer; Bürgerhaus
Am Hammer; im Schulzentrum Aula
Am Rübezahlwald; Kreishaus
Am Schild; Bürgerzentrum Schildgen
Auf dem Schulberg; Sporthalle
Auf die Schützeneiche 6; Ev. Altenzentrum
Balker Aue; Jugendzentrum
Balker Aue; Sportzentrum
Bensberger Straße 85; Arbeitsamt
Bruchmühlenstraße; NWC - freistehend
Hallenbad
- Hauptstraße 204; Bürgerhaus Bergischer Löwe
Hauptstraße 38; Stadtbücherei
Im Brückerfeld
Im Burggraben; Bergisches Museum
- Johann-Wilhelm-Lindlar-Straße; Busbahnhof

Bergisch Gladbach

- Konrad-Adenauer-Platz; Bürgerhaus „Bergischer Löwe"
- Konrad-Adenauer-Platz; Villa Zanders
- Neben Gaststätte „Altes Brauhaus"; OT Odenthal-Altenberg
- Overather Straße 51-53; Kardinal-Schulte-Haus
- Paffrather Straße 70; Arbeitsamt/Familienkasse
- Refrather Markt; Im Kiosk
- Refrather Weg; Finanzamt
- Schloßstraße 45
- Schloßstraße 49; OT Bensberg
- Schloßstraße 55
- Sportzentrum; OT Witzhelden
- Stadthaus an der Gohrsmühle
- Telegrafenstraße; Rathaus
- Zum Eulenbroicher Auel; „Haus Eulenbroicher"

Berlin

- Adalbertstraße 95; Kreuzbergmuseum
- Adlergestell; S-Bhf. Grünau, OT Köpenick
- Albrechtstraße 10; Seniorenfreizeitstätte „Spukvilla", OT Steglitz
- Albrechtstraße/Steglitzer Straße; OT Steglitz
- Albrechtstraße; Brückenbau Steglitz, OT Steglitz
- Alexanderplatz 1; Berolinahaus
- Alice-Salomon-Platz 3; Rathaus, 2. und 4. OG, OT Hellersdorf
- Alt - Moabit / Ottostr.
- Alt - Schmökwitz
- Alt Köpenick/Frauentrog; OT Köpenick
- Alt Mariendorf 24-26; Seniorenfreizeitstätte/Haus 2, OT Tempelhof
- Alt Mariendorf/Mariendorfer Damm; OT Tempelhof
- Alt Moabit/Ottostraße; OT Tiergarten
- Alt Tegel/Ecke Berliner Straße; Platz vor Kaufhaus C&A, OT Reinickendorf
- Alt Tempelhof 26; Familienfürsorge/Amt III
- Alt Tempelhof 29; Zahnärztlicher Dienst/Amt IV
- Alte Schönhauser Straße 31; Restaurant „Zum Alten Schönhauser"
- Altstädter Ring; gegenüber Rathaus Spandau
- Am Borsigturm 2; Multiplex Cine-Star Kino, OT Tegel

Deutschland

Berlin

Am Gemeindepark Lankwitz; OT Steglitz

Am Hauptbahnhof; Warenhaus Zentrum, Berlin-Ost

Am Köllnischen Park; Haus am Köllnischen Park, OT Mitte

🗝 Am Tierpark 125; Tierpark Berlin Friedrichsfelde
Kindertierpark, Dickhäuterhaus, Terassencafé, Cafeteria

Am Treptower Park, ggü. Hausnr. 32; OT Treptow

Am Volkspark; Volkspark Wilmersdorf

Amtsgerichtsplatz 1; Amtsgericht Charlottenburg

An der Urania 13; URANIA Kleist-, Kepler-, Einsteinsaal

An der Urania 15; Postmuseum Berlin

Anton-Saefkow-Platz 8; Warenhaus HORTEN

Anton-Saefkow-Platz/Ecke Landsberger Allee; OT Lichtenberg

🗝 Antonplatz / Berliner Allee

Argentinische Allee; OT Zehlendorf

🗝 Arnswalder Platz

Attilaplatz; OT Tempelhof

Babelsberger Straße 14; zwei Schlüsseltaster

Badener Ring 23; Kirche auf dem Tempelhofer Feld

🗝 Badensche Str. / Berliner Str.

Badensche Straße 52; Bezirksstadtrat für Sozialwesen

Badensche Straße, Ecke Berliner Straße; OT Wilmersdorf

Barbarossaplatz 5; Galerie Volkshochschule

Barnetstraße 11; Seniorenfreizeitstätte Lichtenrade

Barnetstraße 12-14; Jugendclub/Gemeinschaftshaus Lichtenrade

Behrenstraße 42-45; Senatsverwaltung für Bau- und Wohnungswesen

🗝 Berkaer Straße, Ecke Breite Straße; OT Wilmersdorf

🗝 Berliner Allee / Am Weißensee

🗝 Bismarckallee 23; St.-Michaels-Heim, Bauteil C, 1. OG

Bismarckstraße 35; Deutsche Oper Berlin

Blissestraße 14; Restaurant „Blisse 14"

Blücherplatz; Berliner Zentralbibliothek

Blücherstraße 26b; Amt für besondere soziale Dienste, Amt IV

Boddinplatz; OT Neukölln

Bodestraße 1-3; Altes Museum

🗝 Bornholmer Straße/Ecke Schönhauser Allee; OT Prenzlauer Berg

Der Locus · Deutschland

Berlin

- 🗝 Bornholmer Straße/Sonderburger Straße; OT Wedding
- 🗝 Brandenburgische Straße; Preußenpark, OT Wilmersdorf
- Breite Straße/Pankow-Kirche 1; OT Pankow
- Breite Straße/Pankow-Kirche 2; OT Pankow
- 🗝 Breitenbachplatz
- 🗝 Breitscheidplatz; Alt Nürnberger und Club-Center
- Breitscheidplatz; Europacenter
- Breslauer Platz; Bezirksstadträtin für Frauen/Jugend/Sport
- Briesingstraße/S-Bhf Lichtenrade; OT Tempelhof
- 🗝 Brunnenstr. 181; Phillip Schaeffer Bibliothek
- Brunnenstraße 175; Landeseinwohneramt Berlin, Meldestelle 33
- Brunnenstraße, Ecke Stralsunder Straße; OT Wedding
- 🗝 Buckower Damm; Buga-Gelände, OT Neukölln-Buckow
- Buddeplatz; S-Bhf Tegel, OT Reinickendorf
- Bülowstraße 94; Seniorenfreizeitstätte, OT Schöneberg
- Bülowstraße/Ecke Yorckstraße; OT Schöneberg
- 🗝 Bundesplatz
- Bundesplatz; OT Wilmersdorf
- Burgemeisterstraße 36; Landeseinwohneramt/Meldestelle 49
- Burgstraße 25; Humboldt-Universität, Obj. 1245
- Busbahnhof Messedamm; Eingangshalle
- Buschkrugallee/Ecke Blaschkowallee
- 🗝 Cantianstraße/Ecke Schönhauser Allee; OT Prenzlauer Berg
- 🗝 Carl-Schurz-Straße 24; Kaufhaus KARSTADT, OT Spandau
- 🗝 Chamissoplatz; Café Achteck, OT Kreuzberg
- Charlottenstraße 90; Arbeitsamt IV/Verwaltung
- 🗝 Cine-Star Filmpalast, 2* 1. OG, OT Hellersdorf
- Comeniusplatz; OT Friedrichshain
- 🗝 Danziger Str. / Prenzlauer Allee
- 🗝 Danziger Straße/Ecke Prenzlauer Berg
- 🗝 Degner Straße/Ecke Waldowstraße; OT Hohenschönhausen
- Dircksenstraße; S-Bahnhof Alexanderplatz, OT Mitte
- Droysenstraße 1; Charlottchen Theater und Restaurant
- Dürerplatz; OT Schöneberg

Deutschland

Berlin

Eberbacher Straße, Ecke Binger Straße; OT Wilmersdorf
- 🗝 Edinburger Str. / Barfußstr.

Edinburger Straße, Ecke Barfußstraße; OT Wedding
- 🗝 Elsa - Brandström - Str.
- 🗝 Elsterwerdaer Platz

Elßholzstraße 30-33; Verfassungsgerichtshof
- 🗝 Erbacher Str. / Binger Str.

Erfurter Straße 8; Jugendgesundheitsdienst Kinder

Falkensteinstraße 6; Seniorenfreizeitstätte
- 🗝 Falkplatz / Gleimstr.

Fasanenstraße 79/80; Jüdische Gemeinde zu Berlin

Fernbahnhof Lichtenberg; OT Lichtenberg

Fernbahnhof Schönefeld; OT Schönefeld

Forckenbeckplatz; OT Friedrichshain
- 🗝 Franz - Stenzer - Str. / Marzahner Promenade

Friedensstraße 122; Am Märchenbrunnen, OT Friedrichshain

Friedrich-Wilhelm-Platz; OT Schöneberg

Friedrichstraße 107; Friedrichspalast

Friedrichstraße 176-179; Filmtheater im Haus der Wissenschaft

Friedrichstraße; Haus der Sowjetischen Wissenschaft und Kultur

Gendarmenmarkt; Musikclub, OT Mitte

Gendarmenmarkt; Schauspielhaus, OT Mitte
- 🗝 Georg-Grosz-Platz

Gierkezeile 7; Amt für Lebensmittelpersonalhygiene/Amt II

Giesebrechtstraße 4; Kino „Die Kurbel"

Gleditschstraße 5; Puppentheater Berlin Hans-Wurst-Nachfahren
- 🗝 Glienicker Brücke; OT Zehlendorf

Gneisenaustraße/Ecke Schleiermacher-Straße; OT Kreuzberg

Goerzallee/Königsberger Straße; OT Steglitz

Goethestraße 27-30; Evang. Bildungswerk Berlin/Haus der Kirche

Goethestraße 8-9; Mediothek im Bildungszentrum

Göschenplatz; S-Bhf Wittenau, OT Reinickendorf

Götzstraße 8-12; Amt für Büchereiwesen, im Bibliotheksgebäude

Greenwichpromenade 1; OT Reinickendorf

Der Locus · Deutschland

Berlin

- Greenwichpromenade 2; OT Reinickendorf
- 🗝 Greenwichpromenade; Minigolfanlage, Nähe Tegeler Hafenbrücke, OT Reinickendorf
- 🗝 Greifswalder Straße/Ecke Grellstraße; OT Prenzlauer Berg
- 🗝 Greifwalder Str. / Grellstr.
- Griechische Allee/Ecke Edisonstraße; OT Köpenick
- Großbeerenstraße 56 e-f; Seniorenfreizeitstätte, über den Hof
- Grunewaldstraße 66/67; Amtsgericht Schöneberg
- Gürtelstraße, vor Frankfurter Allee; OT Lichtenberg
- Gustav-Böß-Freilichtbühne/Volkspark Jungfernheide; OT Heckerdamm
- 🗝 Gustav-Meyen-Allee/Brunnenstraße; Container-Toilette
- Hallesches Ufer 32; Panioteca Café, Lampenfieber
- Hammarskjöldplatz 1; Messegelände Berlin
- 🗝 Hans - Rosenthal - Platz
- 🗝 Hansaplatz/Bartingallee; OT Tiergarten
- Hardenbergplatz 11; Zoologischer Garten Fernbahnhof
- Hardenbergstraße 33; Hochschule der Künste/Quergalerie
- 🗝 Haselhorster Damm/Burscheider Weg; OT Spandau/Haselhorst
- Hasenheide 83; Volkspark Hasenheide
- 🗝 Hasenheide/Columbiadamm; im Park, OT Neukölln
- Hauptbahnhof; untere Etage, Berlin-Ost
- Hauptstraße 139; Schnellrestaurant PIZZA HUT
- Hauptstraße 142; Kaufhaus HERTIE
- Hauptstraße/Ecke Eisenacher Straße; OT Schöneberg
- Havelchaussee 61; Aussichtsrestaurant Grunewaldturm
- Havemannstraße/Ecke Märkische Allee, OT Marzahn
- Helene-Weigel-Platz; OT Marzahn
- 🗝 Hellersdorfer Str. / Kastanienallee
- Hellersdorfer Straße; Spree-Center
- 🗝 Hermann - Ehlers - Platz
- 🗝 Hermann - Stör - Platz
  Ostbahnhof
- Hermannplatz; Kaufhaus KARSTADT
- 🗝 Hochmeisterplatz
- 🗝 Hohenzollernplatz / Holsteinische Str.

Deutschland

Berlin

Holzmannstraße 18; Seniorenfreizeitstätte „Berliner Bär"

Hranitzkystraße/Marienfelder Allee; OT Tempelhof

Hugenottenplatz; OT Pankow

🗝 Hultschiner Damm / Roedenstr.

🗝 Humboldthain, Ecke Gustav-Meyer-Straße; OT Wedding

Im Domstift/Lichtenrader Damm; OT Tempelhof

🗝 Immenweg / Steglitzer Damm

Innsbrucker Platz/Ecke Wexstraße; OT Schöneberg

🗝 Innsbrucker Platz; am S-Bahnhof

🗝 Innsbrucker Platz; Blumencenter Schöneberg

Jaffestraße; Eissporthalle

🗝 Jagen 74; Container-Toiletten, OT Reinickendorf

🗝 Johannisthaler Chaussee 295; Einkaufszentrum Gropius-Passagen

🗝 Johannisthaler Chaussee; U-Bahnhof, OT Neukölln-Buckow

John-F.-Kennedy-Platz 1; Bau- und Wohnungsaufsicht

John-Foster-Dulles-Allee 10; Café Global

🗝 John-Foster-Dulles-Allee 10; Kongreßhalle Berlin

Kantstraße 12; Theater des Westens

Kantstraße 79; Amtsgericht Charlottenburg/Grundbuchamt

Karl-Marx-Straße 141; Kulturcafé Rix

🗝 Karl-Marx-Straße 92-98; Kaufhaus Hertie, 2. OG

Karl-Marx-Straße/Kirchhofstraße; Café Achteck

🗝 Karow Nord/Achillesstraße; OT Weißensee

Kastanienallee; vor Hausnr. 49, OT Hellersdorf

🗝 Kemperplatz; SONY-Center, Haus BZ, Bereich IMAX-Kinos

Kiefkolzstraße, vor Nr. 258; OT Treptow

Kladow/Sakrower Landstraße; OT Spandau

Klausener Platz; OT Charlottenburg

Klosterstraße 59; Finanzverwaltung, Eingang Rolandufer

Köllnischer Park, OT Mitte

🗝 Kollwitzplatz / Knaackstr.

Kollwitzplatz; OT Prenzlauer Berg

Königin-Elisabeth-Straße 49; Arbeitsamt III/Verwaltung

🗝 Königin-Luise-Straße 6-8; Botanischer Garten

Der Locus · Deutschland

Berlin

Königsstraße 154; Veterinär- und Lebensmittelaufsichtsamt

Kottbusser Brücke/Ecke Planufer

🔑 Kottbusser Tor

🔑 Kranoldplatz

Kronprinzessinnenweg 120; Autobahnraststätte/Motel Grunewald

Kunstamt

Kurfürstendamm 217; Kino Astor

🔑 Kurfürstendamm 231; Kaufhaus Wertheim, 6. OG

🔑 Kurfürstendamm 27; Hotel Bristol

Kurfürstendamm; Theater am Kurfürstendamm

🔑 Kurfürstenstr. / Potsdamer Str.

Kurfürstenstraße/Potsdamer Straße; OT Tiergarten

🔑 Kurt - Schumacher - Damm / Klausingring 21

Kurt-Schumacher-Platz; OT Reinickendorf

Landsberger Allee 277; Allee-Center

Landsberger Allee 358; Einkaufszentrum

Lausitzer Platz; OT Kreuzberg

Lehniner Platz; OT Charlottenburg

🔑 Leonorenstr. / S-Bahnhof Lankwitz

🔑 Leopoldplatz / Müllerstr.

🔑 Leopoldplatz/Am Rathaus; OT Wedding

Leopoldplatz; OT Wedding

Lichtenrader Damm 198-212; Gesundheitsdienst für Kinder/Familienvors.

Lichtenrader Damm 21; Landeseinwohneramt/Meldestelle 47

Lieselotte-Berger-Platz; vor Hausnr. 637, OT Neukölln

Lindenstraße 22; Arbeitsamt IV/Berufsberatung

Lipschitzallee; U-Bhf, OT Neukölln

Littenstraße 11-17; Landgericht Berlin

🔑 Londoner Straße, Ecke Müllerstraße; OT Wedding

Ludwigkirchplatz; OT Wilmersdorf

🔑 Ludwigsplatz

Luisenstraße 45; Erziehungs- und Familienberatung, Amt IV

Lustgarten 8; Berliner Dom/Dommuseum

Lützowplatz 17; Restaurant im Hotel Berlin

Berlin

- 🔑 Magistratsweg/Obstallee; OT Spandau/Staaken
- Manteuffelstraße/Bosestraße; OT Tempelhof
- Mariendorfer Damm/Prinzenstraße; OT Tempelhof
- 🔑 Mariendorffplatz; Bereich Lise-Meitner-Straße, OT Charlottenburg
- 🔑 Marienfelder Allee / Malteser Str. 427
- Marienfelder Allee 104; Seniorenfreizeitstätte „Eduard Bernoth"
- Marienfelder Allee/Malteser Straße 427; OT Tempelhof
- Marienhöher Weg; Park
- Markgrafenstraße 10; Seniorenfreizeitstätte „Sorgenfrei"
- 🔑 Märkische Allee 171; ARAL-Tankstelle
- 🔑 Märkisches Viertel; Kegelbrücke, Wilhelmsruher Damm
- Martin-Luther-Straße 305; Senatsverwaltung für Wirtschaft und Technologie
- Martin-Luther-Straße 77; Bibliothek „Thomas Dehler"
- 🔑 Marzahner Promenade 55; Freizeitforum, OT Marzahn
- Masurenallee 4-8; Haus des Rundfunks des SFB/Konzertsaal
- Mehringdamm 32-34; Vermessungsamt
- Mehringstraße 8-10; Bücherei West
- Mehrower Allee 28-30; Klub Ringkolonnade
- Meineckestraße 21; Hard-Rock
- Messedamm 26; Deutschlandhalle Berlin
- Messedamm/Halenseestraße 22; Internationales Congress Centrum
- 🔑 Messedamm; Messehalle am Funkturm
- Metzer Platz; OT Spandau
- Möllendorffstraße/Ecke Kielblockstraße; OT Lichtenberg
- 🔑 Mönchstraße; Nähe Markt, OT Spandau
- Moorlakenweg 1; Wirtshaus Moorlake
- 🔑 Moritzbrücke/Augusta-Ufer; Parkplatz, Container-Toilette
- Moritzstraße 7/Altstädter Ring; OT Spandau
- 🔑 Mühlenweg; Container-Toiletten, OT Reinickendorf
- Müllenhoffstraße 17; Medizinische Beratung/Gesundheitsamt
- 🔑 Müllerstr. / Seestr.
- Müllerstraße 25; Kaufhaus KARSTADT
- Müllerstraße, Ecke Seestraße; OT Wedding
- 🔑 Neue Grottkauer Str.

Berlin

Neue Jakobstraße 7; Finanzamt Mitte

🗝 Neuendorfer Str. / Oranienburger Tor

Niebuhrstraße 59/60; Haus der Familie

Niederkirchnerstraße 3-5; Abgeordnetenhaus von Berlin

Niedstraße; Bibliothek Friedenau/Rathaus Friedenau 1/2

Nikolskoer Weg; Blockhaus Nikolskoe

Nöldner Platz; OT Lichtenberg

Nürnberger Straße 53; Senatsverwaltung für Finanzen

Oderbruchstraße 10-14; Schnellrestaurant McDonalds

Olivaer Platz; Parkplatz, Container-Toilette

🗝 Olympischer Platz 3; Olympiastadion

Olympischer Platz 4; Olympiastadion

Oranienplatz 4; Jugendförderung/Amt VI

Oranienstraße 25; Neue Gesellschaft für Bildende Kunst

Oranienstraße 34; Kotti Kreuzberg, Aile bahcesi-Familiengarten

Ordensmeisterstraße 15; Volkshochschule

Ordensmeisterstraße/Tempelhofer Damm; OT Tempelhof

🗝 Osloer str. / Prinzenallee

Ostpreußendamm/Wismarer Straße; OT Steglitz

Otto-Suhr-Allee 100; Rechtsberatung für Einkommensschwache

Otto-Suhr-Allee 98; Stadtbücherei

Otto-Suhr-Straße 18; Tribüne

Palast der Republik; Berlin-Ost

🗝 Pankstraße, Ecke Thurneysserstraße (Brunnenplatz); OT Wedding

Paul-Linke-Ufer 12-15; Kinderspielhaus „Pauli"

Platanenallee 23-25; Beratungsstelle für Risikokinder

Platz der Luftbrücke/Tempelhofer Damm; Flughafen Berlin-Tempelhof

Platz der Stadt Hof; OT Neukölln

🗝 Platz der Vereinten Nationen; Imbiß, in einem freistehenden Gebäude, OT Friedrichshain

🗝 Platz vor dem Neuen Tor/Invalidenstraße, OT Mitte

Platz vor dem Rathaus Spandau/Altstädter Ring; OT Spandau

Plesser Straße, Ecke Karl-Kunger-Straße; OT Treptow

🗝 Potsdamer Str. 4; CineStar IMAX 20G
CineStar Original im Sony-Center

Berlin

- 🔑 Potsdamer Straße; Gebäude A1, 1. UG
- Prellerweg/Ecke Munsterdamm; OT Schöneberg
- Prenzlauer Promenade/Heinersdorfer Straße; OT Weißensee
- Preußenallee 42/Reichsstraße; OT Charlottenburg
- Prinzenstraße 1; Stadthaus Böcklerpark
- Prinzessinnenstraße 1; Bezirksstadtrat für Jugend und Sport
- 🔑 Prinzregentenstraße; Bereich Süd Flughafen, OT Wilmersdorf
- Rathausstraße 15; Rotes Rathaus
- Rathausstraße 21; Weißbierstube
- Rathausstraße 27; AIDS-Beratung/Amt IV
- Rathausstraße 5; Wienerwald
- Rathenaustraße vor Wilhelminenhofstraße; OT Köpenick
- 🔑 Rehberge; Parkplatz Otawistraße, Container-Toilette
- Reichenberger Straße 44; „Chip"
- 🔑 Rennbahnstr. / Berliner Allee
- Richardplatz/Ecke Richardstraße
- 🔑 Riesaer Str. 102; Nahversorgungszentrum PICO
  Im Erdgeschoss
- Rosa-Luxemburg-Straße 30; Babylon
- 🔑 Roseneck am Hochhaus
- 🔑 Rosenthaler Straße 40/41; Hackesche Höfe, Hof 1
- Rüdigerstraße/ Ecke Gudrunstraße; OT Lichtenberg
- Runestraße 22-24; Finanzverwaltung, Abt. V
- Ruschestraße 59; Lichtenberg Congress Center
- 🔑 S-Bahnhof Adlershof / Adlergestell
- 🔑 S-Bahnhof Biesdorf
- 🔑 S-Bahnhof Frohnau
  Welfenallee / Ludolfinger Platz
- 🔑 S-Bahnhof Karlshorst / Stolzenfelsstr.
- 🔑 S-Bahnhof Neuköln / Saalestr.
- 🔑 S-Bahnhof Pankow
- 🔑 S-Bahnhof Wartenberg
- 🔑 S-Bahnhof Wuhletal
- S-Bhf Friedrichshagen; OT Köpenick
- S-Bhf Köpenick/Stellingdamm; OT Köpenick

Der Locus · Deutschland

Berlin

- S-Bhf Wilhelmshagen; OT Köpenick
- S-Bhf Zehlendorf; OT Zehlendorf
- Savignyplatz; OT Charlottenburg
- 🔑 Schellingstraße/Ecke Linkstraße; Potsdamer Platz, OT Tiergarten
- 🔑 Schievelbeiner Str. / Schönhauser Str.
- 🔑 Schillerpromenade / Herrfurthplatz
- Schillerstraße 86; Spielhaus
- 🔑 Schillerstraße; Parkplatz, Container-Toiletten
- Schivelbeiner Straße/Ecke Schönhauser Straße; OT Prenzlauer Berg
- 🔑 Schloßstraße 11-15; Kaufhaus Wertheim, OT Steglitz
- Schloßstraße 19; Jugendclub Schloßstraße, OT Steglitz
- Schloßstraße 69; Heimatmuseum Charlottenburg, OT Steglitz
- Schloßstraße 6; Naturwissenschaftliche Sammlungen Berlin, OT Steglitz
- 🔑 Scholzplatz; Container-Toiletten, OT Charlottenburg
- Schönefelder Chaussee 100; OT Neukölln
- Schumannstraße 13/13a; Deutsches Theater Berlin
- Schumannstraße 20-21; Universitätsklinikum Charité, HNO, Geb.
- Sonnenallee/Grenzallee; OT Neukölln
- Spandauer Damm; Nationalgalerie, Schloß Charlottenburg
- Sponholzstraße 15; Jugendgesundheitsdienst Kinder
- 🔑 Stahlheimer Str. / Wichertstr.
- 🔑 Stendaler Str. / Quedlinburger Str.
- 🔑 Stendaler Straße 25; Multiplex Cine-Star Kino, OT Hellersdorf
- Sterndamm, vor Hausnr. 8; OT Treptow
- Stierstraße 20a; Seniorenfreizeitstätte
- 🔑 Str. des 17. Juni / Vor dem Brandenburger Tor
- Straße der Pariser Kommune 20; Werkstatt Café
- 🔑 Straße des 17. Juni 106 / 108; Quartier KPM 7 / Dorint Hotel, Tiefgarage TH1, 2. UG
- Straße des 17. Juni 153; Universitätsbibliothek TU Berlin
- Strelitzstraße 15-17; Bezirksstadtrat für Sozialwesen
- Stresemannstraße 110; Martin-Gropius-Bau Medienbereich
- Stresemannstraße 29; Hebbel-Theater
- Stresemannstraße 92; Telekom Fernmeldeamt
- 🔑 Stromstraße/Turmstraße; OT Tiergarten

Deutschland

Berlin

- Stuttgarter Platz; OT Charlottenburg
- Tauentzienstraße 21-24; KaDeWe Kaufhaus d. Weltstadt Berlin
- Tauentzienstraße 9-12; Europa-Center
- 🔑 Tegeler See; Container-Toilette, OT Reinickendorf
- Tegeler Weg 17-20; Landgericht Berlin/Zivilgerichtsbarkeit
- Telekom Fernmeldeamt 2
- Tempelhofer Damm 165; Galerie im Rathaus Tempelhof
- Tempelhofer Damm 165; Rathaus Tempelhof, Mitteltrakt
- Tempelhofer Damm 234-236; Finanzamt Tempelhof
- Tempelhofer Damm/S-Bhf Tempelhof; OT Tempelhof
- Teschener Weg 5; China-Restaurant Fu Hau
- Thomasstraße/Lessinghöhe; OT Neukölln
- 🔑 Tiergartenufer; an der S-Bahn, Container-Toilette
- Toilette im Nikolai-Viertel; Berlin Ost
- Traveplatz; OT Friedrichshain
- Trebbiner Straße 9; „Spectrum" Versuchsfeld
- 🔑 Turmstr. / Waldstr.
- 🔑 Turmstr. 21 / Krankenhaus Moabit
- Turmstraße 21/Krankenhaus Moabit; OT Tiergarten
- Turmstraße, Ecke Waldstraße; OT Tiergarten
- 🔑 U-Bahn Kaulsdorf Nord
- U-Bhf Hellersdorf; Berlin-Ost
- 🔑 U-Bhf Kottbusser Tor; OT Kreuzberg
- U-Bhf Lipschitzallee; OT Neukölln
- Uhlandstraße 1; Sporthalle, Freizeitzentrum am Steinplatz
- 🔑 Ungarnstr. / Indische Str.
- Ungarnstraße, Ecke Indische Straße; OT Wedding
- Unter den Linden 6; Humboldt-Universität, Objekt 1111
- Unter den Linden 7; Deutsche Staatsoper Berlin
- Unter den Linden/Ecke Schadowstraße
- Urbanstraße 24; Gesundheitsamt
- Urbanstraße/Ecke Fontanepromenade; OT Kreuzberg
- Viktoria-Luise-Platz 6; Monte Video
- Viktoriastraße 13-18; UFA-Fabrik, Internationales Kulturcentrum

Berlin

- Volksparkstadion; Berlin Ost
- Waldemarstraße; Mariannenplatz, OT Kreuzberg
- Waldstr. / Hermann - Hesse - Str.
- Waltersdorfer Chaussee / Groß Ziethener Chaussee
- Wannsee; Anlegestelle Zehlendorf
- Warschauer Str. / Helsingforser Platz
- Weddingplatz, Ecke Fennstraße; OT Wedding
- Weddingplatz/Lise-Meitner-Straße; OT Wedding, Bereich Nord
- Weitlingstraße/ vor Einbecker Straße, S-Bhf Lichtenberg; OT Lichtenberg
- Wernsdorfer Straße 45; DCC Campingplatz Am Krossinsee
- Wichertstr. / Prenzlauer Allee
- Wichertstraße/Ecke Stahlheimer Straße; OT Prenzlauer Berg
- Wiener Straße/Ecke Glogauer Straße; OT Kreuzberg
- Wildspitzweg; Buga-Gelände, OT Neukölln-Buckow
- Wilhelmstraße; am Brandenburger Tor
- Wilmersdorfer Straße 98/99; Bezirksstadtrat für Gesundheit und Umweltschutz
- Wilmersdorfer Straße/Ecke Pestalozzistraße; OT Charlottenburg
- Wiltbergstraße; OT Pankow
- Winterfeldplatz/Ecke Maaßenstraße
- Winterfeldplatz; OT Schöneberg
- Wittbergstraße; OT Pankow
- Wittenbergplatz; am U-Bahnhof
- Wittenbergplatz; Blumenkiosk, Imbiß Schöneberg
- Wittenbergplatz; gegenüber Hausnr. 24, OT Schöneberg
- Wühlischplatz; OT Friedrichshain
- Wutzkyallee / Fußgängerzone
- Yorckstraße 4-11; Bezirkseinwohneramt, Neubau
- Zoologischer Garten; Fernbahnbereich Charlottenburg

Bernau

- S-Bahnhof Bernau

Bernbeuren

- Marktplatz 4; Gemeinde Bernbeuren

Deutschland

Bernkastel-Kues

Am Gestade; öffentliche Toilette neben Gaststätte „Alter Moselbahnhof", OT Bernkastel

Am Moselufer; Stadtverwaltung Bernkastel, Zugang am Parkplatz, OT Bernkastel

Karl-Binz-Weg 12; Cusanus-Krankenhaus, EG, OT Kues

Bernsdorf

Dresdner Straße; Zollhaus

Ernst-Thälmann-Straße; öffentliche Bedürfnisanstalt, Parkplatz LIDL-Markt

Waldbadstraße; Waldbad

Besigheim

🗝 Bahnhofstraße 1

Bestwig

Rathausplatz 1; Bürger- und Rathaus, EG

Betzdorf/Sieg

🗝 Hellerstraße 2; Rathaus Betzdorf
permanent geöffnet

Hellerstraße; Rathaus, separater, ebenerdiger Eingang; Eröffnung ca. Okt. `98

Beverungen

🗝 An der Burg 6; Zentraler Omnibus-Bahnhof

🗝 Fährstraße; an der Gierseilfähre „Weser", OT-Herstelle

Rathaus

Biberach/Riß

🗝 Eisenbahnstraße; Busbahnhof

🗝 Kirchplatz 2

Leipzigstraße 9; Schülerwohnheim/Kreis-Berufsschulzentrum

🗝 Neherstr. 5; Parkhaus Ulmer Tor

Biebesheim

🗝 Heidelbergerstr. 50; Funktionsgebäude Rheinstadion

Der Locus · Deutschland

Bielefeld

- 🔑 Amtsstraße 13; Bezirksamt Jöllenbeck; Bezirksdienst der Polizeiinspektion Nord
- 🔑 August-Bebel-Straße 93; Bezirksdienst der Polizeiinspektion Ost
- Bahnhof
- Bleichstraße 2; Historisches Museum
- 🔑 Deckerstraße 52; Bezirksamt Gadderbaum; Bezirksdienst der Polizeiinspektion Süd
- Detmolder Straße 9; Arbeitsgericht Bielefeld
- Eckendorfer Straße 57; Stadtreinigungsamt
- Gerichtsstraße 6; Amtsgericht Bielefeld
- 🔑 Germanenstraße 22; Bezirksamt Brackwede; Bürgerberatung
- 🔑 Hansestraße 1; Novo Einkaufszentrum
  Während der Geschäftszeiten; OT Sennestadt
- Jahnplatz Forum
- Kreuzstraße 20; Naturkunde-Museum
- 🔑 Kurt-Schumacher-Straße 46; Polizeipräsidium
- 🔑 Niederwall 23; Neues Rathaus; Bürgerberatung
- Niederwall 71; Landgericht Bielefeld
- 🔑 Nikolaus-Dürkopp-Straße 5; Gesundheitsamt
- Ravensberger Straße 90; Finanzamt Bielefeld-Innenstadt
- 🔑 Reichowplatz 3; Bezirksamt Sennestadt
- 🔑 Schweriner Straße 4; Kaufhaus REAL
- Siegfriedsplatz; Kiosk am Siegfriedsplatz
- Stadttheater Niederwall
- 🔑 Theater am Altem Markt; Altstadt
- Universität
- 🔑 Werner-Bock-Str. 8; Agentur für Arbeit
  5. Etage
- Willy-Brandt-Platz; Stadthalle Bielefeld
- 🔑 Windelsbleicher Straße 242; Bezirksamt Senne

Bietigheim-Bissingen

- Am Bürgergarten 1-3; Seniorentreff
- Asperger Straße 26; Werkstatt für Behinderte
- Bahnhofstraße 169; Postamt I
- Bolzstraße 14; ev. Pfarramt der Friedenskirche

Deutschland

Bietigheim-Bissingen

Buchstraße; Optik Weber GmbH

Farbstraße 19; Stadtverwaltung

Fischerpfad 4-6; Kunsteisbahn Im Ellental

Gartenstraße 40; Altenheim der Sozialstiftung e.V.

Großingersheimer Straße 11; Seniorenwohnanlage, OT Bietigheim

Hauptstraße 61-63; Stadtverwaltung, WC unter den Arkaden

Hauptstraße 62-64; Städtische Galerie

Holzgartenstraße 26; Cafeteria Bad am Viadukt

Im Aurain 1; AOK

Im Fischerpfad; Badepark Ellental

Jahnstraße 92; Sportgaststätte Jahnstuben

Karl-Mai-Allee 20; Wohnstätte Lebenshilfe

🔑 Kirchheimer Straße 5; Möbel-Hofmeister, Cafeteria

Marbacher Weg; Sporthalle am Bruchwald

🔑 Marktplatz 9-10; Stadtverwaltung, WC unter den Arkaden

Mühlwiesenstraße/Am Kronenplatz; Kronensäle im Kronenzentrum

Pforzheimer Straße 34; Wohngruppe im Lindenheim

Rathenaustraße 31, Evangelisch-methodistische Kirche

Rledstraße 12; Krankenhaus, Eingangshalle, OT Bietigheim

Schillerstraße 13; Gemeinschaftspraxis

Stuttgarter Straße 60; Optik Weber GmbH

Turmstraße 30; Gemeinschaftspraxis

Uhlandstraße 1, Kath. Pfarramt St. Laurentius

Bingen

🔑 Bahnhof
Permanet geöffnet

Bispingen

🔑 Borsteler Straße 4-6; Rathaus, am Marktplatz

Bitterfeld

🔑 Bahnhof

Blankenburg/Harz

🔑 Kurhotel Fürstenhof

Blaubeuren
- Auf dem Graben 15

Blomberg/Lippe
- Alte Chaussee 20; Dorfgemeinschaftshaus, OT Donop
- Alte Ortsstraße 16; Dorfgemeinschaftshaus, OT Wellentrup
- Brinkstraße 22; Bürgerhaus
- Delbrücker Straße 16; Dorfgemeinschaftshaus, OT Maspe
- Friedrichstraße 11; Grundschulturnhalle
- Friedrichstraße 6; Flügge Scheune
- Kuhstraße 16; Bücherei
- Marktplatz 1; Rückfront des Rathauses
- Neue Torstraße 120; Mehrzweckhalle
- Residenzstraße 54; Dorfgemeinschaftshaus, OT Cappel
- Talstraße 69; Dorfgemeinschaftshaus, OT Mossenberg
- Ulmenallee 11; Hallenbad
- Wehrener Straße 25b; Dorfgemeinschaftshaus, OT Brüntrup
- Wesselweg; Freibad
- Winterbergstraße 5; Haus des Gastes, OT Eschenbruch

Blomberg/Ostfriesl.
- Schützenplatz

Bobenheim-Roxheim
- Jahnstr. 6; Jahnstube
  Bei Veranstaltungen; Schlüssel beim Wirt
- Pfalzring 3; Burgundhalle
  Bei Veranstaltungen; Schlüssel beim Wirt
- Pfalzring 51; Johanniter Altenheim

Bobingen
- Am Rathausplatz; öffentliches WC
- Krumbacher Straße 11; Kulturzentrum der Singoldhalle

Böblingen
- Freiburger Allee 40; Ökumenisches Gemeindezentrum
- Ida-Ehre-Platz 3; CCB-Pavillon, Nähe CCB-Kongreßhalle

Deutschland

Böblingen

Marktplatz 16; Rathaus-Neubau, Ebene 5, Schlüssel beim Bürgeramt erhältlich

🗝 Talstraße 1; Bahnhof, von Jahnhofshalle zugänglich

Bocholt

Berliner Platz 1; Rathaus, Gebäude C, EG

Hohenstaufenstraße 2; DRK-Geschäftsstelle

Kaiser-Wilhelm-Straße 1; Kaufhaus Karstadt

Bochum

🗝 Buddenbergplatz; hinter dem Hauptbahnhof, Südausgang

🗝 Gertrudisplatz; OT Wattenscheid

🗝 Hauptstraße/Oberstraße; Marktplatz, OT Langendreer

🗝 Immanuel-Kant-Straße; Hauptfriedhof Freigrafendamm, am Haupteingang links, OT Altenbochum

🗝 Kemnader Straße 524 b; WC-Anlage Oveney/Gibraltar, am Kemnader Stausee

🗝 Königsallee 21; Finanzamt Bochum-Süd

🗝 Kortumstraße 89; Einkaufszentrum CITY-POINT, im Basement

Lohrheidestraße 82; Lohrheidestadion
Während der Veranstaltungen

🗝 Marktplatz; OT Alt-Bochum (mobile Anlage)

🗝 Querenburger Straße; Höhe Haus 243, Bedürfnisanstalt

🗝 Rathaus; Nebenhof, Tordurchfahrt Rathaus/Antiquariat; rechts neben der öff. Toilettenanlage

🗝 Studierendenhaus; Eingangsbereich, Ruhr-Universität

🗝 Uni-Center; OT Querenburg

🗝 Universitätsstr. 150; Mensa der Ruhr-Universität, Ebene 01 u. Ebene 02+
2 Toiletten pro Ebene

Bockum

🗝 Kartumstr. 89; Untergeschoss City-Point Bochum

Bodenmais

Bahnhofstr. 56; Rathaus

Der Locus · Deutschland

Bodenwerder

Am Mühlentor; Kiosk
April-Okt., 8-20h

Bodman-Ludwigshafen

- 🔑 Hafenstraße 5; Rathaus, EG
- 🔑 Im Weiler 25; Sporthalle, OT Bodman
- 🔑 Kaiserpfalzstraße/Ecke Breite; Auffangparkplatz, OT Bodman
- 🔑 Überlinger Straße; Strandbad, OT Ludwigshafen

Böhlitz-Ehrenberg

Leipziger Straße 81; Gaststätte „Große Eiche" mit Hilfe, nur Faltrollstühle!!

Leipziger Straße 81; Soziokulturelles Zentrum, EG

Boizenburg

Fritz-Reuter-Straße 3; Amtsgebäude

Bonn

Am Boesellagerhof 1; Oper

Am Fronhof 9; Fronhofer-Galeria
08:00 - 21:00 Uhr; während der Öffnungszeiten ohne Schlüssel zugänglich

- 🔑 Am Michaelshof; am Kurpark

Battlerplatz; Altes Stadthaus

Berliner Platz; Stadthalle, Eingangshalle

- 🔑 Berliner Platz; Stadthaus
- 🔑 Charles-de-Gaulle-Straße; provisorische Ladenzeile am Bundeshaus
- 🔑 Fahrenheitstraße; Stadtteilzentrum Brüser Berg

Friedrich-Breuer-Straße 65; Rathaus, OT Beuel

Kaufhaus C&A

Kurfürstenallee 2-4; Rathaus, OT Bad Godesberg

- 🔑 Ladestraße; Nahverkehrsbahnhof
- 🔑 Landgrabenweg; Jugendverkehrsschule
- 🔑 Ludwig-Erhard-Allee; Rheinauenrestaurant, im Rheinauenpark
- 🔑 Maximilianstraße; Nahverkehrsbahnhof
- 🔑 Mühlheimer Platz 1 (Ecke Münsterstraße); „Siemens-Haus" (Stadt Bonn)
  permanent geöffnet; Öffnungsmechanismus befindet sich rechts vor der Eingangstüre

Deutschland

Bonn

- 🗝 Münsterplatz; Bekleidungshaus LEFFERS
- 🗝 Römerstr. 164
- 🗝 Steinerstraße; Rheinufer, OT Beuel
- Theaterplatz; Schauspiel
- 🗝 Theaterstraße 24; Gebäude der Stadtwerke Bonn
- Villemombler Straße 1; Arbeitsamt
- Villemombler Straße 1; Rathaus, OT Hardtberg
- Wachsbleiche 7; Beethovenhalle
- 🗝 Weierbornstraße; Alte Schule/Kirche
- 🗝 Welschnonnenplatz 2-4
- Wilhelm-Spiritus-Ufer; Grotte
- Windeckstraße; Bonn-Information (Tourist-Info)
  Mo-Fr/Sa/So 9:00-18:30/9:00-16:00/11:00-14:00; Zugang (mit Aufzug) befindet sich am Bottlerplatz 3 (um die Ecke des Haupteingangs)

Boppard

- 🗝 Am Bahnhof; OT Bad Salzig
- 🗝 Bahnhof; Vorplatz, OT Bopporu
- 🗝 Marktplatz; OT Bopporu

Borken

- 🗝 Am Vennehof 2; Einkaufszentrum Vennehof

Borken/Westf.

- Amt für Jugend und Familie
- Amtsgericht; EG
- Butenwall; Friedhof
- City-WC; Bushaltestelle Wilbecke, Parkplatz hinter Rathaus
- Deutsche Bahn AG; Bahnhof, EG
- DRK-Jugendhof Borken; Bildungshaus Umwelt und Gesundheit
- DRK-Kreisverband e.V.; EG
- Finanzamt; EG
- Freizeithaus Pröbsting; EG
- Hallenbad; EG, OT Weseke
- Jugendhaus; EG

Der Locus · Deutschland

Borken/Westf.

Kapelle St. Hedwig; EG

Kreispolizeibehörde; EG

Kreisverwaltung; auf jeder Etage

Marien-Altenheim; EG

Seniorenheim „Bodelschwingh-Haus"; EG, 1. und 2. OG

Spaß- und Erlebnisbad „Aquarius"

St. Marien-Hospital; UG

Stadthalle Vennehof; 1. OG (Lift)

Stadtmuseum; 2. OG (Lift)

Wasserburg Gemen; Bettenhaus, EG

Borna

- Kirchstraße 1/Ecke Markt; Innenhof Bürgerhaus
- Markt 1; Einzelgebäude

Bosen

- Strandbad Bosen
  Gemeinde Nohfelden

Bottrop

Am Schlangenholt 21; Schlüssel an Theke, OT Eigen
Stufen!

- An der Berufsschule 20; Berufsschule
- Berliner Platz; Hallenschwimmbad Mitte
- Berliner Platz; ZOB, Stadtmitte
- Blumenstraße 12; Filmforum, Stadtmitte
  Schlüssel im Bistro
- Blumenstraße; Kulturzentrum, 1. OG, Fahrstuhl
- Böckenhoffstraße 44-46; Sozialamt, Schlüssel im Vorzimmer und Zi. 109

Bügelstraße 26; Altenwohnheim, auf den Stationen, OT Eigen

- Droste-Hülshoff-Platz 4; Städt. Saalbau, Stadtmitte
- Essener Straße; Hauptbahnhof
- Friedrich-Ebert-Straße 120; Marie-Curie-Realschule
- Friedrich-Ebert-Straße 120; Turnhalle an den Realschulen

Gartenstraße 17; Antonius-Krankenhaus, Cafeteria, OT Kirchhellen

Gerichtsstraße 3; DPWV, 1. OG, Stadtmitte

Deutschland

Bottrop

- 🔑 Gladbecker Str. 66; Gesundheitsamt
- 🔑 Gladbecker Straße 108-110; Soziale Dienste, Begegnungszentrum
- Gladbecker Straße 54; Begegnungszentrum, Stadtmitte, 2 WCs
- 🔑 Gladbecker Straße; Sporthalle an der Berufsschule
- Görkenstraße 38; Altenwohnheim, Cafeteria, OT Fuhlenbrock
- 🔑 Gustav-Ohm-Straße 65/67; Heinrich-Heine-Gymnasium
- 🔑 Hans-Böckler-Straße 60; Dieter-Renz-Sporthalle, Stadtmitte
- Hansastraße; Kaufhaus Karstadt
  Schlüssel beim Friseur
- Heinrich-Theißen-Straße 3; Rheinbaben-Werkstatt, OT Eigen
- Hochstraße; Kaufhaus C&A, Stadtmitte
- Horster Straße 255; DRK Begegnungsstätte, OT Batenbrock
- 🔑 Im Stadtgarten; Josef-Albers-Museum
- In der Welheimer Mark 62; Sonderschule, OT Welheim
- In der Welheimer Mark 62; Turnhalle/Lehrschwimmbecken
- 🔑 Johann-Breuker-Platz; am Café Klaesener, OT Kirchhellen
- 🔑 Josef-Albers-Straße 70; Marienhospital, neben den Aufzügen
- 🔑 Josef-Albers-Straße; Stadtgarten, Stadtmitte
- Jugendheim St. Johannes, OT Kirchhellen
- 🔑 Karl-Englert-Straße 18; Droste-Hülshoff-Schule, Stadtmitte
- Kirchhellener Ring 84-86; Bernd-Schnock-Halle
- Kirchhellener Ring; Gemeindehaus, OT Kirchhellen
- Kraneburgstraße 50; AWO-Seniorenzentrum, Bog, Cafeteria
- 🔑 Loewenfeldstraße; Sporthalle, OT Kirchhellen
- Nordring 77; Altenwohnheim, Cafeteria und gegenüber Massagepraxis, OT Eigen
- 🔑 Osterfelder Straße 157; Gesundheitshaus, OT Vonderort
- Osterfelder Straße 157; Knappschaftskrankenhaus, OT Vonderort
- 🔑 Otto-Joschko-Straße 8-10; Sozialzentrum
- Paßstraße 6; Ramada Hotel, Stadtmitte
- Peterstraße 18; Arbeiter-Wohlfahrt, Stadtmitte
- 🔑 Prosperstraße 71; Haus der Jugend - bedingt nutzbar!
- Wellbrauksweg 4; Hof Jünger, OT Kirchhellen
- 🔑 Zeppelinstraße 20; Josef-Albers-Gymnasium
- 🔑 Ziegelstraße 15; Bürgerhaus Batenbrock, OT Batenbrock

Bovenden

Rathausplatz 1; Rathaus, Fraktionsraum

Schulstraße 8; Mehrzweckhalle, OT Reyershau

Brackenheim

Georg-Kohl-Straße; Busbahnhof

Brake (Unterweser)

🔑 Bahnhofstr. 30; Bahnhofsvorplatz
während der Öffnungszeiten

Bramsche

Alte Engter Straße 3; im Brückencafe, 1. OG - Fahrstuhl

Am Darnsee; Naturfreibad

Bührener Esch 1; Hotel Idingshof

Malgartener Straße; Hallenbad

Marktplatz

Marktstraße; AOK

Mühlenort 6; Tuchmacher-Museum, im Foyer

Brand-Erbisdorf

Am Markt 1; Rathaus Toilette (separater Eingang über Hof)

🔑 Naturheilbad „Erzeugter Teich"; Toilettenkomplex

Brandenburg

Am Gallberg 4b; Stadtverwaltung Brandenburg

🔑 Am Salzhofufer; Wanderwasserrastplatz

🔑 Fachhochschule; Mensa

🔑 Gördenfriedhof; Feierhalle

Kirchhofstraße 1; Barmer Ersatzkasse

🔑 L.-Freisicke-Straße; neben Apotheke

🔑 Neustädter Markt; Parkplatz

Nicolaiplatz; Innenstadt

🔑 Paulikirchplatz; Paulikirche

Potsdamer Straße 18; Stadtverwaltung, Haus 4, 2. OG (Fahrstuhl)

Potsdamer Straße 18; Stadtverwaltung, Kataster- und Vermessungsamt, EG

🔑 Trauerberg; Busbahnhof

Deutschland

Braunfels
- Am Kurpark; Kurpark der Stadt Braunfels
- Fürst-Ferdinand-Straße 4a; Haus des Gastes

Braunschweig
- 🗝 Am Kohlmarkt; beim Kiosk, innerhalb der Fußgängerzone
- 🗝 An der Martinikirche 1; Öffentliche Toilette
  08.00 - 22.00
- 🗝 Berliner Platz; Hauptbahnhof
- Burgpassage 10; Fußgängerzone, 2. OG
- Dresdenstr. 139; Sporthalle Dresdenstraße
- Harz- und Heidegelände
- Helanstedter Straße: Eingang Waldfriedhof
- 🗝 Kohlmartk 20; Pavillon am kohlmarkt
- 🗝 Prinzenpark; Öffentliche Toilette
  08.00 - 22.00
- 🗝 Sack 5-11; im City-Point, Fußgängerzone, 1. OG

Bredstedt
- Bahnhof
- Osterstraße; Boysensche Koppel, ALDI-Parkplatz

Bremen
- Alfred-Faust-Straße 115; Haus Kattenesch
- Alfred-Faust-Straße 4; Bürgerhaus, OT Obervieland
- Alter Heerweg 35-37; Kath. Jugendbildungshaus St. Josef, Zugang über Schulhof
- Am Hulsberg 8-12; DPWV (ISB)
- Am Markt 20; Haus der Bürgerschaft
- Am Nonnenberg 40; Bürgerhaus, OT Oslebshausen
- Am Siek 43; Nachbarschaftstreff
- Am Wall 207; Kunsthalle
- An der Lesumer Kirche 1; DLZ Außenstelle, OT Lesum
- Ansgaritorstraße 2; Senatorin für Frauen, Gesundheit, Jugend, Soziales und Umwelt; Bereich Umwelt
- August-Bebel-Allee 4; Queens-Hotel
- Bahnhofsplatz 13; Museum

Bremen

Bahnhofsplatz 29; Senatorin für Frauen, Gesundheit, Jugend, Soziales und Umwelt; Bereich Soziales

Beim Ohlenhof 10; Verein Nachbarschaftshaus

Bennigsenstraße 1; Gemeinde Alt-Hastedt

Berliner Freiheit 10; Bürgerzentrum Neue Vahr

Berliner Freiheit 1c; Kosmos Apotheke

Bibliothekstraße 1; Universität Bremen

Birkenstraße 34; Senatorin für Frauen, Gesundheit, Jugend, Soziales und Umwelt; Bereich Gesundheit

Blumenhorster Straße 20; Selbsthilfe Sozialzentrum

Breitenweg 24/26; Amt für Wohnungsförderung

Breitenweg 27; Cinemaxx

Bremer Heerstraße 30; Jugendfreizeitheim Burglesum

Bremerhavener Straße 155; Arbeiter-Samariter-Bund

Brucknerstraße 13; DLZ Horn

Bürgermeister-Kürten-Straße 32; DLZ Außenstelle, OT Blumenthal

Bürgermeister-Smidt-Straße 95; AOK

Bürgermeister-Spitta-Allee 45; Radio Bremen, Hörfunk

Bürgerpark; Kaffeehaus am Emmasee

Bürgerstraße 1; Angestelltenkammer Bremen

🔑 Burgwall 2; Burgwall-Stadion

Curiestraße 2b; Jugendfreizeitheim Horn-Lehe

Delius-Weg; Rhododendrenpark

Domshof; öffentliche Toilettenanlage

Drakenburger Straße 42; Auferstehungsgemeinde

Eduard-Grunow-Straße 24; Paritätischer Wohlfahrtsverband - Landesverband Bremen e.V.

Friedrich-Karl-Straße 55; Fernmeldeamt 1

Godehardstraße 4; Bürgerhaus, OT Hernelingen

Gorsemannstraße 7; DLZ Kattenturm

🔑 Gramker Geest; Sparkasse Gramke
kostenpflichtig

Habenhausener Dorfstraße 38; Gemeinde Arsten-Habenhausen

Haferkamp 8; SBS

Hastedter Heerstraße 250; DLZ, OT Hastedt

Deutschland

Bremen

Hermann-Köhl-Straße 23-33; An- und Abflughalle, ebenerdig, Flughafen Bremen

Hermann-Osterloh-Straße 117; DLZ, OT Arbergen/Hernelingen

Hernelinger Heerstraße 112; Bezirkssportanlage Hernelingen

Hinter dem Grambker Dorfe 3; Sozialwerk der freien Christengemeinde

Horner Straße 60/70; Hauptgesundheitsamt, Neubau (TBC-Beratung)

Jakobistraße 22; AOK Bremen

Kirchheide 49; Bürgerhaus Gustav Heinemann

Kitzbüheler Straße 1; Reichsbund Berufsfortbildungswerk

Landrat-Christians-Straße 107; Ortsamt Blumenthal

Lichtblickstraße 7; Paul-Gerhardt-Gemeinde

🔑 Lindenstr. 71; Agentur für Arbeit Bremen-Vegesack
Mo, Di 8.00-16.00, Mi 8.00-13.00, Do 8.00-18.00, Fr 8.00-13.00

Lindenstraße 8; Arbeiterkammer Bremen-Nord

Martinistraße 26; HKK Bremen

Martinistraße 28; Amt für soziale Dienste

Mathildenstraße 2; DLZ

Meinert-Löffler-Straße 15; DRK Bremen-Nord

Neukirchstraße 23a; Jugendfreizeitheim, OT Findorff

Osterdeich 1-3; Theatergarage

Osterdeich 70b; Bürgerzentrum Weserterrassen

Osterholzer Heerstraße 195; Spastikerhilfe

Otto-Brenner-Allee 46; SBS Osterholz-Tenever

Papenstraße 10; Kaufhaus C&A, 2. OG

Papenstraße 5; Kaufhaus HORTEN

Parkstraße 113/115; Tagungsstätte IM

Riekestraße 2; Haus Riensberg

Rohrstraße 11; Strandlust, OT Vegesack

Schwachhauser Heerstraße 40; Gemeinde St. Ansgari

Schwachhauser Heerstraße 54; Krankenhaus St.-Joseph-Stift

Seiffertstraße 95; SBS Johanniterhaus

Senator-Wessling-Straße 1; Zentralkrankenhaus Links der Weser

Travemünder Straße 7a; Blaumeier-Atelier

Volkmannstraße 10; Bezirkssportanlage Süd

Bremen

Vor dem Steintor/Ecke St.-Jürgen-Straße; öffentliches WC Haltestelleninsel

Wachmannstraße 9; DRK

Waller Heerstraße 55; Lebenshilfe für geistig Behinderte

- Werdersee
- Wetterungsweg; Stadtwaldsee

Zur Vegesacker Fähre 49-51; DLZ Bremen Nord

Züricher Straße 40; Zentralkrankenhaus Bremen-Ost

Bremerhaven

Bootshaus Speckenbüttel

Bürgermeister-Martin-Donandt-Platz

Bussestraße

- Columbus-Center; Block B, am nördl. Ende d. Einkaufsstraße

H.-H.-Meier-Straße; Aufgang zur Strandhalle

Hafenstraße; Saarpark

Parkhotel; Bürgerpark

- Vereinigungsbauwerk; Schiffahrtsmuseum

Wurster Straße 51; Sozialamt - Abt. Behindertenhilfe

Bremervörde

- Am bahnhof 1; bahnhof Bremervörde

Breuberg

- Ehem. Rathaushof; OT Neustadt
- Ernst-Ludwig-Straße 2-4
- Rathaushof; OT Sandbach

Brilon

- Almer Straße 1; Schützenhalle

Friedrichstraße/Kreuziger Mauer

Marktstraße; Parkhaus

Bruchsal

- Am Alten Schloß 22; Parkgarage im Bürgerzentrum
- Grundschule; OT Helmsheim

Deutschland

Bruchsal
- Kaiserstraße 14; Parkgarage Schloßstraße/Kaiserstraße

Bruckmühl
- Bahnhofstraße; Bahnhof Bruckmühl
  Parkplatz

Brühl/Baden
- Friedrich-Ebert-Straße; Messplatz
- Hauptstr. 2; Festhalle Brühl
- Weidweg; Grillhütte

Brühl/Rheinland
- Berggeiststraße 31-41; Phantasiapark
  9.00 - 18.00 Uhr
- Bleiche/Wallstraße
- Steinweg 1; Rathaus, Innenstadt
- Uhlstraße 1; Innenstadt

Buchen/Odenwald
- Alte Buchener Straße 19; Gasthaus und Café „Zur Wanderlust", OT Hettingen
- Wimpinaplatz 3; Bürgermeisteramt, OT Buchen

Buchholz/Nordheide
- Breite Straße; Fußgängerzone, Empore, Veranstaltungszentrum
- Breite Straße; Gaststätte
- Hamburger Straße 1; Rathaus
- Hamburger Straße 1; Torbogen
- Poststraße 5; Einheit Bundesagentur für Arbeit
  1. OG. - Neubau

Bückeburg
- Birkenallee 3; Bergbad
- Ernst-Kestner-Straße 7-21; Parkpalette
- Herderstraße 35; Begegnungsstätte
- Jetenburger Straße 34; Jugendfreizeitstätte
- Lange Straße 22; Landesmuseum
- Lange Straße 60; Kino

Bückeburg

Sablé-Platz; Hubschraubermuseum

🗝 Schulstraße 6; Bücherei

Unterwallweg 5a; Hallenbad

Büdelsdorf

Am Markt 1; Rathaus

Am Markt 2; Bürgerhaus

Bünde

Kaiser-Wilhelm-Straße; Parkplatz Paulskirche

Rathaus Bünden; Zufahrt Parkplatz Rathaus oder Fußgängerzone

Zentraler Omnibusbahnhof; Bahnhof Stadtmitte

Büren

🗝 Bursstraße; Büren Tiefgarage

🗝 Flughafenstraße 33; Flughafen Paderborn-Lippstadt
Wartebereich Abflug Fluggasthalle im EG

Burg

🗝 Bahnhofstr.; Bahnhof

Burghausen

Kurparkplatz; am Parkplatz, Eingang zur Burganlage

Liebigstraße 13; Sportheim-Gaststätte SV Wacker

Wöhrseekiosk; Altstadt, am Städtischen Wöhrsee

Burgkirchen an der Alz

🗝 Max-Planck-Platz; Tiefgarage

Burglengenfeld

🗝 Parkhaus; Zugangsbereich

Burgtiefe

🗝 Vogelsbergstraße 56; Südstrandpromenade 1; Kurmittelhaus
Ostseite

Burscheid

Auf dem Schulberg; Sporthalle

Deutschland

Burscheid
Auf der Schützeneich 6; Ev. Altenzentrum

Hauptstraße 38; Stadtbücherei/Zentrum

Höhestraße 7-9; Rathaus/Zentrum

Bürstadt
Rathausstraße 2; Rat- und Bürgerhaus, EG

Rathausstraße 2; Stadtverwaltung, EG

Rathausstraße 4; Alten- und Pflegeheim St. Elisabeth

Buseck
🔑 Am Schloßpark 2; Kulturzentrum Großen-Buseck

Bachweg 9; Kraftfahrzeug-Zulassungsstelle

Bahnhofstraße 9; Kaufhaus HORTEN, UG, gegenüber Fahrstuhl

🔑 Brandplatz; zwischen den normalen Toilettenanlagen

🔑 Domäne Schiffenberg; Außenanlage des ehem. Klosters, Innenhof, separates Gebäude

Ferniestraße 8; Polizeipräsidium

Gutfleischstraße 1; Amtsgericht, Gebäude B

Landgraf-Philipp-Platz 3; Regierungspräsidium

Marburger Straße 4; Staatsanwaltschaft

🔑 Mühlstraße; Parkhaus Schanzenstraße

Nordanlage 60; Arbeitsamt

Rudolf-Buchheim-Straße; Neubau Chirurgie

🔑 Schanzenstraße/Mühlstraße; am Parkhaus

🔑 Schiffenberger Weg/Ferniestraße; Toom-Markt

Seltersweg/Selterstor; Kaufhaus KARSTADT, 2. OG, neben Restaurant

Büttelborn
Mainzer Straße 13; Gemeinde

🔑 Mainzer Straße 87; Volkshaus

Butzbach
Bahnhofsvorplatz; öffentliche WC-Anlage

Bürgerhaus

Dorfgemeinschaftshaus; OT Kirchgöns

Hausberghalle; OT Hoch-Weisel

Butzbach
Mehrzweckhalle; OT Niederweisel

Bützow
🗝 Bahnhof

Buxheim
Kirchplatz 2; „Brunogarten"; beim Rathaus

Calau
Platz des Friedens 10; Rathaus, WC-Eingang a. d. Rückseite d. Gebäudes

Calbe
Schloßstraße, Höhe Post

Calw
🗝 Zentraler Omnibusbahnhof; Stadtmitte

Castrop-Rauxel
🗝 Europaplatz 1; Stadtverwaltung, Eingang F, I. Obergeschoß

Celle
Am heiligen Kreuz; Kaufhaus C&A

Bahnhofstraße 20; Kreisgeschäftsstelle Reichsbund

Congress Union; Parkhaus

Französischer Garten; Parkhaus

🗝 Heeseplatz

Marktplatz 6

🗝 Schloßplatz

🗝 Schützenplatz

Cham
🗝 Bahnhofstraße 7b; Bahnhof

🗝 Janahofer Straße; Freizeitpark „Quadfeldmühle"

🗝 Marktplatz 2; Durchgang Kirch- und Marktplatz

🗝 Piedendorferstraße 2; gegenüber Kirche; neben Feuerwehr

Deutschland

Chemnitz

- 🗝 Annaberger Straße 315; Einkaufscenter Alt-Chemnitz-Center
- 🗝 Chemnitzcenter Röhrsdorf; Marktkauf
  während der öffnungszeiten; Schlüssel gibts beim Infostand von Marktkauf
- 🗝 Leipziger Str. 147; Botanischer Garten Chemnitz
- 🗝 Moritzstr. 20; Tietz
  Das Kulturkaufhaus
- 🗝 Moritzstraße 20; DAStierz
- 🗝 Neefestraße 199; Einkaufscenter Neefepark

Clausthal-Zellerfeld

- 🗝 Alte-Fuhrherren-Straße; Dorfgemeinschaftshaus
- Am Rathaus 1
- 🗝 Bahnhofstraße; Kurverwaltung
- 🗝 Hüttenstraße 5; Kurgastzentrum
- Windmühlenstraße 10
- 🗝 Zentraler Omnibusbahnhof

Coburg

- Karl-Türk-Straße 39; am Wolfgangssee
- 🗝 Markt 10; Stadthaus Passage
- 🗝 Mohrenstraße 7c; Kiosk an der Mohrenbrücke

Cottbus

- 🗝 Oberkirchplatz
  permanent geöffnet; Geldeinwurf oder Euro-Schlüssel
- 🗝 Galeria Kaufhof
  während der Öffnungszeiten
- 🗝 Am Turm
  Schlüssel oder Münzen
- 🗝 Am Spreewaldhafen; Leipe / Spreewald
- 🗝 Berliner Platz; Hotel Holiday Inn
  Erdgeschoss
- 🗝 Berliner Platz/Berliner Str.; Spree-Galerie
  Mo.-Fr. 7:00 - 20:00 Uhr, Sa. bis 16:00 Uhr; Untergeschoss, Fahrstuhl, stufenfreie Rolltreppe
- 🗝 Gelsenkirchener Str. / Marktplatz
- 🗝 Oberkirchplatz; CITY-TOILETTE
- 🗝 Stadtpromenade

Seite 63

Der Locus · Deutschland

Cottbus
- 🔑 Stadtring/Willy-Brandt-Straße; Parkplatz
- 🔑 Straße der Jugend; Busbahnhof

Crailsheim
- 🔑 Schweinemarktplatz; Rathaus, Hauptbau, gegenüber Liebfrauenkapelle

Cuxhaven
- Campingplatz Altenbruch
- Campingplatz Wernerwald; OT Sahlenburg
- Dünenweg; Kiosk, OT Duhnen
- Segeleckestraße; Höhe Nordersteinstrasse
- 🔑 Strandstraße; Schwimmmeisterstation Kugelbake
- Südersteinstraße; Marktplatz Ritzebüttel
- Wattwagenauffahrt; OT Sahlenburg

Dachau
- 🔑 Museum der KZ-Gedenkstätte

Damp
- 🔑 Kurmittelhaus
- Reha-Klinik

Danneberg
- An der Kirche 3; Gemeindehaus

Dannenberg
- 🔑 Am Markt 5; Altes Rathaus
- *Hinterer Eingang*

Dannenberg/Elbe
- 🔑 Am Thielenburger See; Stadtbad
- Rosmarienstraße 3; Verwaltungsgebäude

Darmstadt
- Alexanderstraße 22; Mensa der Technischen Universität, EG
- 🔑 Bartningstraße; Stadtteilbüro im 1. OG, OT Kranichstein
- 🔑 Dieburger Straße; Freizeitbereich Oberwaldhaus

Deutschland

Darmstadt

Einkaufszentrum „Boulevard"

Europaplatz; Ausstellungshalle auf der Mathildenhöhe, EG

Flotowstraße 29; Gemeindehaus der ev. Thomasgemeinde

🗝 Friedensplatz; neben Eispavillon

Heimstättenweg 77; ev. Matthäusgemeinde, Kirche

Herdweg; Alter Darmstädter Friedhof

🗝 Ludwigshöhstraße 10; Akademie für Tonkunst, OT Eberstadt

🗝 Ludwigsplatz

🗝 Luisencenter; im Basement

Luisencenter; Kaufhaus Karstadt

Luisencenter; Neues Rathaus, 2. OG

🗝 Messplatz; Südostecke

Nieder-Ramstädter Straße 251; Restaurant Bölle

Orangerie, im Orangeriesaal und Restaurant

Otto-Röhm-Straße 50; BAUHAUS Bau- und Gartenmarkt

🗝 Pädagogstraße; Altes Pädagog, Hochparterre, mit Aufzug

🗝 Paliparkplatz / Schleiermacher Str.

Paul-Wagner-Straße; Gemeindehaus der ev. Andreasgemeinde

🗝 Platz der deutschen Einheit; Hauptbahnhof Darmstadt
permanent; am WC-Center rechtes

Rheinstraße 65-67; Landratsamt Darmstadt-Dieburg, Zwischengeschoß

🗝 Schanzenstraße Parkhaus

Steubenplatz 16; Landeswohlfahrtsverband, EG

Steubenplatz; Landesbehördenhaus, EG

Stresemannstraße 1; ev. Kirchengemeinde Eberstadt-Süd

🗝 Wilhelminenplatz

Zweifalltorweg; Evangelische Fachhochschule, EG

Datteln

Ahsener Straße 43; DRK Haus, EG rechts

Altenbegegnungsstätte St. Marien, EG

🗝 Amandusstraße 61; Hauptfriedhof, rechts neben Trauerhalle

Becklemer Weg 20; Begegnungsstätte der AWO

Böckenheckstraße 3; Jugendzentrum, EG, gegenüber Haupteingang

Castroper Straße 92; Pfarrheim St. Josef

Datteln

Eisenbahnstraße 17; Altenheim Ludgerushaus e.V., EG links

Gentiner Straße; Hermann-Grochtmann-Museum, EG links

Hans-Böckler-Straße 2; Kollegschule Ostvest, Sporthalle

Hornburger Straße 49; Ev. Gemeindezentrum, EG

Im Weingarten 6a; Pfarrheim St. Maria Magdalena

Kolpingstraße 1; Stadthalle, EG links

Lloydstraße 5; Vestische Kinderklinik, EG, bei EEG-Ambulanz

Mozartstraße 1; Schulzentrum Hagem, Pausenhof

Neumarkt; Kaufhaus KARSTADT (Schlüssel in Cafeteria)

Pevelingstraße 30; Diakoniestation, 1. OG (Aufzug)

Pevelingstraße 30; Ev. Gemeindezentrum, EG

Südring 150; Gymnasium Datteln

Deggendorf

Alte Festwiese am Parkhaus; öffentliches WC

Oberer Stadtplatz 1; Altes Rathaus

Oberer Stadtplatz; Parkhaus Tiefgarage

Rosengasse 10; Stadtbücherei

Delbrück

Rathaus, Marktstraße 6

Delitzsch

Am Wallgraben; separates Gebäude

Delmenhorst

- Hans-Böckler-Platz; Stadthaus I
- Koppelstraße; ZOB Delbus (Bahnhofsvorplatz)
- Lange Straße 1a; City-Center, 2. Etage
- Marktplatz; Rathausbrunnenplatz (geplant)
- Rathausplatz 1; im Rathaus-Foyer

Rathausplatz; Obstkorb

Denzlingen

Berliner Straße; gegenüber Sportbad, freistehendes WC-Haus

Deutschland

Dessau

Ferdinand-von-Schill-Straße 8; Sozialamt, auf jeder Etage
- 🔑 Peterholzstraße 58; Gropius-Gymnasium
  Weillstraße 21; Gesundheitsamt
  Zerbster Straße 4; Rathaus/Stadtverwaltung

Detmold

Felix-Feschenbach-Straße 5; Kreishaus
- 🔑 Grabenstraße 1; Verwaltungsgebäude
  Haus des Gastes; OT Berlebeck
  Haus des Gastes; OT Diestelbruch
- 🔑 Haus des Gastes; OT Hiddesen
- 🔑 Lemgoer Straße; Parkhaus
  Leopoldstraße 13; Regierungspräsident
  Leopoldstraße 5; Stadtbücherei
- 🔑 Marktplatz 5; Rathaus I
  Richthofenstraße 3; Behördenhaus
- 🔑 Rosental 21; Ferdinand-Brune-Haus
  Schloßplatz 6; Rathaus II
- 🔑 Schule am Wall; Verwaltungsgebäude; Zugang über Paulinenstraße
  Wittekindstraße 2; Arbeitsamt
  Wotanstraße 9; Gesundheitszentrum Höftmann

Dieburg

Am Markt 4; Rathaus

Dietzenbach

- 🔑 Werner-Hilpert-Str. 1; Kreishaus
  Erdgeschoss, rechts vom Haupteingang

Dießen/Ammersee

Marktplatz 1; Rathaus, EG
- 🔑 Seestraße 31; Seeanlage, nahe des Kiosks
- 🔑 Seeweg-Süd 4; Strandbad, OT Riederau

Dillenburg

- 🔑 Maibachstraße; Parkhaus Oranien (Innenstadt)

Dillenburg

- Schloßberg Dillenburg; unterhalb vom Wilhelmsturm

Dillingen/Saar

- Am Odilienplatz; Öffentl. Bedürfnisanstalten
- Bootshaus
- Marktplatz; Tiefgarage
- Nalbacher Str. 100; Gemeindehaus Diefflen
- Rathaus
- Römerhalle
- Stadthalle

Dingolfing

- Innenhof zwischen Marienplatz und Lederergasse

Dinkelsbühl

Luitpoldstraße; Bahnhofsgebäude, 2 Toiletten

Parkplatz Schwedenwiese/P1; Toilettenanlage, 2 Toiletten

Schrannengasse; Stadtsparkasse „Grünes Meer"; rückwärtiges Gebäude; 2 Toiletten

Dinslaken

- Am Altmarkt
- Marktplatz; BA Dinslaken Lohberg
- Sterkrader Straße 269, Ev. Dorfkirche

Ditzingen

Am Laien 1; öffentliches WC, Rathaus, Zugang Rathausparkplatz

- Schloßgarten (Öffentliches WC, Zugang Parkplatz)

Donaueschingen

Fürstenbergstraße; Parkplatz

H.-Fischer-Allee; Festhallenplatz

Donauwörth

Eichgasse; Wörnitz-Parkhaus

Rathausgasse 1; Touristik-Information

Deutschland

Donzdorf

- An der B466/Süssener Straße; Lautertalhalle - Sporthalle
- Friedhofstraße 28; Friedhof
- Hauptstraße 44; Stadthalle, EG und 1. OG
- Im Schloß 1; öffentliches WC
- 🗝 Reichenbacher Str. 7; Freibad Donzdorf
- Schloß 1-4; im Verwaltungszentrum

Dormagen

- 🗝 Am Rheintor; WC-Anlage „Am Herrenweg"
- 🗝 Knechstedener Straße 18a; Bürgerbau, OT Horrem
- 🗝 Lübecker Straße 1; HIT-Markt
- 🗝 Nettergasse 8; WC-Anlage Ecke Frankenstraße
- 🗝 Rathaus-Galerie; 1. UG
- 🗝 Tierpark Tannenbusch; bei Fr. Dyron

Dorsten

- 🗝 Busbahnhof
- 🗝 Gymnasium Petrinum
- 🗝 Halterner Straße 1; Rathaus
- 🗝 Lippetor-Center
- 🗝 Soerheide 38; OT Lembeck; Naturerlebnisgebiet Üfter Mark - Heimathaus
- 🗝 VHS Marie Lindenhof

Dortmund

- Alter Markt / Betenstraße
- 🗝 Auf dem Hohwart 2; Finanzamt Dortmund-Ost
  Im Erdgeschoss
- Bahnhofstraße; OT Hörde
- 🗝 Barichstraße/Ecke Marktplatz; OT Marten
- 🗝 Baroper Kirchweg 5; Ostenborg-Grundschule
  Je ein WC im EG, 1. OG und in der Turnhalle
- 🗝 Bayrische Straße/Waldeckerstraße; OT Eving
- 🗝 Betenstraße/Nähe Olpe
- 🗝 Borussiastr. 150; Bürger-King
- Bövinghausen, Marktplatz

Dortmund

- Brackel, Bürgerplatz
- Brackeler Hellweg, OT Brackel
- Derne, Marktplatz
- Dorstfelder Straße/Ecke Hellwieg, OT Dorstfeld
- Emil-Figge-Straße 44
- 🗝 Fleiwitzstraße; Einkaufszentrum, OT Scharnhorst
- Friedensplatz 1; Stadtgarten
- 🗝 Ginsterstraße/Post; OT Hombruch
- 🗝 Gleiwitzstr.
- Hansaplatz; Tiefgarage
- 🗝 Hauptbahnhof
- 🗝 Hellweg/Marktplatz; OT Brackel
- 🗝 Kaiserstraße 99
- Kölner Straße/Ecke Berliner Straße, OT Aplerbeck
- 🗝 Leopoldstraße 52-58; BZ Dietrich-Kenning-Haus
- Limbecker Straße, OT Lütgendortmund
- 🗝 Limbecker Straße/Bleichstraße; OT Lütgendortmund
- 🗝 Markt/Am Amtshaus; OT Huckarde
- Nordmarkt/Mallinckrodtstraße
- Ostenhellweg; Reinoldikirche
- Osthellweg / Bereich Ostentor-Ostwall
- 🗝 Ostwall/Oststraße
- Rheinlanddamm 203
- Ringwinstraße/Ecke Stückedastraße
- 🗝 Ritterhausstraße/Westpark
- 🗝 Ruhrallee 1-3; Polizeiwache Dortmund Mitte
- 🗝 Scheinstraße 39; Arbeitsamt Dortmund
- 🗝 Siegburgstraße/Markt; OT Mengede
- Sonnenstraße 96; FH Dortmund
- 🗝 Urbanusstraße/Ecke Markt, Amtshaus, OT Huckarde
- 🗝 Vor dem Rathaus; OT Aplerbeck
- Waldecker Straße/Ecke Bayrische Straße, OT Eving
- Wallstraße; Busbahnhof
- 🗝 Westfalenpark; am Parkcafé

Deutschland

Dortmund

- 🗝 Westfalenpark; Sanitätsstation Buschmühle
- Westpark/Hollestraße
- 🗝 Wilhelmsplatz; OT Darstfeld
- Windhorster Straße/Ecke Ginsterstraße, OT Hombruch

Dreieich

- Am Schwimmbad; Parkschwimmbad, OT Sprendlingen
- Am Weiher 5; Burghofsaal, OT Dreieichenhain
- August-Bebel-Straße 75; Hallenbad, OT Sprendlingen
- Breslauer Straße 20; Sporthalle
- Fichtestraße 50; Bürgerhaus, OT Sprendlingen
- Fichtestraße 50; Stadtbücherei, OT Sprendlingen
- Forstweg; Bürgersaal
- Frankfurter Straße 3; Volksbank-Gebäude, 2. OG, Stadtkasse d. Stadtverwaltung; OT Sprendlingen
- Friedhofstraße 1a; Mehrzweckhalle, OT Offenthal
- Pestalozzistraße 1; Stadtverwaltung, OT Sprendlingen
- Pfarrgasse 28; Stadverwaltung, OT Dreieichenhain

Dresden

- Albert-Wolf-Platz 4; Sozialstation Prohlis
- Albertstraße 10; Sächsisches Sozial- und Landwirtschaftsministerium, UG
- Altenberger Straße 35; AOK
- Altpieschen 5c; Soziales Beratungszentrum
- Am Hauptbahnhof 4; Hauptbahnhof
- Am Lagerplatz 8; Bildungszentrum des Handwerks
- Am Taschenberg; Hotel Taschenbergpalais Kempinski
- Amalie-Dietrich-Platz 3; Dresdner Pflege- und Betreuungsverein
- Amalie-Dietrich-Platz 3; Sozialstation
- Amalie-Dietrich-Platz 6; Einkaufszentrum Kess
- An der Frauenkirche 5; Hotel Dresden Hilton, EG u. 1. OG
- Archivstraße 1; Sächsische Staatskanzlei
- Augustusstraße 1; Verkehrsmuseum Dresden, EG
- Azaleenweg 1
- Bautzner Straße 130; Schloß Albrechtsberg, EG

Der Locus · Deutschland

Dresden

Bayreuther Straße 30; Ärztehaus, UG

Bayrische Straße 14; SüdOst Woba Dresden GmbH

Berliner Straße 3-13; Amtsgericht

Blochmannstraße 24; SAG „Hilfe für Behinderte"

Blüherstraße 3; Verwaltungsgericht

Bodenbacher Straße 154; Kreissportbund e.V., Sporthalle

Boderitzer Straße 30; Campingplatz Mockritz

Borsbergstraße 23

Brucknerstraße 4; Ortsamt Blasewitz, 1. OG

Buchenstraße 10; Hotel Verde Dresden, UG

Bünaustraße 56; Sozialzentrum Löbtau

Bürgerstraße 63; Ortsamt Pieschen, EG

Bürgerwiese 8; Arztpraxen, EG

Carolaplatz 1; Sächsisches Finanz- und Kultusministerium, 1. OG

Chemnitzer Straße 28; Ring-Center

Cossebauder Straße; Bibliothek Cotta

Dohnaer Straße 53; St. Petrus Kirche

Dohnaer Straße; Bahr-Baumarkt

Dora-Stock-Straße 2; Begegnungsstätte der Volkssolidarität

Dr.-Külz-Ring 19; Rathaus, 1. OG

Enderstraße 59; Seidnitz-Center

Fabrikstraße 42/44; Groß- und Einzelhandel

🗝 Fetscherplatz

Fetscherstraße 32; Stadtsparkasse Dresden, 1. OG

Fetscherstraße 34; BfA, 2. OG

Fetscherstraße 76; Herzzentrum

Flughafenstraße; Flughafen Dresden, Terminal 1 und 2

Försterlingstraße 11; Rollstuhl Kaiser GmbH

Freiberger Straße 33; Haupt- und Musikbibliothek

Friedrich-List-Platz 1; Bibliothek der Hochschule für Wirtschaft und Technik

Georg-Palitzsch-Straße 12; Gesundheitszentrum Prohlis, EG

Georg-Palitzsch-Straße; Kirche Dresden-Prohlis, 2. OG

Georgenstraße 4; Gesundheitsamt, EG

Deutschland

Dresden

- 🔑 Gewandhausstr. 3
  Erdgeschoss, von außen zugänglich
- Glacisstraße 44; Diakonisches Werk, EG
- 🔑 Großer Garten; Nähe Palaisteich
- Grunaer Straße 2; Bürohaus, 4. OG
- Grunaer Straße/Blüherstraße; Dorint Hotel
- Grundstraße 169; Freibad Bühlau
- Grundstraße 3; Ortsamt Loschwitz
- Gutzkowstraße 4-10; Sächsisches Sozialministerium, EG
- Hainsberger Straße 2; Seniorenbegegnungsstelle AWO
- Hamburger Straße 19; Ordnungsamt, EG
- Hamburger Straße 19; Technisches Rathaus, 1. OG
- Hansastraße 43; Hotel Astron
- Harthaer Straße 2; Ortsamt Cotta
- Harthaer Straße 3; Ortsamt Cotta, im Einkaufscenter
- Hauboldstraße 7; Führerscheinstelle/Kfz-Zulassung
- Hauptallee 2; Georg-Arnold-Bad
- Hauptstraße 23; Dreikönigskirche
- Herkuleskeule; Sternplatz 1, 1. OG
- Hertha-Lindner-Straße 3; Drewa-Treff
- Hertzstraße 23/Hinterhaus; Ortsamt Leuben
- Herzberger Straße 30; Kulturetage Prohlis, EG
- Holbeinstraße 13; Landesversicherungsanstalt Sachsen
- Holländische Straße 2; Sächsischer Landtag, Restaurant Chiaveri
- Hospitalstraße 7; Sächsisches Staatsministerium der Justiz
- Hoyerswerdaer Straße 12; Sächsisches Justizministerium, 3. OG
- Hülßestraße 1; Hotel und Gaststätte Coventry, 1. OG
- Junghansstraße 2; Stadtverwaltung, Wohnungsamt
- Kaizter Straße 2; Seniorenbegegnungsstätte
- Karl-Marx-Straße 25; Airport Hotel Dresden, EG
- 🔑 Kesselsdorfer Straße; am Löbtauer Friedhof
- Kieler Straße 52; Ortsamt Klotzsche
- Kipsdorfer Straße 99; Striesen-Center
- Köhlerstraße; DEKRA
- Königsbrücker Straße 15; Weberbank

Dresden

Königsbrücker Straße 6a; Beratungszentrum „Guter Rat", Familienzentrum „Hand"

Königsbrücker Straße 80; Staatsbauamt I und Staatliches Liegenschaftsamt

👉 Königsbrücker Straße; ARAL-Tankstelle

Königstraße 15; Kultur-Rathaus, EG

Kretschmerstraße 2c; Bauaufsicht Blasewitz

Kreuzstraße 7; „Laden-Café aha" und „Eine-Welt-Laden"

Lauensteiner Straße 37; Finanzamt I/Liegenschaftsamt, jede Etage

Leipziger Straße 116; Elbecenter

Lennéstraße 11; Torwirtschaft Großer Garten

Leutewitzer Straße 75; Seniorenbetreuung, Rollstuhlfahrertreff

Liliengasse 19; Liga der freien Wohlfahrtspflege Sachsen

Lingener Platz 1; Deutsches Hygiene-Museum, EG u. 2. OG

Löbtauer Straße 4; Arbeits-, Sozial- und Landgericht, EG

Lommatzscher Straße; Höffner-Möbelgesellschaft, 2. OG

Lommatzscher Straße; Stinnes Baumarkt, EG

Lortzingstraße 1; Öffentliche Schulbibliothek des Bert-Brecht-Gymnasiums

Lübecker Straße 121; Ortsamt Cotta

Malterstraße 18; Sportanlage Malterstraße, Löbtau e.V.

Martin-Luther-Straße 21; Club für Dich

Maternistraße 17; Theater 50/Haus der Kultur und Bildung, EG

Meißner Landstraße; ARAL-Tankstelle

👉 Merianplatz

Merianplatz; Stadtbibliothek Gorbitz

👉 Metzer Straße/Hauptstraße

Michelangelostraße 2; Verband der Körperbehinderten Dresdens

Michelangelostraße 4; Seniorenbegegnungsstätte Zschertnitz

Mobschatzer Straße 29; Ringhotel Residenz Art Dresden

Mobschatzer Straße 3; Cotta Hotel Dresden

Mohorner Straße 14b; Begegnungsstätte

Naumannstraße 3; Sanitätshaus Gruna GmbH

👉 Neumarkt; Quartier an der Frauenkirche

Niederpoyritzer Straße 1; Orthopädische Schuhtechnik Laubegast

Deutschland

Dresden

Nieritzstraße 11; Hotel Martha Hospiz GmbH, EG

Nöthnitzer Straße 2; Ortsamt Plauen

Olbrichtplatz 1; Sächsisches Landesamt zur Regelung offener Vermögensfragen

Ostra-Allee 3; Staatsschauspiel Dresden/Großes Haus, EG

Pirnaer Landstraße 131; Staatsoperette

Pirnaische Straße 9; Sächsische Aufbaubank

🗝 Pirnaischer Platz/Parkplatz Ringstraße

Postelwitzer Straße 2; Sozial-Kulturelles Zentrum Gruna

Prager Straße 12; Kaufhaus Karstadt, 5. OG

Prager Straße; Hotel Lilienstein/IBIS, 1. OG

Prager Straße; Restaurant und Bar Hotel Königsstein, EG

🗝 Prohliser Allee/Jacob-Winter-Platz

Rabener Straße 1; Finanzamt II und III, 2. und 4. OG

Rembrandtstraße 4; Arztpraxen, EG und 1. OG

Riesaer Straße 7; Stadtverwaltung, EG

Ringstraße 1; Palais-Hotel Gewandhaus Radisson SAS

🗝 Rosenbergstraße/Zwinglistraße

Sachsenwerkstraße 71; Ärztehaus Niedersedlitz

Schäferstraße 1a; Seniorenbegegnungsstätte Friedrichstadt

Schlesischer Platz 1; Bahnhof Neustadt

Schloßstraße 2; Kulturpalast Dresden, 1. Zwischengeschoß

Semperstraße 2; Arbeitsamt Dresden, 1. OG

Senftenberger Straße 58; Schwimmhalle Prohlis

🗝 St. Petersburger Straße (Ostseite); in Höhe Nr. 30

St. Petersburger Straße; Restaurant Hotel Mercure/Newa, EG

Stauffenbergallee 25a; Hotel Holiday Inn

Stauffenbergallee 2; Regierungspräsidium Dresden, Landesamt für Finanzen/Landesoberkasse

Sternplatz 7; AOK, Eingang Polierstraße, EG

Straßburger Platz/Stübelallee 2a; Dresdner Ausstellungsgesellschaft/Hallen

Straßburger Platz; Ecke Strübelallee/Lennéstraße, WC-Anlage

Stübelallee 49c; Berufsgenossenschaft Feinmechanik/Elektrotechnik, EG

Südhöhe 27; Orthopädieschuhtechnik

Der Locus · Deutschland

Dresden

Theaterkahn; Dresdner Brett/Terrassenufer, EG

Theaterplatz 1; Gaststätte Italienisches Dörfchen

Theaterplatz 1; Gemäldegalerie Alte Meister, UG

Theaterplatz 2; Semperoper, EG

Theaterstraße 11-15; Ortsamt Altstadt

Tiergartenstraße 1; Zoo

🗝 Wallstraße/Postplatz

Walter-Arnold-Straße 1; Griechische Spezialitätengaststätte

🗝 Washingtonstraße 40; ARAL-Autohof „Rasthof Elbaue"

Wigardstraße 17 (Eingang); Sächsisches Kultusministerium

Wilhelm-Franke-Straße 90; Treff Hotel Dresden, UG

Wilsdruffer Straße 19/21; Schnellrestaurant McDonalds

Wilsdruffer Straße 2; Stadtmuseum Dresden, 1. OG

Winterbergstraße 59; Ärztehaus, UG

Wölfnitzer Ring 65; Erlebnisbad Elbamare Gorbitz

Zellescher Weg 23-25; Barmer Ersatzkasse, EG

Drochtersen

Sietwenderstraße 12; Gemeindeverwaltungsgebäude
Mo-Fr 0830-1100; Do 1600-1900

Drolshagen

Dechant-Fischer-Straße 7; Verwaltungsgebäude „Altes Kloster"

Duderstadt

🗝 LNS-Stadtparkgebäude

Rathaus

Auf der Klappe; Schwimmhalle

August-Werner-Allee; Freibad

Sackstraße; ZOB
7-19h

Duisburg

Alexstr. 87; OT Hamborn; Hohenzollernplatz
ganzjährig

🗝 Averdunk Zentrum/Nähe Parkhausaufzüge; Bezirk Innenstadt

Deutschland

Duisburg

- 🗝 Averdunkplatz; Averdunk- Centrum
  ganzjährig
- 🗝 Bahnhofstr/Meiderich Markt
- 🗝 Bürgermeister-Pütz-Straße; OT Meiderich; Stadtpark Meiderich
  Mai- Oktober
- 🗝 Calais-Platz; Bezirk Innenstadt
- 🗝 Calaisplatz; Steiger Schwanentor
-    Dieselstraße; Kultur- und Freizeitzentrum „Bunker"
- 🗝 Duisburger Straße 213; Rathaus Harborn
- 🗝 Duisburger straße 215; OT Hamborn; Rathaus Hamborn
  ganzjährig
- 🗝 DVG Stadtbahnhöfe; Bezirk Innenstadt
- 🗝 Franz-Lenze-Platz
  ganzjährig
- 🗝 Friedrich-Ebert-Straße 152; Bezirksamt Walsum
  ganzjährig
- 🗝 Galeria; Bezirk Innenstadt
- 🗝 Gartenstraße 41; OT Rheinhausen; Pavillon Gartenstraße
  ganzjährig
- 🗝 Gartenstraße; Pavillongaststätte, OT Rheinhausen
- 🗝 Hamborner Straße; OT Hamborn; Botanischer Garten
  ganzjährig
-    Hauptbahnhof; Bezirk Innenstadt
-    Hohenzollernplatz/Alexstraße; OT Hamborn
- 🗝 Markt/Bahnhofstraße; OT Meiderich/Beeck
- 🗝 Marktplatz Hochemmerich; Markt Hochemmerich
  ganzjährig
- 🗝 Marktstraße; OT Meiderich; Markt Meiderich
  ganzjährig
-    Parallelstr./Harborner Altmarkt
- 🗝 Parallelstraße 7; OT Hamborn; Parallelstraße
  ganzjährig
-    Philosophenweg 19; Restaurant Hafenforum
  Restaurants- Öffnungszeiten; Zugang über Gastraum
- 🗝 Philosophenweg 19; Marina Duisburg Serviceponton
  Zugang durch Marinamitgliedschipkarte
- 🗝 Philosophenweg 49; Restaurant Küppersmühle
  Restaurant- Öffnungszeiten
- 🗝 Regattabahn; unter der Tribüne, Bezirk Süd

Duisburg

- Singstraße 1; OT Meiderich; Busbahnhof Meiderich
  ganzjährig
- Stadtpark Meiderich; OT Meiderich/Beeck
- Steiger Schwanentor; Steiger Schwanentor
- Von-den-Markt-Straße 36; OT Meiderich; Bezirksamt Meiderich
- Von-der-Mark-Straße; Bezirksamt Meiderich; OT Meiderich/Beeck

Dülmen

- Bahnhofstraße; Bahnhof
- Charleville-Mézières-Platz
- Freibad Nordlandwehr
- Lohwall, Alte Overbergschule
- Markt 1-3, Rathaus

Dümpelfeld

- Dorfgemeinschaftshaus

Düren

- An der Festhalle; Festhalle, OT Birkesdorf
- Arnoldsweilerstraße; Parkhaus
- August-Klotz-Straße; Pleußmühle
- Bismarckstraße; Stadthalle
- Friedenstraße; Friedhof Düren-Ost
- Josef-Schregel-Straße; Zentraler Busbahnhof
- Philippstraße; Seniorenzentrum
- Rathaus; über Wilhelmstraße oder über Zehnthofstraße
- Veldener Straße/Fritz-Erler-Straße; „Haus der Stadt"
- Von-Aue-Straße; Schloß Burgau

Düsseldorf

- Aachener Straße 21; Verwaltungsgebäude, OT Bilk
- Bahnhof; OT Benrath
- Belsenplatz; OT Oberkassel
- Berger Allee 2; Stadtmuseum, EG
- Berliner Allee; Kaufhaus Kaufhof-Galeria, 1. OG
- Bertha-von-Suttner-Platz; Weiterbildungszentrum, EG und 2. OG

Deutschland

Düsseldorf

- Bittweg 60; Stoffeler Friedhof
- Bogenstraße 39; Verwaltungsgebäude, OT Oberbilk
- Bonner Straße 121; Freizeitpark Niederheid, OT Holthausen
- Botanischer Garten; Universitätsgelände/Betriebshof, OT Bilk
- Brehmstraße; Eisstadion
- Brinkmannstraße 5; Amt für Wohnungswesen, OT Bilk
- 🔑 Burgplatz 3; Altstadt
- 🔑 Carlsplatz
- Cecilienallee 2; Regierungspräsident
- 🔑 Dorotheenplatz
- Ehrenhof 1; Tonhalle, EG
- Ehrenhof 49; Robert-Schumann-Saal, EG
- Ehrenhof 4; Landesmuseum Volk und Wirtschaft, EG - aber Stufen!
- Ehrenhof 5; Kunstmuseum, EG
- Flinger-Passage; U-Bahnhof, Altstadt
- Frankfurter Straße 229; Verwaltungsgebäude, OT Gazath
- 🔑 Friedrichstr.
- 🔑 Fürstenplatz
- 🔑 Gerresheim - Zentrum / Am Wallgraben
- 🔑 Gertrudisplatz; OT Eller
- 🔑 Gladbacher Str. / Siegstr.
- Grabbeplatz 4; Kunsthalle/Kunstverein, 2. OG
- Grabbeplatz 5; Kunstsammlung NRW, EG
- Grafenberger Allee 300; Arbeitsamt
- 🔑 Grafenberger Allee; Hanielpark, OT Düsseltal
- Hauptbahnhof
- Heerdter Landstraße 160; Freizeitpark, OT Heerdt
- Heinrich-Eckhardt-Straße 61; Verwaltungsgebäude, OT Derendorf
- Heinrich-Heine-Allee 169; Deutsche Oper am Rhein, EG
- Hennekamp 45; Technisches Rathaus, OT Bilk
- Hofgartenufer 7; Rheinterrasse
- Inselstraße/Kaiserstraße; Hofgarten, Innenstadt
- Itterstraße 116; Friedhof, OT Itter/Holthausen
- Kaiserswerther Straße 380; Löbbecke Museum + Aquazoo (im Nordpark), EG

Seite 79

Düsseldorf

Kasernenstraße 6; Städtische Verwaltungsgebäude, Altstadt

Kettwiger Straße; Hallenbad „Düsselstrand"

Kirchstraße 61; Neue Stadthalle - mehrere WCs

🔑 Kleiner Torfbruch 31; Sanitärhaus Campingplatz Nord

Kölner Straße 180; Gesundheitsamt/Gesundheitshaus

Königsallee; Kaufhaus Kaufhof, 2. OG

🔑 Landtag

Ludwig-Erhardt-Allee 21; Gerichtsgebäude, 1. OG

Luisenstraße 105; Stadtwerke, OT Friedrichstadt

🔑 Mannesmannufer

Marktplatz 1-3; Rathaus, 2. OG

Mühlenstraße 34; Amtsgericht

Münsterstraße 446; Kinder- und Jugendtheater

Münsterstraße 508; Verwaltungsgebäude, OT Rath

🔑 Neubrückstr.

🔑 Oststr. / Immermannstr.

Platz des Landtags 1; Landtag

Quadenhofstraße 151; Gerresheimer Friedhof

Rathausufer 8; Verwaltungsgebäude, 3. OG

🔑 Reuterkaserne / Josef - Beuys - Ufer

🔑 Robert - Lehr - Ufer

🔑 S-Bahnhof Wehrhahn; Innenstadt

Schadow-Arkaden; Blumenstraße

🔑 Schadowplatz / Jan - Wellem - Platz

Schießstraße 21; Friedhof Heerdt

🔑 Schlesischestr.

Schulstraße 4; Hetjens-Museum/Deutsches Keramikmuseum

Siegburger Straße 15; Philipshalle - mehrere WCs

Stockumer Kirchstraße/Europaplatz; Messe Düsseldorf

Stockumer Kirchstraße; Congreß-Center Düsseldorf

Südfriedhof

Südpark; Eingang Kölner Landstraße, OT Oberbilk

Südpark; Eingang Philipshalle, OT Oberbilk

Ulenbergstraße 11; Freizeitpark, OT Bilk

Deutschland

Düsseldorf

Ulmenstraße; Nordfriedhof

🗝 Uniklinik / Moorenstr.

🗝 Universitätsstraße 1; Heinrich-Heine Universität
8.00 - 20.00; In den Gebäuden der Verwaltung, der medizinischen, philosophischen, juristischen und mathematischen Fakultät, im Bau- und Liegenschaftsbetrieb, der FH, der Landesbibliothek, des Universitätsrechenzentrums, des Sportinstituts sowie im botanischen Garten

🗝 Unterbacher See; Bootsverleih, OT Unterbach

Untere Rheinwerft; Toilettenanlage

Unterrather Straße 51; Friedhof Unterrath

🗝 Vennhäuser Allee; Busbahnhof, OT Eller

Volksgarten; Eingang Emmastraße, OT Oberbilk

Werstener Feld 203; Friedhof Eller

Willi-Becker-Allee 10; Institut für Lebensberatung

Willi-Becker-Allee 7; Städt. Verwaltungsgebäude, OT Oberbilk

Willi-Becker-Allee 8; Staatsanwaltschaft

Ebern

🗝 Alter Sportplatz/Wohnmobilplatz

Ebersbach

🗝 Weberstraße 22; In den Arkaden des Verwaltungsgebäudes

Eberswalde

Breite Straße 126a; Kreisvereinigung Lebenshilfe e.V.

Breite Straße 40; Rathauspassage

Breite Straße 42-44; Rathaus

Britzerstraße; Kaufhaus KAUFLAND

Drehnitzsstraße 20; Behindertenzentrum Eberswalde

Eisenbahnstraße 84; Offene Begegnungsstätte für Senioren

Friedrich-Ebert-Straße 1; Volksbank

Fritz-Weineck-Straße 36; Gymnasium, OT Finow

Heegermühlerstraße 25; Filmpalast „Magic Movie", Westend

Heegermühlerstraße 69; Schwimmhalle

Karl-Liebknecht-Straße 3; Gesundheitszentrum

Kupferhammerweg 9; Baumarkt „Max Bahr"

Der Locus · Deutschland

Eberswalde

- 🗝 Michaelisstraße 1; Sparkasse Hauptstelle
- Robert-Koch-Straße 17; Gesundheitszentrum
- 🗝 Rudolf-Breitscheid-Straße 100; Werner-Forßmann-Krankenhaus
- Schicklerstraße 14-20; Arbeitsamt
- Tierpark; Am Wasserfall
- Weinbergstraße 6a; Kulturhaus „Schwärzetal"
- Werner-Seelenbinder-Straße 3; Humboldtgymnasium

Eching

- Bahnhofstraße 2; Alten- und Servicezentrum
- Bürgerhaus; OT Gunzenhausen
- Dietersheimer Straße 6; Dreifachturnhalle
- Geschwister-Scholl-Straße; Schule nördlich der Straße
- Lilienstraße 2; Kindergarten „Bunte Arche"
- Roßbergerstraße 8; Bürgerhaus
- Untere Hauptstraße 12; Musikschule

Eckernförde

- 🗝 Am Exer 1; Stadthalle
- 🗝 Kakabellenplatz; Veranstaltungsplatz im Container
- 🗝 Kieler Straße 59; rechts neben der Post/gegenüber „Kochlöffel"
- 🗝 Langebrückstr. 20; Speicherpassage
  Erdgeschoß, Eingang Binnenhafen
- 🗝 Marienthaler Straße 17; Technik- und Ökologiezentrum
- 🗝 Noorstr. 17; Siemsen Hagebauzentrum
  Im Haupteingangsbereich
- 🗝 Preußenstraße 1; Wellenbad Eckernförde
- 🗝 Preußerstraße 1; Kurverwaltung; Meerwasserwellenbad
- 🗝 Rathausmarkt 1-3; Bürgerbegegnungsstätte; Stadtmitte
- 🗝 Rathausmarkt 4-6; Rathaus, im Erdgeschoß
- 🗝 Rendsburger Str. 117; Hagebaumarkt und Gartencenter
  Haupteingang, Bereich Windfang
- 🗝 Sauerstraße 36; Schulzentrum Süd
- 🗝 Strandpavillon; Kurpromenade an der DLRG-Stadion

Deutschland

Eggstätt
- Obinger Str. 3; Jugendraum / Trachtenheim
- Obinger Str. 5b; Hartseehalle

Eichstätt
- Domplatz
- Freiwasser/Bootssteg

Eilenburg
- Gabelweg; OT Eilenburg Ost
- Marktplatz

Eilwangen
- Max-Eyth-Str. 1; MAXI-Autohof Bilwangen

Eisenberg
- Dallgow-Mavel-Park; Einkaufszentrum
- Schloß Christiansburg; Landratsamt

Eisenhüttenstadt
- Alte Poststraße 1; Sparkasse Oder-Spree - Hauptstelle
- Am Trockendock 1a; Stadtverwaltung, Haus II
- Am Wiesengrund; Einkaufscenter MARKTKAUF
- Auf der Insel; Schwimmhalle „Inselbad"
- Berliner Straße 15a; Lebenshilfe „Wohnheim Vergißmeinnicht"
- Diesterwegring 2; Volkshochschule
- Einkaufspassage CITY-CENTER; Ostflügel und Mittelflügel
- Friedensstraße 6b; Caritas-Wohnheim St. Martin
- Friedrich-Engels-Straße 39; Orthopädietechnik Schwoch
- Karl-Marx-Straße 35c; Arbeitsamt
- Löwenstraße 4; Städtisches Museum; Zugang über Museumshof (Anbau)
- Nordpassage 1; City Center Eisenhüttenstadt
  2 WC Anlagen mit je 1x Behinderten WC
- Nordpassage 1; Citycenter
  2 mal
- Poststraße 54b; Städtisches Alten- und Altenpflegeheim
- Seeplanstraße 16; Eisenhüttenstädter Personennahverkehr GmbH

Der Locus · Deutschland

Eisenhüttenstadt

Zentraler Platz 1; Rathaus

Ellwangen/Jagst

- ⚬— Aalener Straße
- ⚬— Kastellstr.; Kastellhalle Pfahlheim
- ⚬— Kastenstraße 34; Mehrzweckhalle „Kastenhalle"
- ⚬— Max-Eyth-Str. 1; MAXI-Autohof Ellwangen
  BAB 7, Ausfahrt 113

Obere Straße; Stadtbibliothek/Palais Adelmann

Schießwasen

Spitalstraße 4; Rathaus

ZOB; Sanitärgebäude

Elmshorn

Agnes-Karll-Allee; SKE - Schwerpunktkrankenhaus Elmshorn
- ⚬— Am Holstenplatz; Bahnhof, öffentliches WC
- ⚬— Bauerweg 23; Arbeitsamt

Bismarckstraße 8; Amtsgericht

Catharinenstraße 1; Industriemuseum

Flamweg 73; Familienbildungsstätte

Friedensallee

- ⚬— Friedhof; OT Kölln-Reisiek

Georg-Hansen-Haus; Lebenshilfe für Behinderte, Begegnungsstätte

Hermann-Ehlers-Weg 4; Sanitätshaus VITA

Holzweg 2; AWO-Altentagesstätte

Jahnstraße; Friedrich-Ebert-Schule

Klostersande 30; Stadttheater

- ⚬— Königstraße 56; Stadtbücherei

Mittelweg 47; AWO-Altentagesstätte

Mühlendamm 12; Orthopädietechnik am Mühlendamm

Olympia-Sporthalle

- ⚬— Schulstr. 15-17; Rathaus

Schulstraße 50; Reha-Zentrum, FGZ

Sporthalle Krückaupark

- ⚬— Steindammwiesen; öffentliches WC

Deutschland

Elmshorn
Zum Krückaupark; Hallenbad

Zum Krückaupark; Jugendhaus „Krückaupark"

Eltville am Rhein
🗝 Bahnhof

Elz
🗝 Rathausstr. 39; Rathaus Elz

Emden
🗝 An der Berufsschule 3; Volkshochschule, BBSII Altbau, EG

Außenhafen

Bahnhofsvorplatz

Neuer Markt; Innenstadt

Emmerich am Rhein
🗝 Willibrord Str. 9; St. Willibrord-Spital
auf dem Laborflur

Emmerthal
Berliner Straße 15; Rathaus

Emsdetten
🗝 Bahnhofsplatz 4-6; Arbeitsamt

🗝 Kolpingstraße; Kolpinghaus

🗝 Mühlenstraße; Hof Deitmar

Enger
Bahnhofstraße 44; Rathaus

Kirchplatz 10; Widukind-Museum

Enkenbach-Alsenborn
🗝 Hochspeyerer Str. 21; Am Bürgerhaus Enkenbach

Ennepetal
Gasstraße 10; Restaurant Pub Manus, OT Milspe

🗝 Südstraße; Zentraler Omnibusbahnhof, OT Milspe

Wilhelmstraße 76; Zentrum für Existenzgründung und Technologie

Ense
Am Spring 4; Rathaus

Eppertshausen
Franz-Gruber-Platz 14; Rathaus
- Im Niederfeld 22; Mehrzweckhalle
Nieder-Röder-Straße; Sporthalle
- Waldstraße; Festplatz, öffentl. WC-Anlage

Eppingen
- Bahnhofstraße; eigenständiges Gebäude am Hauptbahnhof bei den Bushaltestellen bzw. Parkplätzen
- Berliner Ring; Neue Sporthalle - Reitschule

Erbach/Odenwald
- Busparkplatz; Lustgarten
- Otto-Glenz-Straße 1; Werner-Borsche-Halle

Erding
Alois-Schießl-Platz 1; Stadthalle
Am Stadion 6; Freibad
- Nagelschmiedgasse 1; öffentliche WC-Anlage

Erfurt
Allerheiligenstraße 9; Beratungsstelle für Hör- und Sehgeschädigte
Allerheiligenstraße 9; Beratungsstelle für Körperbehinderte
Allerheiligenstraße 9; Stadtmission
Altonaer Straße 25; Haus 5a, Arbeitsamt/Beratungsstelle für Behinderte
- Am Roten Berg; Thüringer Zoopark, 2 WCs
An den Geraden; neben EVAG-Gleisschleife, Domplatz
Anger 50/51; Hotel „Zumnorde am Anger", Eingang Weitergasse 26
Anger 57; Anger Filmpalast
Arnstädter Straße; Steigerwaldstadion, in Tribünenbereich
Bahnhofstraße 41-44; Palasttheater, UFA Panorama
Barfüßerstraße 9; Hotel „IBIS", Altstadt Erfurt
Bindersleber Landstraße 100; Flughafen Erfurt
Borngasse; am Parkplatz, über Anger-Taschengasse

Deutschland

Erfurt

Bukarester Straße 50; Förderschule für geistig Behinderte

Cyriaksburg; Erfurter Garten- und Ausstellungs-GmbH, Halle 13

Erfurter Straße 179; Hotel „Weißer Schwan", OT Kerspleben

Fischmarkt 1; Rathaus, 2. OG (Liftschlüssel beim Pförtner)

Fischmarkt 1; Restaurant Rathaus arcade

🗝 Flughafen; 2 WCs

Frankestraße; an der Grünfläche Ecke Juri-Gagarin-Ring

Futterstraße 15/16; Kaisersaal Erfurt GmbH

Gartenstraße; Parkplatz neben Spardabank

Grubenstraße; Grünfläche

H.-Brill-Straße 19; Sozialpädiatrisches Zentrum/Kinderklinik

Hallesche Straße 16; Ministerium für Landwirtschaft und Forsten

Hammerweg 4; Ökumenisches Gemeindezentrum Roter Berg

Hans-Sailer-Straße 57; Ev. Martinikirche, Gemeindehaus

Hochheimer Straße 36a; Dreibrunnenbad

Hütergasse; auf der Grünfläche, über Comthurgasse

Ilversgehovener Platz; neben Wartehäuschen der EVAG

Innenstadt Anger

Johann-Sebastian-Bach-Straße; Leichathletikhalle

Karl-Marx-Platz 2; Sozialamt

Karthäuserstraße 64; Kath. Krankenhaus St. Johann Nepomuk

Löberstraße 35; Einwohner- und Meldeamt, Meldestelle

Mainzer Straße 39; Schwimmhalle Rieth

Moskauer Platz 20; Kultur- und Freizeitzentrum Erfurt

Östlicher Anger; Schnellrestaurant BURGER KING

Pilse 30; St. Lorenz

Regierungsstraße 73; Thüringer Staatskanzlei (nach Umzug)

Schmidtstedter Straße; am Busbahnhof (Pachttoilette)

Schnulzenweg 5/031; St. Nikolaus

Schottenstraße 7; Erfurter Kinder- und Jugendtheater Schotte

Singerstraße 1; Gustav-Adolf-Kirche/Gemeindezentrum Südost

Spittelgartenstraße 1; Sozialamt/Außenstelle

Sportanlage Kranichfelder Straße; über Einkaufszentrum

Straße des Friedens 12; Hotel „Linderhof", OT Linderbach

Erfurt

Südlicher Juri-Gagarin-Ring

Vilniuser Straße 2; Hotel „Wilna"

Volkssternwarte Erfurt; ega

Wagdstraße 14; St. Bonifatius

Werner-Seelenbinder-Straße 1; Kultusministerium

Werner-Seelenbinder-Straße 2; Thüringenhalle

Willy-Brandt-Platz 11; InterCityHotel Erfurt

Erkelenz

🗝 Zehnthofweg 17; WC-Anlage

Erlangen

🗝 Altstädter Kirchenplatz 6; Dreycedern Begegnungszentrum

Bachgraben 3; neben St. Xystus-Kirche

Bahnhofplatz; im Hauptbahnhof; UG

Bamberger Straße 18; Martin-Luther-Kirche

🗝 Bergstraße

Bierlachweg 11; Sporthalle der Eichendorffschule

Bismarckstraße 1; Philosoph. Seminargebäude I

Damaschkestraße 129; Freibad West

Erwin-Rommel-Straße 60; Institut für Ingenieurwissenschaften

Erwin-Rommel-Straße 60; Mensa, Hörsaal, Bibliotheksgebäude

Fahrstraße 17; Institut für physikalische Chemie

🗝 Fuchsenwiese; E-Werk, EG und 2. OG

🗝 Fuchsenwiese; Parkhaus

Gebbertstraße 121; Röthelheimbad

Halbmondstraße 6-8; Universitätsverwaltung

Henkestraße 53; Straßenverkehrsaufsicht

Hugenottenplatz 6; Kaufhaus KAUFHOF, 2. Stock

in allen Krankenhäusern und Kliniken

Kurt-Schumacher-Straße 1a; Versehrten- und Behinderten-SV e.V.

Langemarckplatz; Studentenhaus/Mensa

Luitpoldstraße 42; ZSL

Marquardsenstraße 21; ZSL

Martensstraße 3; Institut für Informatik

Deutschland

Erlangen

- Mozartstraße 29; Haus kirchlicher Dienste
- 🔑 Nägelsbachstraße; Passage Cine-Star
- Noetherstraße 49b; Emmy-Noether-Sporthalle
- Nürnberger Straße 24-26; Grande Galerie, 1. OG
- Nürnberger Straße 2; Kaufhaus PEEK & CLOPPENBURG, EG
- 🔑 Nürnberger Straße 31; Cine-Star Filmpalast
- Odenwaldallee 32; Gemeindezentrum Apostelkirche
- 🔑 Rathausplatz 1; Rathaus
- Rathausplatz 4; Kaufhaus C&A, 2. OG
- Rathausplatz 5; Kaufhaus WÖHRL, UG
- Rathausplatz; Heinrich-Lades-Halle (Stadthalle)
- Schillerstraße 58; Sporthalle am Berufsschulzentrum
- Schubertstraße 10; Finanzamt, EG (Zugang rechts)
- Schubertstraße 14; Gesundheitsamt
- Schuhstraße 1a; Universitätshauptbibliothek
- Staudtstraße 5; Biologikum
- Steinbruchstraße 25; Hallenbad Spardorf
- 🔑 Strümpellstraße 14; Arbeitsamt
- Südliche Stadtmauerstraße 5; Hallenbad Frankenhof
- 🔑 Theaterplatz; Durchgang Redoutensaal
- Universitätsstraße 15; Kollegienhaus

Erwitte

- 🔑 Kurpark; Kurhalle Bad Westernkotten
- 🔑 Schloßgelände; Sozio-kulturelles Zentrum Böllhoffhaus
- 🔑 Weringhauser Straße; Hellweg-Sole-Thermen Bad Westernkotten; im Gebäude

Eschweiler

- 🔑 Indestrasse; Eschweiler Bushof
- 🔑 Rathausplatz 1; Rathaus, im Foyer

Eselsburg

- 🔑 Talstrasse; Talscheneke

Der Locus · Deutschland

Esens
- Am Strand 8 OT Bensersiel; Campingplatz am Strand
- Herdetor; Omnibusbahnhof

  Schulstraße OT Bensersiel; Nordseetherme Bensersiel
  2 Beh. Parkplätze am Haupteingang

Esens
- Am Strand 8 OT Bensersiel; Campingplatz am Strand
- Herdetor; Omnibusbahnhof

  Schulstraße OT Bensersiel; Nordseetherme Bensersiel
  2 Beh. Parkplätze am Haupteingang

Essen/Ruhr
Aachener Straße 17-19; Alfried-Krupp-Heim, OT Frohnhausen

Ackerstraße 107; Altentagesstätte, OT Gerschede

Ahnewinkelstraße 51; Friedhof, OT Karnap

Alte Hauptstraße/Kirchstraße; Auf der Loh 15S/Comenius-Schule

Altendorfer Straße 2; Möbelhaus IKEA, Westviertel

- Altendorfer Straße 94-98

Altenessener Straße 411; Einkaufszentrum, OT Altenessen

Am Funkturm 10; Christophorus-Werkstatt, OT Holsterhausen

Am Hauptbahnhof; Hotel Handelshof, Stadtkern

Am Markt 1; Bekleidungshaus BOECKER, Stadtkern

Am Parkfriedhof 33; Parkfriedhof, OT Huttrop

Am Turm Gruga; OT Rüttenscheid

Ardeyplatz 1; Albert-Einstein-Realschule, OT Rellinghausen

Auf der Reihe 106b; Herbartschule, OT Katernberg

- Berliner Platz 10

Bernestraße 5; Kath. Stadthaus, Stadtkern

Bersonstraße 17; Christophorus-Werkstatt Nord, Nordviertel

Bismarckstraße 64-66; Museumszentrum, Ostviertel

Borbecker Markt

Bürgerzentrum Schloß, OT Borbeck

Campingplatz; OT Rellinghausen

Deilbachtal 40; Pflegeheim, OT Kupferdreh

Dreiringplatz 10; Verwaltungsgebäude, OT Steele

Dreiringstraße 7; Kulturforum, OT Steele

Essen/Ruhr

Feldmarkstraße 201; Revierpark, Freizeitpark/Kiosk, OT Nienhausen

Freiherr-v.-Stein-Straße 384; Licht- und Luftbad, OT Bredeney

Fulerumer Straße; Jugendfreizeitstätte Haarzopf, OT Fulerum

Fulerumer Straße; Südwestfriedhof, OT Fulerum

Gelsenkirchener Straße; Sportanlage Lindenbruch, OT Katernberg

Georg-Melches-Stadion; Ost-Tribüne, OT Bergeborbeck

Gerichtsstraße 20; Verwaltungsgebäude, OT Borbeck

Germaniastraße 131; Sportplatz und Sporthalle

Grafenstraße; OT Werden

Grasstraße 12; Christophorus-Werkstatt Borbeck I

Gruga-Halle

Hafenstraße 97a; OT Bergeborbeck

Hagen 7; Haus der ev. Kirche II, Stadtkern

Helen-Keller-Straße 1; Helen-Keller-Schule, Nordviertel

🗝 Helen-Keller-Straße 8-10; Förderzentrum für Behinderte, Nordviertel

Helgolandring; Seniorenzentrum, OT Margaretenhöhe

Helmstraße 5; Christophorus-Werkstatt, OT Dellwig

Heßlerstraße 208-210; Begegnungsstätte, OT Altenessen-Nord

Hollestraße 3; Gildehofcenter, Bibliothek, Ostviertel

Hollestraße 50; Hotel Ibis, Ostviertel

Hollestraße 75; Volkshochschule, Ostviertel

Humboldtring; MH-Rhein-Ruhr-Zentrum

Hünninghausenweg 84; Jugendheim Steele

Huyssenallee 53; Hotel Sheraton, Ostviertel

Im Löwental; Sporthalle, OT Werden

Im Teelbruch 10-12; Stadtbad, OT Kettwig

Kaldenhoverbaum 27a; Terrassenfriedhof, OT Schönebeck

Katzenbruchstraße 7; Gymnasium Nord-Ost, OT Altenessen-Süd

Kennedyplatz; Europahaus

🗝 Kennedyplatz; Sozialamt, 2. OG, Stadtkern

Kettwiger Straße 39; C&A Bekleidungshaus, Stadtkern

Klemensborn 39; Mensa der Abtei Werden, OT Werden

Kopstadtplatz; Stadtkern

Levinstraße; Bezirkssportanlage, OT Dellwig

Der Locus · Deutschland

Essen/Ruhr

Limpecker Platz; Kaufhaus KARSTADT, Stadtkern

Mathilde-Kaiser-Straße 11; Pestalozzischule, OT Huttrop

Mülheimer Straße/Kölner Straße; Frohnhauser Markt

Norbertstraße 124; Gruga-Bad

Nünningstraße 10; Christophorus-Werkstatt, OT Frillendorf

Ohmstraße 32; Gesamtschule Bockmühle, OT Altendorf

Ökonomiegebäude der Abtei Werden, OT Werden

OT Rüttenscheid; Messehalle

Pferdemarkt 5; AWO/SPD-Haus, Stadtkern

Pläßweidenweg 12; Christophorus-Werkstatt Steele, OT Horst

🔑 Porscheplatz; Rathaus, Stadtkern

Porschestraße 2; INTERSPAR SB-Warenhaus, Stadtkern

Preisstraße 7; Christophorus-Werkstatt Borbeck II, Bocholt

Prinzenstraße 46; Sporthalle Prinzenstraße, OT Borbeck

Rathenaustraße 2; Plakatmuseum, Stadtkern

Rellinghauser Straße 321; Bezirkssportanlage, OT Berghausen

Reuschenstraße 1; Sporthalle Goetheschule, OT Bredeney

🔑 Richterstraße 20 - 22; ASB Ruhr e.V.

Robert-Schmidt-Straße 1; Kaufmännische Schule, OT Huttrop

Rolandstraße 10; Aalto-Theater, Ostviertel

Rosastraße 83; Sporthalle des Helmholtz-Gymnasiums, OT Rüttenscheid

Rüttenscheider Markt

Sachsenring; Bezirkssportanlage Oststadt, OT Freisenbruch

Schemmannsfeld; Sportanlage, OT Frintrop

Scheppener 58a; Bergfriedhof, Heidhausen

Schonnebeckhöfe 58-64; Gustav-Heinemann-Gesamtschule

Schonnebeckhöfe 8; AWO-Zentrum, OT Schonnebeck

Schultenweg 37-41; Bürgerhaus Oststadt, OT Freisenbruch

Schultenweg 44; Schwimmzentrum Oststadt, OT Freisenbruch

🔑 Schützenbahn 70; Hochschulrechenzentrum, 1. OG

🔑 Schützenbahn 70; Universität - GH Essen, Raum-Nr. SL 109

Schwanenbuschstraße 161; Gemeinschaftsgrundschule, OT Huttrop

Schwanhildenstraße 23; Altentagesstätte, OT Stoppenberg

Siegfriedstraße; Friedhof Kray

Deutschland

Essen/Ruhr

Siepenstraße 10; Altentagesstätte Winfriedschule, OT Huttrop

Soester Straße 7a; Christophorus-Werkstatt, OT Kray

Sporthalle Margarethenhöhe

Steeler Straße 29; Alte Synagoge, Stadtkern

Theaterplatz; Grillo-Theater, Stadtkern

Tiefenbruchstraße 39a; Kaiser-Wilhelm-Park, OT Altenessen-Süd

Tierhof Gruga; OT Rüttenscheid

Timpestraße 33; Altentagesstätte, OT Karnap

Überruhrstraße; Bezirkssportanlage, OT Ü-Holthausen

- Universitätsstraße 2-20; Cafeteria, Geb. R12
- Universitätsstraße 2-20; Geb R09, EG, D-Gang
- Universitätsstraße 2-20; Geb. V15, EG, G-Gang
- Universitätsstraße 2-20; Hörsaalzentrum, Foyer, Geb. T01, EG, D-Gang
- Universitätsstraße 2-20; Mensafoyer, Geb. S05, EG, B-Gang

Universitätsstraße 2; Gesamthochschule, Nordviertel

Von-Einem-Straße 77; Schwimmzentrum, OT Rüttenscheid

Von-Ossietzky-Ring 24; Jugendfreizeits. Hörsterfeld, OT Horst

Waterfohrstraße 38; Sonderpädagogische Tagesstätte, OT Frillendorf

- Weberplatz 1; Stadtkern

Wechselpfad; Friedhof Heisingen II, OT Heisingen

Wüstenhöferstraße 175; Traugott-Weise-Schule, OT Borbeck

Zweigstraße 37; Sonderpädagogische Tagesstätte, OT Borbeck

Esslingen/Neckar

- Agnespromenade; Agneshof
- Kleiner Markt; Unterführung Kleiner Markt
- Mittlere Bentan; nähe Marktplatz, hinter Schnellrestaurant Wienerwald
- Neckarstraße; unter dem Aufgang zur Pliensanbrücke, Nähe Bahnhof

Ettal

- Linderhof 12; Linderhof Parkplatz
- Linderhof 12; Linderhof Schloss
- Schloß Linderhof; Ettal, am Parkplatz
- Schloß Linderhof; Ettal, im Schloßhotel
- Schloß Linderhof; Ettal, im Schloßpark

Der Locus · Deutschland

Ettlingen

- Festplatz; Kiosk-Pavillon, an der B3
- Grundbuchamt; OG, über Aufzug
- Hallenbad; OG, über Aufzug
- 🔑 Hauptfriedhof; Seitentrakt, OG, Aussegnungshalle
- Kutschengebäude; in der Gaststube
- 🔑 Rheinstrasse 4; Vogel-Hausbräu
- Schloß; Westflügel, EG, Arkadenstube
- Schloßgartenhalle; UG, über Aufzug
- Schulzentrum; OT Horbach
- Stadtbibliothek; OG, über Aufzug
- 🔑 Westlicher Schofhof; an der B3

Euskirchen

- 🔑 Am Schwalbenberg; Erftstadion, gegenüber Frei- und Hallenbad
- 🔑 Entenpfuhl; Parkhaus am Bürgerhaus
- Hochstraße/Ecke Neutorwall; Bürgerhaus
- 🔑 Keltenring; Freibad
- 🔑 Kölner Straße 75; Stadtverwaltung

Eutin

- 🔑 An der Stadtbucht; Seepromenade
- 🔑 Berliner Platz; Stadtbucht
- 🔑 Jungfernstieg; Jungfernstieg

Falkensee

- Falkenhagener Straße 43/49; Rathaus
- Havelländer Weg 67; Kulturhaus J.R. Becher
- 🔑 S-Bahnhof Falkensee

Fallingbostel

- Allermannstraße; Marktplatz, OT Dorfmark
- Michelsenstraße 3; Hermann-Lons-Schule (Grundschule)
- Sebastian-Kneipp-Platz 1; Kurhaus
- Vogteistraße 1; Rathausplatz
  8-18h

Fehmarn
- 🔑 OT Burg, Am Markt 1; Rathaus

Fellbach
- 🔑 Marktplatz 1; Rathausinnenhof
- 🔑 Ringstraße 5; Stadtwerke (Nähe Bahnhof)
- 🔑 Suttgarter Str. 7; WC vor der Post

Felsberg
- Raiffeisenstraße 7; Dorfgemeinschaftshaus, OT Hilgershausen
- Vernouillet-Allee 1; Rathaus, OT Felsberg

Feuchtwangen
- Zum Taubenbrünnlein

Finnentrop
- Ahauser Straße 22, Jugendherberge Finnentrop-Heggen
- Am Markt 1, Rathaus
- Am Markt 2, Erlebnisbad
- Kirchstraße 50, Festhalle

Fischen im Allgäu
- Kurhaus; (im Restaurant Fiskina Bescheid sagen)

Flensburg
- 🔑 Holm 7; Kaufhaus KARSTADT, 2. OG, neben Restaurant
- 🔑 Neue Str. 2; Stadt Flensburg
- 🔑 Neue Straße
- 🔑 Süderhofenden 40-42
- 🔑 Südmarkt
- Waldstraße 47; Versorgungsgebäude „Idraetsparken"

Flörsheim
- 🔑 Bahnhof

Florstadt
- Dorfgemeinschaftshaus; in der Gaststätte, OT Nieder-Mockstadt
- Dorfgemeinschaftshaus; OT Leidhecken

Der Locus · Deutschland

Florstadt
Dorfgemeinschaftshaus; OT Stammheim

Rat- und Bürgerhaus; in der Gaststätte

Fockbek
🗝 Rendsburger Straße 42; Gemeindeverwaltung

Forst/Lausitz
Friedrichsplatz

Sorauer Straße 37; Brandenburgisches Textilmuseum

Wehrinselstraße; Ostdeutscher Rosengarten, Haupteingang

Frankenthal/Pfalz
🗝 Am Strandbad 105; im städtischen Strandbad, Umkleidegebäude

🗝 Karolinenstr. 3; Außenstelle

🗝 Rathausplatz 2-7; Rathaus

🗝 Rathausplatz; Pavillon

Frankfurt/Main
🗝 Am Beghof 55; Tower Cafe

🗝 Bolongarostraße/Mainberg; an der Waage, OT Höchst

🗝 Bruchrainplatz; OT Oberrad

Brückenstraße; am alten Sachsenhäuser Friedhof, OT Sachsenhausen

Diesterwegplatz; Südbahnhof, im Bürgerhaus

🗝 Eschersheimer Landstraße 223; Grünhof-Center / Minimal-Markt
Untergeschoß Tiegarage

🗝 Eschersheimer Landstraße 223; Grünhof-Einkaufscenter
8:00 bis 20:00

Hammanstraße/gegenüber Voigtstraße; Holzhausenpark

🗝 Hauptwache; U-Bahnhof, B-Ebene

🗝 Heiligkreuzgasse 34; Frankfurter Justizzentrum
Behin.-WC-Raum #119a, Gerichtsgebäude A, 1.OG.-Westflügel

🗝 Lärchenstr. 131; Recylingzentrum

🗝 Lohrberg; an der Gaststätte

🗝 Lokalbahnhof; neben Zeitkartenverkauf

🗝 Ludwig-Erhard-Anlage 1; Messe Frankfurt
Bei Veranstaltungen

Max-Pruss-Straße; Rebstockpark, Ecke Am Römberhof

Deutschland

Frankfurt/Main
- 🗝 Messe
- 🗝 Niederräder Ufer 10; Licht und Luftbad
- 🗝 Oeserstraße; Bahnhof gegenüber Friedhof, OT Nied
-   Ostparkstraße; am Ostparkweiher, neben Gaststätte, OT Ostpark
-   Schloßstraße/Kurfürstenplatz; Nähe Feuerwache, OT Bockenheim
-   Thüringer Straße; Zoo, in Zoomauer integriert
- 🗝 Zeil 90; Kaufhaus Karstadt, 3. OG

Frechen
- Dr.-Tusch-Straße/Ecke Franzstraße
- Johann-Schmitz-Platz 1-3; Rathaus
- Sternengasse; hinter der Kreissparkasse

Fredersdorf-Vogelsdorf
- Ernst-Thälmann-Straße; Altersheim Katharinenhof; OT Fredersdorf
- Ernst-Thälmann-Straße; im evang. Gemeindehaus; OT Fredersdorf-Süd
- Multicenter bei FAMILA; OT Vogelsdorf
- Multicenter bei MÖBEL WALTER; OT Vogelsdorf
- Rüdersdorfer Straße 21; in der Gemeindeverwaltung; OT Vogelsdorf
- Tieckstraße; in der Sporthalle; OT Fredersdorf-Süd
- Waldstraße 26/27; in der Begegnungsstätte; OT Fredersdorf-Süd

Freiberg/Neckar
- 🗝 Marktplatz 20; PRISMA am Marktplatz
  permanent geöffnet; Zugang direkt von außen
- 🗝 Marktplatz; Stadthalle
- 🗝 Talstraße 17; Stadiongaststätte
- 🗝 Wasenstraße; Sporthalle Wasen

Freiberg/Sachsen
- 🗝 Rathaus

Freiburg i. Brsg.
- 🗝 Am Sportplatz 8; Neue Opfinger Sporthalle
- 🗝 An den Heilquellen; Mineral-Thermalbad
- 🗝 Augustiner Platz; WC bei der alten Stadtmauer
  8-22 Uhr öffentl.

Freiburg i. Brsg.

- Augustinerplatz; öffentliche Toilette an der Steinmauer
- Basler Landstraße; OBI-Baumarkt
- Bertoldstr.; Theatercafé
  während der Öffnungszeiten
- Bertoldstraße; im Rombach-Buchcenter
- Bertoldstraße; Konzerthaus
- Bismarkallee; Hauptbahnhof-UG
  gebührenpfl. während der Betriebszeiten

  Bismarkallee; Busbahnhof
  während der Betriebszeiten
- Bissierstraße; VAG-Haltestelle Bissierstr.
- Dietenbachgelände; OT Weingarten
- Einkaufszentrum; OT Weingarten
- Europaplatz

  Fehrenbachallee; Techn. Rathaus-Flachbau
  während der Öffnungszeiten
- Friedhofstraße; Hauptportal des Hauptfriedhofs; Schlüssel beim Friedhofsamt

  Gerberau 34/36; Stiegeler Bettenhaus
  Mo-Fr 9:30-18:30, Sa bis 16:00
- Gundelfingerstraße; WERTKAUF-Center, OG
- Kaiser-Joseph-Straße 195; Kaufhaus KAUFHOF
- Kunzenweg; Friedhof Bergäcker
- Lameystraße; Bürgerhaus, OT Zähringen
- Laßbergstraße; Endhaltestelle der VAG-Linie 1
- Littenweiler; Endhaltestelle
- Maierbrühl; Bürgerhaus, OT Tiengen
- Meßplatz/Schwarzwaldstraße; Alte Stadthalle
- Meßplatz/Schwarzwaldstraße; Nordwestecke des Platzes; in der öffentlichen Toilette
- Moosweiher; Endhaltestelle Linie 1, OT Landwasser
- Münsterplatz; an der Nordseite der Stadtbibliothek
- Munzigerstrasse 1; Multimediahaus
  Im Foyer EG
- Munzingerstraße; Endhaltestelle Linie 5, Industriegebiet, OT Haid
- Paduaallee; VAG Umsteigepunkt nach Lehen/Umkirch
- Platz an der alten Synagoge

Deutschland

Freiburg i. Brsg.
- ⚷ Schiffstraße; Schwarzwaldcity, im UG
- ⚷ Schreiberstraße
- ⚷ Schwarzwaldstraße; Sportclub-Stadion
- ⚷ Seeparkgelände; Ostseite
- ⚷ St.-Georgener-Straße; REAL-Markt
- ⚷ Turmstraße/Rotteckring; Nordseite des Verkehrsamts
- ⚷ Zentraler Omnibusbahnhof (ZOB)

Freigericht
- ⚷ Bahnhofstraße 13, Gemeinde Freigericht, OT Somborn

Freilassing
- ⚷ Lindenstraße
-    Münchner Straße 15; Rathaus
- ⚷ Rupertusstraße/Lindenstraße; Bedürfnisanstalt, Bahnunterführung

Freising
-    Alois-Steinecker-Straße 20; Hotel Ramada; Hotelbereich
-    Bahnhof; Bushaltestelle Ost, links vom Bahnhof
- ⚷ Brennergasse; gegenüber Marienplatz (Stadtmitte)
-    Domberg; Amtsgerichtsgebäude
-    Domberg; im Mariendom rechter Seiteneingang
-    Domberg; Vermessungsamt
-    Gasthaus Lamprecht; OT Haindlfing
-    Gasthaus Lerner; OT Vötting
-    Isarstraße 1; Kaufhaus KAUFHALLE, EG
-    Johannisstraße; im Park-Toilettenhäuschen
-    Kaufhaus KAUFLAND; OT Attaching
-    Kirchengemeinde St. Lantbert; OT Lerchenfeld
-    Kirchengemeinde St. Peter und Paul; OT Neustift
- ⚷ Kleingartenanlage Tuching, im Gemeinschaftsgebäude; OT Tuching
-    Kölblstraße; Eckherhaus, gegenüber Arbeiterwohlfahrt, EG
-    Kölblstraße; Jugendclub, nach Eingang links
-    Landshuter Straße; Landratsamt, in jedem Amtsgebäudetrakt
-    Lindenkeller, Unterhaus

Freising

- Luitpoldanlage; im Sanitätsgebäude
- Luitpoldhalle
- 🔑 Parkhaus am Wörth; im Ausgangsbereich
- Plantage Biergarten
- Sportheim; OT Attaching
- Steineckerstraße; Altstadtgarage, Parkhaus an der Steineckerstraße, im Ausgangsbereich
- 🔑 Stoibermühlsee; in der Badestation

Freudenstadt

- 🔑 Baiersbronner Straße 23; Mehrzweckhalle, OT Kniebis
- 🔑 Dammstraße 11; Am Busbahnhof
- 🔑 Marktplatz; öffentl. WC-Anlage Marktplatz /Café Pause
  permanent; Zugang gegenüber „normaler WC-Anlage" im Gebäude des Cafés
- 🔑 Marktplatz 65; im Stadthaus

Freyung

- Kurhaus

Friedberg

- 🔑 Seewiese
  Bereich Spielfeld
- 🔑 Kaiserstraße
  Ecke Schnurgasse

Friedberg/Hessen

- Bürgerhospital
- Elvis-Platz; öffentliche WC-Anlage
- 🔑 Kaiserstraße
- Mainzer-Tor-Anlage; Magistrat der Kreisstadt Friedberg
- Stadthalle

Friedrichsdorf

- 🔑 Hugenottenstraße 55; Rathaus, EG, über Rampe
- Kolberger Straße 1-3; Alten- und Pflegeheim „Haus Dammwald", über Rampe
- Plantation 38; Haus Mirjam

Deutschland

Friedrichshafen
- 🔑 Bahnhof
- Franziskusplatz, Aufzug
- Gasthaus „Apfelblüte"; OT Neufrach
- Hinterer Hafen; Parkplatz
- 🔑 Östliche Uferstraße; Parkplatz
- Uferanlage; Gasthaus „Lammgarten"
- 🔑 Uferstraße; beim Verkehrsamt
- 🔑 Zentraler Omnibusbahnhof

Frielendorf
- 🔑 Hauptstr. 51; Kulturscheune Frielendorf

Friesenheim
- 🔑 Campingplatz; OT Schuttern

Fritzlar
- 🔑 Allee; Busbahnhof
- Am Grauen Turm

Fulda
- 🔑 Am Frauenberg
- 🔑 Bonifatiusplatz
- 🔑 Domplatz
- 🔑 Heinrich-Gellings-Halle
- 🔑 Ochsenwiese
- 🔑 Sportbad/Rosenbad
- 🔑 Sportpark Johannisau (Stadion)
- 🔑 Stadtschloß
- 🔑 Universitätsplatz 2; Kaufhaus KARSTADT

Fuldatal
- Am Rathaus 9, WC-Anlage Rathaus

Fürstenau
- 🔑 Große Straße 27; Altes Rathaus

Fürstenfeldbruck
Aumühle Bibliothek, Stadtmitte

Kiosk; Bahnhof, OT Buchenau

Kloster Fürstenfeld; OT Fürstenfeld

Fürth/Bayern
Erlanger Straße 97; öffentl. WC-Anlage an der Arbeiterunterkunft auf dem Friedhofsgelände

Fronmüllerstraße 22; Volksbücherei

🔑 Herrnstraße 69; Finanzamt

🔑 Jacobinenstraße; U-Bahnhof

🔑 Königsplatz 2; Ämtergebäude für den Sozialbereich, Aus-/Einfahrt Tiefgarage Henri-Dunant-Straße

🔑 Königstraße 116; Stadttheater

🔑 Konrad-Adenauer-Anlage; öffentl. WC-Anlage

🔑 Stadtpark Fürth; unterhalb der Freilichtbühne

🔑 Stresemannplatz 5; Arbeitsamt

Fürth/Odenwald
Hammelbacher Straße 2; Hotel Erbacher Hof, OT Weschnitz

Hauptstraße 19; Rathaus

🔑 Schulstraße 7; Seniorenheim Köhler

Füssen
Am Parkplatz Forggensee

Campingplatz; vor dem Campingplatz, OT Hopfen am See

🔑 Kaiser-Maximilian-Platz 3

Morisse 1; Am Parkplatz

🔑 Parkgarage Sparkassenhaus

Gadebusch
Fritz-Reuter-Straße; WC-Anlage am ZOB

Heinrich-Heine-Straße; WC-Anlage am kommunalen Friedhof

Ganderkesee
🔑 Bahnhofstraße; Bahnhof
während der Öffnungszeiten

Ring 24; Kulturhaus Müller

Garching

Bürgerplatz 11; Stadtbücherei

Bürgerplatz 9; Bürgerhaus

Rathausplatz 3; Rathaus

Garmisch-Partenkirchen

- 🔑 Kainzenbad
- 🔑 Am Eisstadion 1; Olympia Eissportzentrum, Garmisch-Partenkirchen
- 🔑 Im Kurpark; Kongresshaus OT Garmisch
- 🔑 Marienplatz 17; OT Garmisch

Gartow

Am Schützenplatz; Thermalbad

Nienwalder Weg 1; Kurverwaltung
während der Öffnungszeiten

Gauting

Bahnhofstraße 7; Rathaus

Geeste

Am Rathaus 3; Rathaus, OT Dalum

Biener Straße 13b; "Haus des Gastes", OT Geeste

Geilenkirchen

Bahnhofstraße; Kiosk am Busbahnhof/Bahnhofsvorplatz

Geislingen an der Steige

- 🔑 MAG Kulturzentrum; Parkhaus
- 🔑 MAG Kulturzentrum; Stadtbücherei

Geithein

Katharinenplatz

Leipziger Straße 17; Bibliothek

Geldern

- 🔑 Bahnhof

Gelnhausen

- 🔑 Bahnhofstraße; neben Bahnhofseingang, ebenerdig

Gelnhausen

- Parkdeck Holzgasse; Eingang Stadtgarten, ebenerdig, Außentüre

Gelsenkirchen

Adenauerallee 118; Sport Paradies

Adenauerallee; Berger See (Nähe Bootssteg)

Adenauerallee; Schloß Berge (im Schloßpark)

- Ahstraße 22; Hamburg-Mannheimer-Haus, 12. OG

Bahnhofstraße 68; Böhmer GmbH & Co KG, EG

- Bahnhofsvorplatz; Hauptbahnhof, Nähe Sparkasse

Bleckstraße; Ruhr Zoo

Braubauerschaft 53; Martin-Luther-Haus, auf allen Etagen

Braukämper Straße 105; Werkstätten für angepaßte Arbeit, EG

Darler Heide 55-77; Seniorenzentrum AWO, auf allen Etagen

- De-la-Chevallerie-Straße; Marktplatz, OT Buer

Ebertstraße 15; Hans-Sachs-Haus, 1. OG

Ebertstraße 19; Volkshochschule, 1. OG

Emscherstraße 41; Sozialwerk St. Georg e.V.

Erdbrüggenstraße; Ostfriedhof, Trakt Trauerhalle

Florastraße/Hohenzollernstraße; Bulmker Park (am Teich)

Friedhof Hassel; Trakt Trauerhalle, OT Oberfeldingen

- Goldbergstraße; Rathaus, 1. OG, OT Buer

Grenzstraße 47; Arbeiterwohlfahrt, UG und EG

Günnigfelder Straße; Südfriedhof, Trakt Trauerhalle

Harpenstraße; Friedhof Beckhausen, Trakt Trauerhalle, OT Sutum

Horster Straße 5-7; Städtisches Museum, EG

Im Föckingsfeld; Hauptfriedhof

Im Sundern 15; DRK, EG

Kennedyplatz; Schillertheater, Kleines u. Großes Haus

- Neumarkt-Station

Nienhausenstraße 42; Trabrennbahn Gelsenkirchen e.V.

Ortbeckstraße; Hauptfriedhof, Trakt Trauerhalle

Plutostraße 89; Jugendheim Tossehof, EG

- Revierpark; im Park, OT Nienhausen

Vattmannstraße 12; Arbeitsamt, EG

Vattmannstraße 2-8; Versorgungsamt, EG

Deutschland

Gelsenkirchen

- 🔑 Vattmannstraße; Hans-Sachs-Haus, Großer Saal, EG
- Weberstraße; Arbeitsamt/Abt. Schwerbehinderte, Eingang Elisabethstraße
- 🔑 Westfriedhof Heßler; Trakt Trauerhalle
- Wilhelminenstraße 174; „Kaue" Beratungsstelle f. Arbeitslose
- Willy-Brandt-Allee 55; Warner-Cinemas, Am Parkstadion
- 🔑 Zeppelinallee 4; Sozialamt
- Zeppelinallee; Finanzamt Gelsenkirchen-Süd, EG

Geltendorf-Kaltenberg

- Gemeinde Geltendorf, OT Kaltenberg
- 🔑 Schloßstraße 11; Ritterschwemme Kaltenberg (Gasthaus), OT Kaltenberg

Gengenbach

- 🔑 Im Winzelhof

Georgsmarienhütte

- 🔑 Graf-Stauffenberg-Straße; hinter dem Rathausparkplatz
- 🔑 Kirmesplatz; Oesede Stadtzentrum

Gera

- Küchengartenallee 2; Theater
- Kultur- und Kongreßzentrum
- Schloßstraße
- Sozialamt

Geretsried

- Adalbert-Stifter-Straße 13; Stadtbücherei beim Schulzentrum, UG, über Aufzug erreichbar
- Adalbert-Stifter-Straße 18; Musikschule, beim Schulzentrum, DG, über Aufzug erreichbar
- Joh.-Sebastian-Bach Straße 4; Karl-Lederer-Schule (Hauptschule), im EG, Geretsried Süd
- Karl-Lederer-Platz 1; Gasthaus Ratsstuben, Geretsried Mitte
- Wolfratshauser Straße 24; Gaststätte und Hotel Inh. Fa. Neu Wirt Gelting, im EG

Der Locus · Deutschland

Gerlingen
Hauptstraße 40; im Haus der Sozialen Dienste (Altes Rathaus)

Germering
- 🔑 Friedhofstraße; Friedhof
- Gabriele-Münterstraße 3, 5; jeweils EG
- 🔑 Landsberger Straße 39; Stadthalle Germering
- Therese-Giehse-Straße 2; 1. OG
- Therese-Giehse-Straße 4 und 6; jeweils EG
- Wohn- und Geschäftshaus an der Stadthalle („Harfe")

Gernrode
Suderöder Chaussee; Informationspavillon

Gernsheim
- 🔑 Rheinstraße 36; neben Kiosk, Zufahrt Rheinfähre

Gerolzhofen
- Dingolshäuser Straße; Stadthalle
- 🔑 Kolpingstraße 2; Busbahnhof
- Marktplatz; Altes Rathaus
- Schallfelder Straße; Parkplatz, Südliche Vorstadt
- Spitalstrasse; Bürgerspital

Gersfeld
- 🔑 Groenhoff-Haus 8; Groenhoff-Haus/ Wasserkuppe

Gifhorn
- 🔑 Hindenburgstraße; Parkhaus
- 🔑 Marktplatz 1; Rathaus
- 🔑 Marktplatz 1; Stadthalle Gifhorn
- 🔑 Nordhoffstraße; Bahnhofsvorplatz
- 🔑 Schloßplatz 1; Schloss Gifhorn
- Schützenplatz 2; Kulturzentrum
- Steinweg 31; Kino

Gladbeck
- 🔑 Burgstraße/Wittringen Spielwiese

Deutschland

Gladbeck
- Burgstraße; Restaurant „Schloß Wittringen"
- Friedrich-Ebert-Straße; Rathaus, Stadtmitte
- Horster Straße; Kirmesplatz
- Johowstraße; Stadtgarten
- Oberhofstraße; Busbahnhof
- Wilhelmstraße; Markthalle

Gladenbach
- Karl-Waldschmidt-Straße 5; Haus des Gastes
- Kohlbergstraße 6; Bürgerhaus, Stadtteil Erdhausen
- Marktplatz; Busbahnhof
- Nesselbrunner Straße 3; Bürgerhaus, Stadtteil Weitershausen

Glauchau
 Markt 1; Stadtverwaltung, Ratshof Foyer und 3. OG

Gmund
 Hotel Gasthof Oberstöger

 Strandbad Seeglas; WC bei der Rettungsstation der Wasserwacht

Göppingen
- Bleichstraße 3; Staufen-Center
 Zugang über Fußgängerbereich
- Hohenstaufenhalle
- Schillerplatz, Parkhaus

Görlitz
- Brückenstraße/Ecke Dr.-Kahlbaum-Allee
- Demianiplatz; Straßenbahnhaltestelle gegenüber Kaufhaus KARSTADT
- Elisabethstraße; Durchgang zum Fischmarkt
- Helenenbad Siebenbörner
- Hugo-Keller-Straße 4; gegenüber Nikolaiturm
- Schützenweg; Stadtpark

Goslar
 Kaiserpfalz

 Bismarckstraße 1; Odeon Theater

Goslar

- Charley-Jacob-Straße 3; Verwaltungsgebäude
- 🔑 Glockengießer Straße/Domplatz; Goetheschule
- 🔑 Königstraße 1; im Bereich Domplatz (Kaiserplatz)
- 🔑 Markt 1; Hinter dem Rathaus
- Münzstraße 11; Zinnfiguren-Museum
- Osterfeld; Schwimmbad
- 🔑 Rathaus; OT Markt Kirchhof
- 🔑 Tappenstraße 1; im Odeontheater
- Vogelsang; Kaufhaus Karstadt
  während der Öffnungszeiten

Gotha

- 🔑 Blumenbachstraße 1; neben der Gotha-Information
- Ekhofplatz 3; Kulturhaus
- Goldbacher Straße 35; Stadthalle
- 🔑 Langensalzaer Straße; am Friedhof
- 🔑 Neumarkt; hinter Margaretenkirche
- 🔑 Parkallee; Parkplatz am Museum der Natur

Göttingen

- 🔑 Bahnhofsplatz 3; Fahrradparkhaus
- 🔑 Berliner Str. / Busbahnhof
- 🔑 Im Gebäude Fahrradparkhaus; Zentraler Omnibusbahnhof
- 🔑 Marktplatz; Johanniskirchhof, hinter dem Alten Rathaus

Gottmadingen

- 🔑 Hilzinger Straße 6
- 🔑 J.-G.-Fahr-Straße 10; Rathaus

Grafenrheinfeld

- 🔑 Schweinfurter Straße; WC-Anlage

Grafing bei München

- Griesstraße 27; Verwaltungsgebäude

Gransee

- 🔑 Am Kirchplatz; öffentliche Toilette

Deutschland

Gransee
Ruppiner Straße 8; Seniorenclub des DRK Kreisverbands Gransee e.V.
- Straße des Friedens 10; Allgemeine Förderschule Gransee

Greifswald
- Am Mühlentor

Greiz
Beethovenstraße; Sportschule „Kurt Rödel"
- Bruno-Bergner-Straße; Elsterparkplatz

Dr.-Rathenau-Platz 11; Landratsamt

Dr.-Wichmann-Straße 12; Kreiskrankenhaus

Kirchplatz 3; Haus der Diakonie, Sozialstadtion

Kirchplatz 4; Stadt- u. Kreisbibliothek

Reichenbacher Straße 186; Landratsamt
- Werdauer Straße 11; Sommerumkleide/Sommerbad

Werdauer Straße 9; Schwimmhalle

Greußen
- Steinweg/ Waidhof; Toilette
permanent geöffnet

Greven
- Barkenstr. 12; Martini - Grundschule
1.OG nur während der Schulzeit geöffnet

Busbahnhof

Freibad; OT Schöneflieth

Grabenstraße; Rönnesporthalle

Hallenbad; OT Schöneflieth

Lindenstraße; Krankenhaus

Mühlenbachsporthalle
- Rathausstraße 6; Rathaus, Nordeingang, EG

Rathausstraße; Sparkasse

Saerbecker Straße; Stadtwerke

Stadtbibliothek, UG; mit Fahrstuhl

Walgenbachsporthalle; OT Reckenfeld

Der Locus · Deutschland

Grevenbroich
- Am Markt 2; Neues Rathaus, Foyer
- Bahnhofsvorplatz; Am Parkhaus
- Ostwall 4-12; Rathauserweiterungsbau, 3. OG

Griesheim/Hessen
- Hofmannstraße; Parkdeck
- Wilhelm-Leuschner-Straße 58a; Wagenhalle

Grimma
- Jahnstadtion Grimma
- Gerichtswiesen; PRIMA-Einkaufspark
- Karl-Marx-Straße 22; Landratsamt Muldentalkreis
- Markt 16/17; Stadtverwaltung Grimma
- Markt 27; öffentliches WC
- Nicolaiplatz
- Straße des Friedens 25; Sparkasse Muldental, Hauptgeschäftsstelle

Gröbenzell
- John-F.-Kennedy-Straße 3a; Bürgerhaus
- John-F.-Kennedy-Straße 3b; Gaststätte „Zur Alten Schule"
- John-F.-Kennedy-Straße 3c; Begegnungs- und Sozialzentrum
- Kirchenstraße 16b; Kath. Pfarrheim, UG (Fahrstuhl)
- Wildmoosstraße 36; Freizeitheim (Gaststättenbetrieb)

Gronau/Leine
- Blankestraße 9; zwischen den Fachwerkgebäuden

Gronau/Westf.
- Konrad-Adenauer-Straße 1
- Konrad-Adenauer-Straße 45

Grossefehn
- Kanalstraße Süd 54; Bürgerhaus
  entsprechend den Öffnungszeiten

Groß-Gerau
- Am Marktplatz 1; Stadthaus

Deutschland

Groß-Gerau
- Am Marktplatz 3; Stadtmuseum
- Darmstädter Straße 31; VHS
- Frankfurter Straße 46; Seniorenhaus Raiss
- Gernsheimer Straße 5; Bücherei

Groß-Umstadt
- 🔑 Außerhalb 7; Sport- und Mehrzweckhalle, OT Semd
- 🔑 Dresdener Str. 7; Ernst-Reuter-Schule
- 🔑 Georg-August-Zinn-Straße
- 🔑 Gruberhof
- 🔑 Im Strutfeld; Mehrzweckhalle, OT Wiebelsbach
- 🔑 Markt 1; Rathaus
- 🔑 Stadthalle

Großenkneten
- Am Esch 11; Diakonisches Werk
  werktags 8-16h

Großostheim
- 🔑 Bachgaustr.; Markt Großostheim
  Am Behinderteneingang
- 🔑 Ostring 10D; Ringheim
  vor dem Festplatz und Tennisplatz in Ringheim
- 🔑 Pfarrgasse/Marktplatz
- 🔑 Schaafheimer Straße 33; Rathaus

Grünstadt
- Hauptstraße/Carriere-sur-Seine-Platz

Guben
- Alte Poststraße 55; Hotel Pension Zur Neiße
- Alte Poststraße 66; Amtsgericht Guben, Fahrstuhl im Hof wird von Personal bedient
- Berliner Straße 13-16; Naemi-Wilke-Stift, Haus 2
- Berliner Straße 35/Kaltenbronner Straße 110 a; Haus der Vereine
- Dr.-Ayrer-Straße 1-4; Naemi-Wilke-Stift, Haus 1
- Friedrich-Schiller-Straße 5; Kaufhaus KAUFLAND

Guben

Gewerbestraße 32; HELLWEG Baumarkt AG
Hinter der Bahn 20; Landgasthof im Hotel Waldow
Kaltenbronner Straße 207; Sportzentrum
Kaltenbronner Straße 68; Kaufhaus KAUFLAND
Kaltenbronner Straße; Schwimmhalle
Karl-Marx-Straße 96; EXTRA Verbrauchermarkt
Karl-Marx-Straße 96; PRAKTIKER Baumarkt
Karl-Marx-Straße; BayWa AG Bauzentrum
Kirchplatz; öffentliches WC
Mittelstraße 17; Arbeitsamt Cottbus, Dienststelle Guben
Uferstraße 11; Deutsch-Slawisches Kulturzentrum, Ludwig-A.-Meyer-Haus

Gudensberg

- Kasselerstraße; Bushaltestelle Rathaus Kiosk

Gummersbach

- La Roche sur Yon Straße; Toilettenanlage
  Nähe Sparkassenzweigstelle
- Rathausplatz 1

Günzburg

- Ludwig-Heilmeyer-Str. 1; Ärztehaus Günzburg

Gunzenhausen

- Bahnhofsplatz
- Parkplatz Oettinger Straße
- Waagstraße
- Hafnermarkt; Parkhaus Tiefgarage
- Isle Platz 3; Stadthalle
- Seestraße 19; Seezentrum, Schlungenhof
- Seezentrum; OT Muhr am See
- Seezentrum; Wald
- Waagstraße 3; Nähe Rathaus
- Zum Schießwasen/Isleplatz; an der Stadthalle

Güstrow

- 🔑 Bahnhof
- 🔑 Bahnhofsvorplatz; öffentliches WC
- Baustraße 33; Rathaus
- Goldberger Straße; Handelsmarkt FAMILA
- Heideweg 40; STINNES Baumarkt
- 🔑 Lindenstraße; öffentliches WC
- 🔑 Platz der Freundschaft; öffentliches WC
- Rostocker Chaussee; HAGE-Baumarkt
- Rostocker Chaussee; Schnellrestaurant McDonalds

Gutach

- Freilichtmuseum; am Parkplatz und an Museumskasse

Gütersloh

- Berliner Platz/Spiekergasse; Toilettenanlage
- Ernst-Buschmann-Straße 21; Kaufhaus Klingenthal
- Friedrichstraße 10; Stadthalle, im Kleinen Saal und Pforte
- 🔑 Kaiserstraße; Zentraler Omnibusbahnhof
- 🔑 Königstraße 60, Arbeitsamt EG
- Münsterstraße; Parkhaus
- Prekerstraße/Friedrich-Ebert-Straße; Marktplatz
- 🔑 Stadtverwaltung; Haus II

Haan

- 🔑 Walder Str. 15; Schulzentrum / Erweiterungsbau
  Zugang von Wiesengrundstraße, schulische Nutzung und bei Veranstaltung im Foyer
- 🔑 Windhövel

Hagen

- Brückstraße; Museum
- Fleyer Straße; Humpert am Höing
  Täglich ab 10 Uhr morgens bis ca. 22:30 Uhr
- 🔑 Hohenlimburger Straße; Parkhaus, OT Hohenlimburg
- 🔑 Volkspark; Innenstadt (Sanitärcontainer)
- 🔑 Vollbrinkstraße; WC-matic am Parkplatz, OT Haspe

Halberstadt

R.-Wagner-Straße; Busbahnhof
kostenpflichtig

Haldensleben

- Gorikestraße 3a; Kulturfabrik
- Hagenstraße/Hagentorplatz; Am alten Friedhof

Halle

- Leipziger Chausee 147; Globus SB-Warenhaus
  Mo-Sa 8-21h; Behindertenaufzug verschlossen

Halle a. d. Saale

Delitzscher Straße; Europahotel

Diesterwegstraße 39; Ärztehaus

Ernst-Abbe-Straße 24b; Allgemeiner Behindertenverband e.V., OT Neustadt

- Frankeplatz/Mauerstraße
- G.-Anlauf-Straße; Einwohnermeldeamt

Große Klausstraße; Begegnungsstätte der Volkssolidarität

Große Ullrichstraße; Neues Theater

Große Ullrichstraße; Schnellrestaurant McDonalds

- Huttenstraße; Südfriedhof

J.-Chr.-Reil-Straße 129a; Diakonisches Gesundheitszentrum

Kleine Märkerstraße 1; Diakonische Begegnungsstätte

Landrain; Gertraudenfriedhof

Leipziger Chaussee; Einkaufscenter Bruckdorf

Magistrale; Saale-Center, OT Halle-Neustadt

Mansfelder Straße; Kaufhaus Karstadt

- Marktplatz 1; Ratsgebäude der Stadt Halle/Saale

Marktplatz; Kaufhaus Kaufhof

Maxim-Gorki-Straße 13; Arbeitsamt

Maxim-Gorki-Straße; Amt für Versorgung und Soziales

Moritzburg; Hof

Neustädter Passage 5; Esprix-Hotel

Neustädter Passage; Landesamt für Versorgung und Soziales

Niemeierstraße 1/2; Gesundheitsamt

Deutschland

Halle a. d. Saale

- 🔑 Peißnitzinsel, gegenüber dem Gebäude der Hauptbühne
- Reilstraße 128; Arbeitsamt
- 🔑 Saarbrücker Straße 1; Halle-Center
- Schopenhauer Straße 4; Jugendamt
- 🔑 Steintor/Krausenstraße
- Steinweg 50/51; Sanitätshaus Dietrich
- Taubenstraße 4; Gesundheitsamt, Behindertenberatung
- Trothaer Straße; Bergzoo
- Zur Saaleaue; Soziokulturelles Zentrum „Pusteblume", OT Neustadt

Halle/Westfalen

- Kiskerstraße 2; Bürgerzentrum „Remise" u. „Destille"
- 🔑 Kiskerstraße 2; Bürgerzentrum „Schinkenhaus"

Halstenbek

- Gustavstraße 6; Rathaus
- Schulstraße 10; DRK
- 🔑 Seestraße; Bahnhof Krupunder

Haltern

- Adalbert-Stifter-Straße 13; Wohnstätte für Menschen mit Behinderungen, Haltern Mitte
- Annaberg 21; Café-Restaurant „Annaberger Hof"
- Annaberg 40; St. Anna-Altenwohnheim
- Bahnhofsvorplatz
- Dr.-Conrads-Straße 1; Rathaus
- Gartenstraße 1; Altenwohnhaus St. Sixtus
- Gartenstraße; Krankenhaus St. Sixtus-Hospital
- Gildenstr 22; Pfarrheim St. Marien, Haltern Mitte
- Hallenbad; Haltern-Mitte
- Hullener Straße 102; Hotel Seehof, Achtung: 15 Stufen!
- Hullener Straße 52; Seebad
- Lavesumer Straße 1g; Stadtbücherei
- Markt 18; Marktplatz, öffentliches WC
- Markt 1; Altes Rathaus, Haltern Mitte
- Mehrzweckhalle

Haltern

Recklinghäuser Straße 49a; Stadtwerke GmbH

Reinhard-Freericksstraße 17; Paul-Gerhard-Haus, Haltern Mitte

Rekener Straße 236; Freizeitpark Ketteler Hof

Rochfortstraße 1; Verwaltungsgebäude Muttergottesstiege

Schmeddingstraße 2; Musikschule

Sixtusstraße 29; Caritasverband-Haus der Begegnung/Tagespflege, Haltern Mitte

Weseler Straße 100; Westfälisches Römermuseum

Weseler Straße 131; Trigon-Zentrum f. Kinder, Jugendliche…

Zu den Mühlen 60; Tanz-Café-Restaurant „Die Stadtmühle"

Hamburg

- Alfredstraße 9; Marienkrankenhaus
- Alsterpark; Mitte Außenalster, an der Alster
- Alstertor 2; Thalia Theater
  Nebeneingang: Gerhart- Hauptmann- Platz, neben dem Restaurant
- Alte Elbgaustraße 12; Eidelstedter Bürgerhaus
- Alte Holstenstraße 40; Marktkauf Center, 1. Stock, OT Bergedorf

Altländerstraße 1; Deichtorhallen, Südhalle

- Am Neugrabener Bahnhof; S-Bahnhof Neugraben, im Bahnhofsgebäude
- Am Werder 1; Liegenschaft Hamburger Arbeitsgemeinschaft SGB II
- Bahnhof Rissen
- Barmbeker Markt; OT Barmbek Süd
- Barmbeker Markt; U-Bahnstation Dehnhaide, Mittelinsel
- Baumwall; U-Bhf Baumwall, OT Neustadt
- Baurstr. 2; OT Othmarschen; UCI-Kinozentrum
- Bebelallee/Menkwiese; U-Bahnstation Lattenkamp
- Beim Schlump; im U-Bahnhof, OT Elmsbüttel
- Berner Heerweg; im U-Bahnhof, OT Farmsen-Berne
- Besenbinderhof 60; Gewerkschaftshaus Hamburg, OT St. Georg
- Blankeneser Bahnhofstraße 31; OT Blankenese
- Borgweg; U-Bahnstation
- Bramfelder See (Bushaltestelle); Eingang Friedhof, OT Bramfeld

Dammtorstraße 28; Hamburgische Staatsoper

Deutschland

Hamburg

- 🔑 Dammtorstraße 30; Metropolis
  außenliegender Aufzug am Nebeneingang
- 🔑 Eidelstedter Platz; im ZOB, OT Eidelstedt
- 🔑 Elbuferweg 135; Mühlenberg, OT Blankenese
- 🔑 Farmsener Landstraße 195; U-Bahnhof Volksdorf, OT Volksdorf
- 🔑 Finkenwerder; Steendiek/Finksweg Marktplatz
- 🔑 Fischmarkt; Kasematte
- Garstedterweg 13; Ortsamt Lokstedt, OT Lokstedt
- Große Bleichen 27; Ohnsorg- Theater
- 🔑 Hagenbecks Tierpark; U-Bahnstation
- 🔑 Hamburger Straße; EKZ
- 🔑 Hannoversche Straße; OT Harburg
- 🔑 Hannoversche Straße; S-Bahnhof Harburg, neben Tunneleingang
- 🔑 Harburger Chaussee; S-Bahn Veddel, P+R Haus
- Harburger Rathausplatz 1; Bezirksamt Harburg, 1. OG, OT Harburg
- 🔑 Hasenhöhe; S-Bahnhof, OT Iserbrook
- 🔑 Hauptbahnhof Südsteg, OT St. Georg
- 🔑 Heegbarg 31; Heegbarg, AEZ bei Horten, OT Poppenbüttel
- Herthastraße 20; Altentagesstätte
- Herthastraße 20; Ortsamt Braunfeld, EG
- 🔑 Hesten 10; Botanischer Garten, OT Klein-Flottbek
- 🔑 Hindenburgstraße 1; Trinkhalle Stadtpark (Altentagestätte)
- 🔑 Hintere Kapelle 13; Friedhof Ohlsdorf, OT Ohlsdorf
- 🔑 Holstenwall 24; Museum für Hamburgische Geschichte
  Nebeneingang rechts vom Haupteingang, Rampenbreite 92cm, Hebebühne in Eingangshalle, Personal hilft
- Jarrestraße 20-24; Kampnagelfabrik
- 🔑 Jessenstraße 6/Große Bergstraße; im EKZ, Altona-Altstadt
- 🔑 Kandinskyallee; U-Bahnstation Mümmelmannsberg, OT Billstedt
- Kirchenalee 39; Deutsches Schauspielhaus
- 🔑 Kirchenallee; Hauptbahnhof, Wartehalle Ostseite
- 🔑 Klosterwall 8; Bezirksamt Mitte, 3. OG
- Krayenkamp; Hauptkirche St. Michaelis
- 🔑 Kupferhof 4; Einkaufszentrum / City-Center Bergdorf
- 🔑 Lattenkamp; U-Bahn-Station

Der Locus · Deutschland

Hamburg

- 🗝 Marseiller Straße; bei der Pizzeria, OT St. Pauli
- 🗝 Marseiller Straße; Erholungspark Planten un Blomen
- 🗝 Menckesallee/Wandsbeker Chaussee; OT Wandsbek
- 🗝 Millerntor
- 🗝 Mollerstraße 2; Sportzentrum
- 🗝 Moorstr. 16; Phonix Center Hamburg
- 🗝 Neuer Niendorfer Friedhof; OT Niendorf
- 🗝 Niendorfer Markt; ZOB, OT Niendorf
- 🗝 Osterbekstr. 96; Landesarbeitsgericht & Arbeitsgericht Hamburg
- 🗝 Paul-Nevermann-Platz 11; Foodcourt Bahnhof Hamburg-Altona
  8:00 - 22:00h tägl.
- 🗝 Paul-Nevermann-Platz; Altonaer Bhf, Bahnhofsmission, OT Ottensen
- 🗝 Rahlstedter Bahnhofstraße; ZOB, OT Rahlstedt
- 🗝 Rathausmarkt bei den Arkaden; Altstadt
- 🗝 Rathausmarkt Pavillon
- 🗝 Rehrstieg; S-Bahnhof Neuwiedenthal, im Bahnhofsgebäude
- 🗝 Rockenhof; U-Bahnhof Volksdorf, OT Volksdorf
- 🗝 Roman-Zeller-Platz; OT Schnelsen
- 🗝 Rosengartenweg; Stadtpark, OT Winterhude
- 🗝 Rothenburgsorter Marktplatz
- 🗝 Saarlandstraße/gegenüber Alte Wöhr; Rosengartenweg Stadtpark
- 🗝 Sand 13; Blumenmarkt, an der Marktfläche
- 🗝 Sand; auf dem Marktplatz, OT Harburg
-   Schanzenstraße 75-77; Kino 3001
- 🗝 Scheel-Plessen-Straße 17; Bahnhofsgebäude, OT Altona
- 🗝 Schlüterstraße 28/Rothenbaumchaussee 33, EG
- 🗝 Schlüterstraße 70/Rothenbaumchaussee 82
- 🗝 Schöne Aussicht (Alster)
- 🗝 Schöne Aussicht/Schwanenwik
- 🗝 Schöne Aussicht; OT Uhlenhorst
-   Sievekingplatz 1; Ziviljustizgebäude
-   Sievekingplatz 3; Strafjustizgebäude
- 🗝 St. Pauli Landungsbrücken; Brücke 4
- 🗝 Steendiek/Finksweg Marktplatz, OT Finkenwerder
- 🗝 Steinfurther Allee; in der U-Bahnstation, OT Billstedt

Deutschland

Hamburg

- 🔑 Steinstraße 10; Oberfinanzdirektion, Hausverwaltung
- Steintorplatz 1; Museum für Kunst und Gewerbe
  Nebeneingang links um die Ecke, nur mit Hilfe des Personals benutzbar
- 🔑 Steintorwall 20; Hauptbahnhof, Bahnhofsmission, OT St. Georg
- 🔑 Stormarnplatz; S-Bhf Poppenbüttel, OT Poppenbüttel
- 🔑 Straßburger Platz
- 🔑 Straßburger Platz/Elsässer Straße; gegenüber Nr. 23
- Stresemannstraße 163; Neue Flora
- 🔑 Theodor-Heuss-Platz; Bahnhof Dammtor, OT Rothenbaum
- 🔑 Tibarg 41; Tibarg Center
- 🔑 Tibarg Marktfläche; OT Niendorf
- 🔑 Trinkhalle; Stadtpark
- 🔑 U-Bahnhof Schlump
- 🔑 Unterer Landweg 77; IKEA Hamburg-Moorfleet
  09:30 - 20:00
- 🔑 Venloer Weg; S-Bhf Veddel P+R, OT Veddel
- 🔑 Von-Melle-Park 4; Audimax, EG
- 🔑 Von-Melle-Park 6; Philo-Turm, 2. und 10. OG
- 🔑 Von-Melle-Park 8; Pi-Gebäude, EG
- 🔑 Wandsbeker Chaussee 182, Jacobipark, 80 m in d. Park, OT Eilbek
- 🔑 Weidenbaumsweg; Bahnhof, im EG d. S-Bahnhofs, OT Bergedorf
- 🔑 Wilhelm-Strauß-Weg; S-Bahnhof Wilhelmsburg, OT Wilhelmsburg
- 🔑 Winterhuder Marktplatz; OT Winterhude

Hameln

- 🔑 An der Tiefgarage „Rattenfänger-Halle"
- 🔑 Fußgängertunnel „Grüner Reiter"

Hamm

- 🔑 Marktplatz; Teichweg, OT Hövel
- 🔑 Martin-Luther-Straße/Südstraße
- 🔑 Münsterstraße/Bockumer Weg; WC-Anlage
- 🔑 Tierpark; am Café „Bunter Vogel"

Hammelburg

- Friedhofstraße; Parkdeck
- Heinrich-Köppler-Haus; am Sportzentrum, Betriebsferien im August
- 🔑 Kirchgasse 4; Kellereischloss
  Eingang Bibliothek-EG
- Kirchgasse 4; Kellereischloß
- 🔑 Rathaus; öffentliche WC-Anlage Südostecke
- Schloßberg; Bayrische Musikakademie

Hanau

- 🔑 Bahnhof

Hankensbüttel

- 🔑 Marktstraße 20; Tagungsstätte Erich-Weniger-Haus; neben Schulmuseum; OT Steinhorst
- 🔑 Sudendorfallee 1; Otter-Zentrum, Toilette an der Marderklause
- 🔑 Waldbad Hankelsbüttel

Hann. Münden

- Am Plan; Haus der sozialen Dienste, Innenstadt
- 🔑 Festplatz Tanzwerder; Innenstadt
- Friedrich-Ludwig-Jahn-Straße 2; Geschw.-Scholl-Haus
- 🔑 Hinter der Stadtmauer 15; Innenstadt
- 🔑 Kasseler Straße; Rotunde
- Lohstraße 17; Ausstellungsgebäude Parkhof, Innenstadt
- Rattwerder; Freibad
- Schloßplatz; Welfenschloß, Innenstadt
- 🔑 Tanzwerder; Großparkplatz

Hannover

- 🔑 Flughafen Hannover
- 🔑 Klagesmarkt
  7.00 - 20.00Uhr; 50Cent
- 🔑 Wallensteinstraße
  9.00 - 16.00; 50Cent
- 🔑 Lindener Markt
  9.00-16.00; 50Cent
- 🔑 Am Marstall
  10.00-4.00; 50Cent

Deutschland

Hannover

- Marktkirche
  7.00 - 22.00; 50Cent
- Königinnendenkmal
  9.00 - 16.00
- Jahnplatz
  9.00 - 16.00; 50Cent
- Bonifatiusplatz
  9.00 - 16.00; 50Cent
- Moltkeplatz
  6.00 - 23.00; 50Cent
- Kantplatz
  6.00 - 23.00; 50Cent
- Schaperplatz
  6.00 - 23.00; 50Cent
- Roderbruchmarkt
  9.00 - 18.00
- Altenbekenner Damm
  9.00 - 17.00; 50Cent
- Stephansplatz
  6.00 - 22.00; 50Cent
- Friedhof Ricklingen
  9.00 - 17.00; 50Cent
- Pfarrlandplatz
  9.00 - 16.00; 50Cent
- Kröpcke
  6.00 - 01.00; 50Cent
- ZOB
  6.00 - 01.00
- Aegi
  6.00 - 24.00; 50Cent
- Wakitu
  9.00 - 16.00
- Stadthallengarten
  9.00 - 16.00
- Stadtfriedhof Lahe
  9.00 - 17.00
- Maschsee/Bootshäuser
  9.00 - 17.00
- Friedhof Stöcken
  9.00 - 17.00; 50Cent
- Herrenhäuser Markt
  6.00 - 22.00; 50Cent

Hannover

- Berggarten
  8.00 - 17.00
- Herrenhäuser Allee
  8.00 - 18.00; 50Cent
- Lister Kirchweg
  7.00 - 19.00Uhr; 50Cent
- Schützenplatz Süd
  Während der Öffnungszeiten
- Seelhorster Friedhof
  9.00 - 17.00; 50Cent
- Trauerbuche
  während der Öffnungszeiten
- Vahrenheider Markt
  9.00-18.00; 50Cent
- Davenstedter Markt
  9.00-18.00; 50Cent
- Gehaplatze
  9.00-18.00; 50Cent

Adenauer Allee 3; Zoo Hannover GmbH

Aegidientenplatz 2; Theater am Aegi

Altenbekener Damm; öff. WC

Am Bokemale 14-16; Stadtarchiv

Am kleinen Feld 28; Jugendzentrum Feuerwache

Am Lister Bad 1; Lister Bad

Am Mittelfeld 104; Begegnungsstätte

Am Schützenplatz 1; Zulassungsstelle

Arthur-Menge-Ufer 5a; Stadionbad

Arthur-Menge-Ufer; Niedersachsenstadion

Begegnungsstätte Am Mittelfelde

Begegnungsstätte Krugstraße, OT Ahlem

Bemeroder Rathausplatz; Rathaus; OT Bemerode

Berufsbildende Schule 4

Blumenauer Straße 3-7; Sozialamt

Bultstraße 7; Landesbühne

Bürgerhaus; OT Misburg

Burgstraße; Historisches Museum

Deveser Straße 32; Sporthalle Wettbergen

Eichsfelder Straße 101; Freizeitheim

Deutschland

Hannover

Eilenriede (WAKITU); öff. WC
Eisteichweg; OT Anderten
Emmichplatz 1; Hochschule f. Musik/Theater
Ferdinand-Wilhelm-Fricke-Weg 4; Stadionsporthalle
Freibad Misburg
Freizeitheim; OT Mühlenberg
Friedhof Lahe; öff. WC
Friedhof Stöcken (Kiosk); öff. WC
Friedhof Stöcken, Westeingang; öff. WC
Georgsplatz 20; Münzkabinett
Glockseestraße 35; Theater
🔑 Goseriede 10
Goseriede 11; Kestnergesellschaft
Hainhölzer Bad
Haubergstraße 17; Kleefelder Bad
Hermann-Löns-Park 3; Gaststätte „Alte Mühle"
Herrenhäuser Straße 4; Berggarten
Hildesheimer Straße 293; Freizeitheim Döhren
Hildesheimer Straße 29; Bücherei
Hindenburgstraße 200; öff. WC
IGS; OT Roderbruch
🔑 Isenburger Straße 33; HS Schule *Beim Zugang zum Schulgebäude*
Karmaschstraße 49; Markthalle
Kirchröder Turm; Gaststätte
Kleefelder Bad
Kleefelder Straße 35; Stadtpark
Königinnendenkmal; öff. WC
Krugstraße 7; Begegnungsstätte; OT Ahlem
Kuhnstraße 18A; Blindenbegegnungsstätte „Felsentreff"
Kurt-Schwitters-Platz; Sprengel Museum
Laher-Feld-Straße 19; Stadtfriedhof Lahe
Leinstraße 14; Ordnungsamt
Lindener Marktplatz 1; Sozialamt
Lister Meile 33; Tanztheater

Hannover

- Lister Meile; Pavillon am Raschplatz
- Ludwig-Jahn-Straße 1; Freibad; OT Misburg
- Maschstraße 22-24; Jugendzentrum
- Mühlenberg; Bücherei
- Mühlenberger Markt 1 OT Mühlenberg; Weiße Rose Freizeit und Bildungszentrum
- Mühlenberger Markt 1; Bücherei und Freizeitheim
- Nikolaistraße 8; Cinemaxx
- Opernplatz 1; Opernhaus
- Pfarrlandstraße 3; Begegnungsstätte
- Pferdestraße 6; Historisches Museum
- Podbielskistraße 301; Nordost-Bad
- Prinzenstraße 9; Schauspielhaus
- 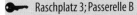 Raschplatz 3; Passerelle B
- Ricklinger Stadtweg 1; Freizeitheim Ricklingen
  alle Bereiche des Hauses per Lift erreichbar
- Ricklinger Stadtweg 1; Freizeitheim; OT Ricklingen
- Röseler Straße 2; Verwaltungsgebäude
- Rotekreuzstraße 21; Jugendzentrum Roderbruch
- Schünemannplatz
  6.00 - 22.00; 50Cent
- Schützenplatz, Südseite; öff. WC
- Schwarzer Bär 2; Capitol
- Seckbruckstraße 20; Bürgerhaus und Sporthalle
- Sommerlager Hinrich-Wilhelm-Kopf; OT Otterndorf
- Sophienstraße 2; Künstlerhaus
- Sorststraße 16; Stadtentwässerungsamt
- Sportbereich Mühlenberg
- Sporthalle; OT Misburg
- Sportpark Wettbergen
- Stadionbad
- Theater am AEGI
- Theodor-Heuss-Platz 1-3; Stadthalle - HCC
- Theodor-Lessing-Platz 1; Volkshochschule
- Trammplatz 2; Neues Rathaus

Hannover

Trammplatz 3; Kestner-Museum

Vahrenwalder Straße 100; Vahrenwalder Bad
Behinderten- Umkleide, -WC und -Dusche, sowie Duschrollstühle, Gehhilfen, Notrufknöpfe

Vahrenwalder Straße 92; Freizeitheim

Vier Grenzen; öff. WC

Voltmerstraße 5b; Hainhölzer Bad

Walderseestraße 100; Freizeitheim Lister Turm

Waldstraße 9; Rathaus; OT Misburg

WC-Container; öff. WC

Weinstraße 2-3; Gesundheitsamt

Willy-Brandt-Allee 5; Niedersächsisches Landesmuseum

Windheimstraße 4; Theater

Windheimstraße 4; Freizeitheim Linden

Zur Bettfedernfabrik 3; Faust e.V. / Mephisto (Kneipe)

Haren (Ems)

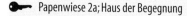 Papenwiese 2a; Haus der Begegnung

Harrislee

 Marktplatz

Harsewinkel

 Münsterstraße 14; Rathausneubau/Rückseite

Hatten

 Auvers-le-Hamon-Platz; OT Sandkrug

 Freizeitzentrum; OT Kirchhattern

Kreyenweg 9; Freizeitzentrum, OT Kirchhatten

Hattersheim

Alte Bleiche, Busbahnhof

 Mainzer Landstr.; Friedhof

 Platz am Untertor

Hattingen

Augustastraße; Altstadtparkhaus

Hattingen

Langenberger Straße; Parkhaus

Martin-Luther-Straße; Endhaltepunkt S-Bahn

🗝 Rathausplatz 1; Rathaus

Havixbeck

Altenberger Straße; Bammberger-Sporthalle

Schulstraße; Forumgebäude

Schulstraße; Gesamtschule

Haßfurt

🗝 Marktplatz 1; Altes Rathaus

Hechingen

🗝 Burg Hohenzollern; kurz vor dem Burghof links
Schlüssel gegen 10,- Pfand an Kasse im Burghof erh.

Heide

🗝 Friedenreich-Elvers Straße 7; Schulzentrum Heide-Ost

🗝 Marktplatz - Westseite; Öffentliche Behinderten Toiletten - Anlage

Heidelberg

Bergheimer Straße 76-78; Volkshochschule, EG, OT Bergheim

🗝 Bergheimer Straße/Mittermaierstraße

🗝 Bismarckplatz

🗝 Emmertsgrund

🗝 Emmertsgrundpassage 1

🗝 Eppelheimer Straße; Am Markt

🗝 Grabengasse 10; Mensa am Universitätsplatz, EG beim Café

🗝 Hauptbahnhof; neben der Bahnhofsmission, OT Weststadt

Hauptstraße 251; Karlstorbahnhof/Kulturhaus, EG und 1. OG

Hauptstraße 97; Kunstverein/Kurpfälzisches Museum

Hauptstraße; Kaufhaus Kaufhof, 2. OG, Fußgängerzone

Kaiserstraße 69/71; Arbeitsamt, EG, OT Weststadt

Kaufhaus Horten Galeria, UG

🗝 Kirchstr. 2; Musik und Singschule Heidelberg

🗝 Köpfelbad

Deutschland

Heidelberg

Kurfürsten-Anlage 40; Landratsamt, EG und 1. OG, OT Weststadt

Kurfürstenanlage 62; Verwaltungsgebäude der Berufsgenossenschaft der chemischen Industrie

Neckarstaden 22-24; Stadthalle/Kongresshaus, UG/Nebeneingang

Pfaffengasse 18; Stiftung, EG im Hof neben dem Haupteingang

Plöck 107-109; Universitätsbibliothek, UG

Poststraße 15; Stadtbücherei, UG, OT Bergheim

- 🔑 Theaterstraße/Theaterplatz
- 🔑 Theodor-Hess-Brücke; OT Neuenheim
- 🔑 Uferstraße; bei der Ernst-Walz-Brücke
- 🔑 Universitätsplatz; Altstadt
- 🔑 Wilhelmsplatz
- 🔑 Willy-Brand-Platz 5; HBF Heidelberg

Heidenheim/Brenz

Am Wedelgraben 8, Arbeiterwohlfahrt

Felsenstraße 36, Landratsamt

Friedrich-Pfenning-Straße 24; Hallenfreizeitbad

Grabenstraße 19, Meebold-Haus, Schlüssel bei Verkehrsgesellschaft

Olgastraße 15, Pressehaus, im EG

Olgastraße 22, Arbeitsamt

Schloß Hellenstein; im Marstallfoyer, im Hof grobes Steinpflaster!

Schloßgaststätte „Henne"

Schloßhanstraße 100, Kreiskrankenhaus

Schloßhanstraße 72; Naturtheater

Heikendorf

- 🔑 Förderwanderweg im Bereich d. Freistrands im Strandbereich Möltenort

Heilbronn

- 🔑 Allee 28; Festhalle Harmonie
- 🔑 Allee; Postunterführung; öff. WC

Am Gesundbrunnen; Städtisches Krankenhaus; Neubau

Badstraße; Frankenstadion

- 🔑 Berliner Platz 1; Theater Heilbronn

Fleiner Straße 15; Warenhaus Horten; 3. OG

Der Locus · Deutschland

Heilbronn

- Frankfurter Straße 12; Deutsches Rotes Kreuz (DRK)
- Frankfurter Straße 73; Fachschule für Landwirtschaft
- Friedhof Sontheim
- Güldensteinstraße 32; Paul-Meyle-Schule
- 🗝 Gymnasiumstraße 44; Stadt Heilbronn, Sozial- und Kulturamt
- HSV-Sportpark-Gaststätte
- Karlstraße 108; Polizeidirektion Heilbronn
- Längelterstraße 104; Kreisberufsschule
- Längelterstraße 188; Beschützende Werkstätte
- Lerchenstraße 40; Landratsamt Heilbronn
- Max-Planck-Straße 39; Fachhochschule für Technik und Wirtschaft
- Moltkestraße 50; Hotel Götz
- Moltkestraße 93; Finanzamt Heilbronn
- Olgastraße 45; Olga Jugendhaus
- Pestalozzistraße 6; Wilhelm-Maybach-Schule
- Rollwagstraße 16; Behördenzentrum
- Rosenbergstraße 50; Arbeitsamt Heilbronn
- Rosenbergstraße 59; Fernmeldeamt Heilbronn
- Rötelstraße 35; Kaufhaus KAUFLAND, beim Restaurant
- Schellengasse 7-9; Diakonische Bezirksstelle
- Schirrmannstraße 9; Jugendherberge
- Stockportstraße; Dietrich-Bonhoeffer-Gemeindezentrum
- Sülmerstraße 54; Sanitätshaus Weber und Greissinger
- Wartberg Höhengaststätte
- 🗝 Wertwiesenpark; öffentliches WC, beim Kiosk

Heiligenstadt, Heilbad

- Ägidienstraße; Sozialamt
- Am Klostergebäude; OT Hülfensberg/Geismar
- Dingelstädter Straße; Dialysezentrum
- Friedensplatz; LRA
- Heinrich-Heine-Kurpark; Großsporthalle
- Holzweg 7; Arbeitsamt
- Kulturhaus
- Kurpark; öffentl. WC

Deutschland

Heiligenstadt, Heilbad

Kurparkklinik

Leinegasse; LRA, Haus IV

St. Vincenz-Krankenhaus; Chirurgie

Villa Lampe

Heinsberg

Apfelstraße 60; Rathaus

Apfelstraße 62; Begegnungsstätte

Auf dem Brand 1; Städtisches Krankenhaus

Carl-Diem-Straße 6; Festhalle

Hellertshausen

🗝 Marktplatz

Helmbrechts

🗝 Luitpoldstraße 21; Rathaus, 1. OG, mit Aufzug

🗝 Pressecker Straße 20; Dreifachturnhalle

Helmstedt

🗝 Neumärker Straße; Marktpassage

Hemmingen

Dicken Riede 1; Dorfgemeinschaftshaus, OT Wilkenberg

Hohe Bunte 4; Carl-Friedrich-Gauss-Schule, OT Westerfeld

Hundepfuhlsweg; Sporthalle, OT Arnum

Köllnbrinkweg 48; Grundschule Köllnbrinkweg, OT Westerfeld

Laubeichenfeld 2; Kindergarten Arnum II, OT Arnum

Ostertorstraße 9; Grundschule, OT Hidderstorf

Hennigsdorf

🗝 S-Bahnhof Hennigsdorf

Herborn

🗝 Bahnhofstraße

Bürgerhaus; OT Burg

Bürgerhaus; OT Seelbach

Der Locus · Deutschland

Herborn
- Gewerbepark Untere Au 1; Herkules Bau- und Gartenmarkt
  Im Haupteingangsbereich
- Parkplatz am Schießplatz

  Turmstraße

Herbrechtingen
  Lange Straße 58; Stadtverwaltung, EG

  Mühlstraße 11; Altenpflegeheim Karl-Kaipf-Heim, Cafeteria

Herford
  Auf der Freiheit 23, Verwaltungsgebäude (Ordnungsamt, EG)
- Deunewitzstraße/Ernst-Meier-Straße, Jahnstadion
- Elisabethenstraße; Markthalle am Rathaus
- Elverdisser Straße neben Nr. 360, Sportlerhaus, OT Elverdissen

  Hansastraße 33, Arbeitsamt

  Im Rathaus, Fahrstuhleingang, von Parkplatz Auf der Freiheit

  Kurfürstenstraße 3-7, AOK

Hermannsburg
  Am Markt 3; Rathaus

  Harmsstraße 2; Drittweltausstellung

  Harmsstraße 3a; Bücherei

  Harmsstraße 3a; Museum

Herne
- Am Gysenberg; Streichelzoo
- Am Revierpark 40; Gysenberg/Revierpark, OT Sodingen
- Bahnhofstraße 65; Kaufhaus KARSTADT, OT Mitte
- Berliner Platz 11; Kulturzentrum
- Buschmanns Hof; Bushaltestellen, OT Wanne

  Glückaufplatz; Parkhaus, OT Wanne
- Hauptstraße 360; Flora Morzina/Altenbegegnungsstätte
- Hauptstraße 99; Polizei, Hauptwache
- Heidstraße 132; Flora-Mariana-Park, OT Wanne
- Mont-Cenis-Straße 292; im Alten Amtshaus, OT Sodingen

Deutschland

Herne
- 🔑 Rainer Str.; St.-Jörgen Platz
  Öffentliche Anlage der Stadt Herne
- 🔑 Rathausstraße 6; Gesundheitsamt
- 🔑 Schmiedestr.; Westf. Museum für Archäologie
- 🔑 St.-Jörgen-Platz; Marktplatz
- 🔑 Westring 201-203; Städtische Berufsschulen

Herrenberg
- 🔑 Schießmauer 14; Stadion Herrenberg

Herrenchiemsee
- 🔑 Im Schloss; Im Herrenschloss

Hersbruck
- Schloßplatz 4a; Stadthaus

Herten
- Backumer Tal; Capa Ca Backum, OT Distel
- 🔑 Blumenstraße; Parkhaus Herten-Mitte
- Hermannstraße 16; Glashaus, UG
- Herner Straße 21; Stadtwerke, EG
- 🔑 Katzenbuschstraße; Begegnungsstätte Katzenbusch
- 🔑 Kurt-Schumacher-Straße 2; Rathaus, EG
- 🔑 Marktplatz; Marktplatz Innenstadt
  6.00 - 22.00 Uhr; Einziege Toilette in ganz Herten
- 🔑 Teichstraße

Herzogenaurach
- 🔑 An der Schütt; Großparkplatz
- 🔑 Marktplatz; Schloßgebäude
- 🔑 Schulstraße; WC-Häuschen an der Schule, OT Niederndorf
- 🔑 Weihersbach-Anlage; WC-Anlage Festplatz, OT Weihersbach

Hessisch Oldendorf
- 🔑 Barksener Weg 49; Freibad
- 🔑 Schulstraße 32; hinter Eisenwarengeschäft Pförtner

Hettstedt
- Klubhausstr. 26; Klubhaus Hettstedt

Heusenstamm
- Im Herrngarten 1; Schoßhof
  Rathaus Heusenstamm

Heusweiler
- Am Markt 4; Kulturhalle Heusweiler

Hiddenhausen
- Bachstraße 6; Praxis für Pysikalische Therapie Horst Foerdemann
  Wärend der Praxiszeiten; OT Eilshausen

Hildburghausen
- Bachplatz

Hilden
  Am Bandsbusch; Bezirkssporthalle
  Am Holterhöfchen; Ellen-Wiederholt-Sporthalle
- Am Kronengarten; Parkhaus, EG
  Am Rathaus 1; Rathaus
- Elberfelder Straße 175; Restaurant Waldschenke
  Elberfelder Straße 179; Waldschwimmbad
- Mittelstraße 40; Bürgerhaus
  Nove-Mesto-Platz 3; Stadtbücherei

Hildesheim
- Braunschweigerstr/Küsthardtstrasse; Kreuzung Neustädter Markt
- GT- Schule Dreipenstedt; Stadt Hildesheim- Bauamt
- Hohnsen 3; Fachhochschule Hildesheim
  Hohnsensee; Parkplatz zwischen Innersk und Freizeitsee
  Kreuzung Schulstraße/Pfaffenstieg/Bohlweg/Kardinal-Borhamstraße
  Marktplatz 13; Rathaus neben Platz Auf der Lilie
- Steingrube/Binderstrasse; Kreuzung Steingrube/Binderstrasse

Hilter
- Am Bahndamm 1; Schützen- und Heimathaus, OT Wellendorf

Himmelkron
- 🔑 Hoferstraße; ARAL-Tankstelle

Hirzenhain/Merkenfritz
- 🔑 Dorfgemeinschaftshaus Merkenfritz

Hitzacker (Elbe)
- 🔑 Am Markt 4
- Am Weinberg 3; Kurhaus
- Zollstraße 1; Walther-Honig-Museum

Hof
- 🔑 Am Untreusee; OT Moschendorf
- 🔑 Bismarckstraße/Friedrichstraße; Busbahnhof Zentralkauf
- Bismarckstraße; kath. Kirche, Altstadt
- Ebertbrücke; Oberer Anger am Hallenbad, Vorstadt
- 🔑 Kaufhaus Kaufhof; 1. OG
- 🔑 Klosterstraße 25; Amtsgebäude
- 🔑 Ludwigstraße; am Rathaus, untere Vorstadt
- 🔑 Plauener Straße 7; Krematorium
- Plauener Straße; Friedhof
- 🔑 Rähmberg; Oberes Tor, Altstadt
- 🔑 Theresienstein
- Wittelsbacher Platz; Bücherei

Hofgeismar
- Am Markt; Rathaus Hofgeismar
- 🔑 Elisabethstraße; Parkdeck Neustadt

Hofheim am Taunus
- 🔑 Am Busbahnhof
- 🔑 Am Untertor
- 🔑 Vincenzstr.; Waldfriedhof Hofheim

Hofheim i. Ufr.
- 🔑 Hinter dem Kirchenumfeld; öffentliches WC
- Johannisstraße 26; Haus des Gastes

Holzkirchen

 Marktplatz 2; Öffentliche Toilette

Holzminden

Freibad; Stahler Ufer

Fürstenberger Straße 5; Kino

In der Fahrt; Waldmuseum

Johannismarkt; Toilettenhaus auf dem Parkplatz

Lindenstraße 8; „Haus des Gastes", OT Neuhaus im Solling

Marktstraße; Stadtbücherei, Seiteneingang

Obere Straße 30; Tourist-Info

Sollingstraße 101; Stadthalle

Homberg/Efze

Untergasse; Parkdeck Pulverturm

Horn-Bad Meinberg

Heinrich-Drake-Platz/Allee, OT Bad Meinberg

Mittelstraße 16; PESAG-Parkplatz, OT Horn

Hornberg

Bahnhofstraße 3; Rathaus, UG

Sporthotel „Schöne Aussicht"

Hörstel

Im Vogelsang 75; Örtliche Begegnungsstätte, OT Riesenbeck

Kirchstraße 4; Heimathaus, OT Bevergern

Marktplatz; Toilettengebäude, OT Hörstel

Schulstraße 2; Anne-Frank-Haus

Sünte-Rendel-Straße 14; Stadtverwaltung, Rathaus, 1.OG

Weikamp; Umkleidegebäude am Sportplatz, OT Dreierwalde

Westfalenstraße 11; Sporthalle, OT Harkenberg

Westfalenstraße 5; Schulzentrum, OT Harkenberg

Horumersiel

Zum Haben 3; „Haus des Gastes" (Geb. Kurverwaltung)

Deutschland

Horumersiel-Schillig
- Campingplatz Hooksiel; in den Gebäuden C/D/E
- Campingplatz Schillig; in den Gebäuden 2-4+9
- Gemeinschaftshaus; Horumersiel
- Strand Hooksiel; in den Gebäuden 1/2/3

Hösbach
- An der Maas 20; Sportheim „Fronrad"
- Industriestr. 2; Fitness Oase
- Kirchenstraße 5; im Bürgersaal, ebenerdig, KG

Höxter
- Berliner Straße; nähe Parkplatz
- Floßplatz
- Möllingerstraße; im Haus der VHS
- Westerbachstraße 45; Stadthaus am Petritor

Hoyerswerda
- Albert-Einstein-Straße 1a; Kaufhaus KARSTADT
- Albert-Einstein-Straße 47, Eingang C; IG Bauen-Agrar-Umwelt, Bezirksverband Bautzen
- Albert-Einstein-Straße 47; Bergbausanierung und Landschaftsgestaltung Sachsen GmbH
- Albert-Einstein-Straße 47a; Dr. med. Ursula Rettig
- Albert-Einstein-Straße 47b; Deutsche Bank AG
- Albert-Einstein-Straße 47d; Barmer Ersatzkasse
- Albrecht-Dürer-Straße; Königreichssaal Zeugen Jehovas
- Alte Berliner Straße 8; Kolping-Bildungszentrum Ostsachsen gGmbH
- Am Bahnhofsvorplatz 2; Taxi-Funk Gesellschaft GbR, Taxizentrale
- Am Haag 15; Zoo
- Am Haag 2; Umweltbibliothek und Lesecafé, Arbeitskreis f. Umwelt und Frieden
- Am Knappensee; Knappenhütte, OT Knappenrode
- Am Speicher 4; Gewerbegebiet Seidewinkel, Lausitzer Werkstätten für Behinderte gGmbH - Nebengebäude
- An der B97; Sportstudio Poser
- An der B97; Waldbad Zeißig, OT Bröthen
- An der Mühle 4; Hotel-Pension „Zur Mühle"

Hoyerswerda

Bautzener Allee; Congreß Hotel

Dietrich-Bonhoeffer-Straße 6; FIELMANN Augenoptik AG

Dietrich-Bonhoeffer-Straße 7; Indisch-Pakistanisches Restaurant „Shalimar"

Dietrich-Bonhoeffer-Straße; Ev. Kirchengemeinde OT Neustadt, Martin-Luther-King-Haus

Dillinger Straße 1; Stadtverwaltung/Straßenverkersamt

Dillinger Straße 1a; Verkehrsamt Hoyerswerda

Dillinger Straße 2; Heim für Körperbehinderte Hoyerswerda, gegenüber Verkehrsamt

Dorfstraße 14; Winzerhof Lausitz, OT Zeißig

Dorfstraße 26; Gaststätte „Zum Elstergrund", OT Bröthen/Michalken

Dorfstraße 43; Dorfstübel Dörgenhausen, OT Dörgenhausen

Dorfstraße 43; Westphalenhof und Kegelstube, OT Zeißig

Dorfstraße 9; Zimmervermietung Familie Scholz, OT Klein Zeißig

Dr.-Wilhelm-Külz-Straße 1; Congreß Hotel Lausitz

Dr.-Wilhelm-Külz-Straße 1; Sportstudio VITAL, im Congreßhotel

Dresdener Straße 129; Gastro-Garten, OT Bröthen

Dresdener Straße 3; Lebenshilfe f. Menschen m. geistigen Behinderungen, Wohnheim; OT Dörgenhausen

Dresdner Straße 26; SÜBA Baumarkt GmbH; OT Dörgenhausen

Ernst-Heim-Straße 25; Förderschule für geistig Behinderte

Ernst-Thälmann-Straße 8; Lausitzer Bergbaumuseum Knappenrode, OT Knappenrode

Ferdinand-von-Schill-Straße 27; Gemeinschaftspraxis Dr. med. Elisabeth Mildner/Dr. med Karin Schramm

Fischerstraße 5; Evangelisches Gymnasium Johanneum

Franz-Liszt-Straße 26; Diakonie-Sozialverbände e.V., Helen-Keller-Haus

Frederic-Joliot-Curie-Straße; Broilerbar

Friedrichsstraße 40; Dipl. med. Renate Abshagen

Gerhard-v.-Scharnhorst-Straße 66/67; Trägerwerk Soz. Dienste Sachsen, Kindertagesstätte „Regenbogen"

Gewerbegebiet Seidewinkel; STINNES Baumarkt

Herweghstraße 1; Dipl.-Stom. Joachim Nuck

Industriegelände, Straße E; Kaufhaus KAUFLAND

Industriegelände; Kaufhaus KARSTADT

Deutschland

Hoyerswerda

Industriegelände; Kaufhaus KAUFLAND

Johann-Sebastian-Bach-Straße 36; Neuapostolische Kirche

Kamenzer Bogen 1; GLOBUS

Karl-Liebknecht-Straße 5-9; Körperbehindertenschule Hoyerswerda

Käthe-Kollwitz-Straße 3; Jugendclub WeKa 10

Käthe-Kollwitz-Straße 5; Berufsschulzentrum Hoyerswerda

Käthe-Kollwitz-Straße 5; Wirtschaftsgymnasium

Käthe-Kollwitz-Straße 7; Diakonie Sozialwerk e.V., Laurentiushaus

Käthe-Niederkirchner-Straße 27; Türkische Spezialitäten „Merhaba"

Käthe-Niederkirchner-Straße; öffentliche Toilette

Kirchplatz 3; Evangelisches Gemeindehaus

Kirchstraße 11; Sanitätsfachgeschäft am Kirchplatz

Kirchstraße 12; Apotheke am Kirchplatz

Kirchstraße 12; Bundesversicherungsanstalt für Angestellte/BfA

Kirchstraße 12; Dipl. med. Egbert Hoffmann

Kirchstraße 12; Gemeinschaftspraxis für Physiotherapie

Knappensee; Freizeitanlage an der Knappenhütte, OT Knappenrode

Konrad-Zuse-Straße 7; Konrad-Zuse-Gymnasium

Kubitzberg 20; Gaststätte „Am Kubitzberg", OT Schwarzkollm

Lange Straße 34; Orthopädie-Schuhtechnik Naumann

Lausitzer Platz 1; Reisebüro Reiseland

Lausitzer Platz 3; APOLLO-Optik GmbH

Lausitzer Platz 3; Bundesknappschaft Hoyerswerda

Lausitzer Platz 3; Lausitz-Center

Lausitzer Platz 3a; Herz Apotheke/Lausitz Center

Lausitzer Platz 4; Restaurant „Athen", in der Lausitzhalle

Lausitzer Platz; Gewerkschaft Handel, Banken, Versicherungen, Bezirksverwaltung

Lausitzer Platz; Kaufhaus C&A

Lausitzer Platz; Lausitz-Center

Lessingstraße 4; Frauenärztliche Gemeinschaftspraxis/Tagesklinik, gegenüber ehem. Stomatologie

Lessingstraße 5; Barbara Künze, Fachärztin f. Chirurgie/ehem. Stomatologie

Lessingstraße 5; Physiotherapie, ehem. Stomatologie

Seite 137

Hoyerswerda

Lessingstraße; Sportverein Glückauf Knappenrode, Knappenkampfbahn, OT Knappenrode

Liselotte-Herrmann-Straße 13; Apotheke im Ärztehaus, Ärztehaus Jahnstadion

Liselotte-Herrmann-Straße 13; Dr. med. Ramona Schauer/Ärztehaus am Jahnstadion

Liselotte-Herrmann-Straße 13; Orthopädische Gemeinschaftspraxis/ Ärztehaus am Jahnstadion

Liselotte-Herrmann-Straße 13; Physiotherapie u. Krankengymnastik, Ärztehaus

Liselotte-Herrmann-Straße 13; Urologe Dr. med. Andreas Creutziger/ Ärztehaus am Jahnstadion

Liselotte-Herrmann-Straße 28a; sana medical Scholz GmbH

Liselotte-Herrmann-Straße 50a; Sozialverband VdK, Integrationskindertagesstätte „Pusteblume"

Liselotte-Herrmann-Straße 50a; VdK Kreisverband Lausitz

Liselotte-Herrmann-Straße 78; Schwimmhalle

Liselotte-Herrmann-Straße 7; City-Hotel

Liselotte-Herrmann-Straße 92; Wohnungsbaugesellschaft mbH

Liselotte-Herrmann-Straße 99; Hans Sachs GmbH

Ludwig-van-Beethoven-Straße 5; Caritas Kreisstelle

Maria-Grollmuß-Straße 10/Am Lipezker Platz; Klinikum

Maria-Grollmuß-Straße 10; Allgemeinmediziner Dr. med. Gotthard Mager/Klinikum

Maria-Grollmuß-Straße 10; Allgemeinmedizinerin Dipl. med. Ingrid Fischer/Klinikum

Maria-Grollmuß-Straße 10; Allgemeinmedizinerin Dipl. med. Ute Bierbaum/Klinikum

Maria-Grollmuß-Straße 10; Allgemeinmedizinische Gemeinschaftspraxis/Klinikum

Maria-Grollmuß-Straße 10; Augenärztin Dipl. med. Christa Neugärtner/ Klinikum

Maria-Grollmuß-Straße 10; Brigitte Bollinger/Klinikum Hoyerswerda

Maria-Grollmuß-Straße 10; Chirurgische Gemeinschaftspraxis/Klinikum

Maria-Grollmuß-Straße 10; Dipl. med. Julia Wiesner

Maria-Grollmuß-Straße 10; Dipl. med. N. Dobberstein/Klinikum Hoyerswerda

Deutschland

Hoyerswerda

Maria-Grollmuß-Straße 10; Dr. med. Gabriele Wolz/Klinikum Hoyerswerda

Maria-Grollmuß-Straße 10; Frauenärztin Dr. med. Renate Spank/Klinikum

Maria-Grollmuß-Straße 10; Klinikum

Maria-Grollmuß-Straße 10; Praxisgem. Dr. med. B. Hermanns, E. Schmidt, Dipl. med E. Haake/Klinikum

Maria-Grollmuß-Straße 10; Urologe Dr. med. Dieter Wolz/Klinikum

Nieskyer Straße 13; Sport-Forum Hoyerswerda

Nieskyer Straße; Sport-Forum

Otto-Nagel-Straße 53/54; Sozialverband VdK, Kinderhaus „Sonnenschein"

Pestalozzi-Straße 1; Lessing-Gymnasium, Haus I

Pforzheimer Platz 1; Finanzamt

Pforzheimer Platz 2; Amtsgericht

Pforzheimer Platz 2; Grundbuchamt

Pforzheimer Platz 2; Staatsanwaltschaft Bautzen

Pforzheimer Platz 4; AOK Dresden

Philipp-Melanchthon-Straße 24, Gaststätte „Zum Sportforum"

Robert-Schumann-Straße 10b; Naturwissenschaftlich-Technisches Kinder- und Jugendzentrum - NATZ

Röntgenstraße 50; Hans-Jürgen Jesche, Facharzt f. Allg.-Medizin/Sportmedizin, Reha-Klinik

Röntgenstraße 50; Hoyerswerda Reha-Klinik/Tagesklinik

Salomon-Gottlieb-Frentzel-Straße 1; Neues Rathaus, Stadtverwaltung

Salomon-Gottlieb-Frentzel-Straße 20; Stadtverwaltung

Salomon-Gottlieb-Frentzel-Straße 7; Klinikum/Orthopädische Abteilung

Salomon-Gottlieb-Frentzel-Straße 7; Krankenpflegeschule am Klinikum, Schulleitung

Scadoer Straße 26; Ambulant/häusliche Frühförder- und Beratungsstelle der Lebenshilfe e.V.

Scadoer Straße 26; Lebenshilfe f. Menschen m. geistiger Behinderung, Sondereinrichtung „Bussi Bär"

Schillerstraße 7; Hotel-Pension Henze

Schlossergasse 1; Finanzverwaltung/Stadtkämmerei

Schloßplatz 1; Stadtmuseum Hoyerswerda

Schloßplatz 3; Stadtverwaltung/Standesamt

Hoyerswerda

Schöpsdorfer Straße 40; Sozialverband VdK, Kindertagesstätte „Märchenland"

Schöpsdorfer Straße 41; Lausitzer Werkstätten für Behinderte gGmbH - Nebengebäude

Schulstraße 12b; ALDI-Markt, Staatliches Vermessungsamt

Schulstraße 5; Diakonisches Werk des Kirchenkreises Hoyerswerda, Haus Bethesda

Sport-Forum

Straße des Friedens 19; Johanniter-Kinderhaus „An der Elsterwiese"

Straße des Friedens 28; Dr. med. Heike Bolze-Knothe/Ärztehaus Stadtzentrum

Straße des Friedens 28; Gemeinschaftspraxis Stadtzentrum

Straße des Friedens 28; Ulrike Große und Dipl.-Stom. Uta Gaube

Thomas-Müntzer Straße 25; Gewerkschaft Erziehung und Wissenschaft Sachsen

Thomas-Müntzer Straße 25; IG Bergbau-Chemie-Energie, Ortsgruppe WK 8-9-10

Thomas-Müntzer-Straße 25/Ehem. Wohnheim; Dipl.-Stom. Katrin Kaiser

Thomas-Müntzer-Straße 25; Donner & Partner GmbH Sachsen, Bildungszentrum

Thomas-Müntzer-Straße 25; Wirtschaftsförderungsgesellschaft mbH

Thomas-Müntzer-Straße 26; AWO Kreisverband Kamenz/Hoyerswerda e.V.

Thomas-Müntzer-Straße; China-Restaurant „Hongkong"

Thomas-Müntzer-Straße; Schülerclub Hoyerswerda

Ulrich-von Hutten-Straße 29; Diakonie Sozialwerk e.V., Kindertagesstätte „Nesthäkchen"

Ziolkowskistraße 35; CITY Fitness

Hünfeld

- Festplatz, öffentliche Toilette, OT Haselgrund
- Lindenstraße 8; Rückseite Stadtwerkhaus (Hainmauerweg)

Hünxe

- Rathaus Hünxe

Hürth

Friedrich-Ebert-Straße 40; Rathaus

Deutschland

Husum
- 🔑 Außenhafen; im Gebäude der Wasserschutzpolizei
- 🔑 Binnenhafen; Parkplatz
- 🔑 Parkstraße; Schloßpark, in der Schloßparkanlage
- 🔑 Schloßgang; am historischen Rathaus, Innenstadt
- 🔑 Zingel 10; Rathausgebäude, EG

Ibbenbüren
- 🔑 Neumarkt; im Mittelbau über der Tiefgarage
- Schulstraße; Parkhaus in der Nähe des von-Bodelschwingh-Krankenhauses
- Weberstraße; Parkhaus am Rathaus

Ichenhausen
- 🔑 Von-Stein-Straße 8a

Idar-Oberstein
- 🔑 Hauptstraße; Parkhaus Börse, OT Idar
- Krankenhaus Göttschied; OT Oberstein
- 🔑 Parkhaus Bahnhof; Kaufhaus C&A, OT Oberstein
- 🔑 Parkhaus Festhalle/Felsenkirchen; OT Oberstein
- 🔑 Tiefensteiner Straße; Weiherschleife, OT Tiefenstein
- 🔑 Vollmersbachstraße 59; Mikadohalle, OT Idar

Idstein
- Am Hexenturm; Sporthalle „Am Hexenturm"
- 🔑 Löherplatz; Pförtnergebäude
  Tiefgarage Löherplatz
- 🔑 Löherplatz; auf der Seite Schulze-Delitzsch-Straße, Parkhaus/Betriebsraum
- Löherplatz; Stadthalle, Seiteneingang, links
- Schulgasse 7; Haus der Älteren Mitbürger

Ihlow
- 1. Kompanieweg 3; Sanitärgebäude am Ihler Meer
- Alte Wicke 6; Rathaus
- Am Grauen Stein 13; Kindergarten Riepe
- Kornstraße; Kindergarten Westerende-Kirchloog

Illertissen
- Am Bahnhof; Stadtmitte

Illingen
- Am Bahnhof; Gaststätte

Ilmenau
Am Ehrenberg; Mensagebäude, Bierstube

Am Markt 7; Rathaus

Festhalle der Stadt Ilmenau (geplant)

Geschäftsgebäude Schwanitzstraße (geplant)

Hauptbahnhof

Homburger Platz; Sparkasse Arnstadt-Ilmenau

Oehrenstöcker Straße 39; DRK-Verwaltungsgebäude

Pörlitzer Höhe/Keplerstraße 1, Behindertenverband e.V.

Pörlitzer Höhe/Ziolkowskistraße 18; Werkstatt für Behinderte

Schwanitzstraße 26; Geschäftsstelle der BARMER ERSATZKASSE

Schwanitzstraße; Arbeitsamt

Spitalgasse; Stadtmitte

Studentenclub der Technischen Universität (geplant)

Immenstadt/Allgäu
Allgäuer Straße 15; Auwaldsportzentrum

Bauhofinsel; Parkplatz

Dr.-Zimmermann-Straße; im Rathaus

Kirchplatz 7; Verwaltungsgebäude

Viehmarktplatz; Parkplatz

Ingelheim
- Friedrich-Ebert-Str. 13; Sebastian-Münster-Gymnasium
  Erdgeschoß / Eingangsbereich

Ingolstadt
- Am Brückenkopf 1; Tiefgarage „Am Reduit Tilly"
- Am Westpark; Multiplexkino Ingolstadt
- Bergbräustraße 1; Tiefgarage „Am Münster"
- Esplanade 1; Kassenhaus der Tiefgarage „Am Schloß"

Deutschland

Ingolstadt

Jahnstraße; Hallenbad Mitte

🗝 Nordbahnhof

🗝 Rathausplatz; Stadt Ingolstadt
im EG des Bürgerservice

🗝 Schloßlände 1; Tiefgarage „Am Theater"

Insel Mainau

🗝 Am Hafen

🗝 Am Torbogen

🗝 Insel Mainau, am „Garten für Alle"

🗝 Insel Mainau; am Restaurant „Lauen"

Isenbüttel

Berliner Straße 74; Sportheim, OT Calberlah

Gutsstraße 11; Rathaus

Molkereistraße 47; Dorfgemeinschaftshaus, OT Allerbüttel

Schulstraße 31; Sporthalle, OT Isenbüttel

Iserlohn

Alexanderstraße 1; Städtisches Altenheim

🗝 Alter Rathausplatz; Altes Rathaus, Nebeneingang

Am Poth 10; Altenwohnanlage Altes Stadtbad

Friedrichstraße 108; Amtsgericht

Friedrichstraße 108; Arbeitsamt

Friedrichstraße 70; Gesundheitsamt Märkischer Kreis

Gerichtstraße; Almelo-Sporthalle

Gertrudisstraße 10b; Carl-Sonnenschein-Schule

Handwerkerstraße 4; Innungskrankenkasse

Hansaallee 19; Berufliche Schulem des Märkischen Kreises

Immermannstraße; Schulzentrum Hemberg, östlicher Trakt

Josefstraße 15; Alten- und Pflegeheim „Wichernhaus"

Karnacksweg 35; DRK-Kreisverband Iserlohn-Stadt

Langerfeldstraße 60; Gesamtschule Iserlohn

🗝 Lösseler Str.; Begegnungsstätte Lössel

🗝 Lösseler Straße 124; Begegnungsstätte „Feuerwehr"

Schulstraße; Begegnungsstätte der Dreifaltigkeitsgemeinde

Iserlohn

- 🔑 Seeuferstraße 25; Seilersee, Eissporthalle
- 🔑 Seilersee; gegenüber Seilersee-Blick
- Stennertstraße 5; Gymnasium An der Stennert
- Von-der-Kuhlen-Straße; Albert-Schweitzer-Sporthalle; OT Letmathe
- 🔑 Von-der-Kuhlen-Straße; Saalbau; OT Letmathe
- Waisenhausstraße 6; Altenzentrum, Tersteegen-Haus
- 🔑 Werner-Jacobi-Platz 12; Rathaus II, EG

Isernhagen

- Bothfelder Straße
- 🔑 Bothfelder Straße 29; Marktplatz am Rathaus, OT Altwarmbüchen

Ismaning

- 🔑 Bahnhofsplatz 2; S-Bahnhof

Isny/Allgäu

- Kurhaus am Park
- 🔑 Notre-Dame-de-Gravenchon-Straße/Göckelmannweg; bei der Post
- Rotmoos-Turnhalle

Itzehoe

- 🔑 Brunnenstrasse 30; Friedhofskapelle
- 🔑 Marktplatz; Malzmüllerwiese

Jemgum-Ditzum

- 🔑 Am Hafen 1; Verkehrsbüro am Hafen

Jena

- Am Planetarium 5; Zeiss-Planetarium
- Am Stadion 1; Thüringer Sozialakademie; Tagungsgebäude
- Bau- und Gartenmarkt Hornbach; Gewerbegebiet Süd
- 🔑 Carl-Zeiss-Platz 15; Volkshaus
- Dammstraße 32; DRK-Zentrum
- Eichplatz
- Einkaufscenter GLOBUS; An der B7
- Ernst-Abbe-Platz; Universität/Fachhochschule, Erdgeschoß

Deutschland

Jena

- Ernst-Schneller-Straße 10; Begegnungszentrum (DRK und JZSL)
- Friedrich-Zucker-Straße 1+3; Columbuscenter
- Fritz-Ritter-Straße 42-44; Arbeitsamt
- 🔑 Fürstengraben 26; Botanischer Garten Jena
  Eingangshalle des Botanischen Gartens
- 🔑 Goethestraße 3; Goethe-Galerie
- Goethestraße 3; Sinn-Kaufhaus
- Haeckelplatz
- 🔑 Holzmarkt; Holzmarktpassage; Multiplexkino, 1. OG
- Hufelandweg; Nordfriedhof
- Ilmstraße 1; Überbetriebliche Ausbildungsgesellschaft mbH, 1. Etage
- Karl-Marx-Allee 7; Schwimmhalle, OT Lobeda-West
- Keßlerstraße; Burgau-Park
- Lassallestraße; Neurologin Dr. med. K. Tinschert, 3. Etage
- Leutragraben 2-4; Geschäftshochhaus, EG
- Löbdergraben 12; Stadtverwaltung, 1. Etage
- Löbdergraben 7; Soziales Zentrum „Ricarda Huch"
- Löbstedterstraße 1a; Schillerpassage
- Markt 1; Rathaus, ebenerd. Zug. v. Eichpl./Rathausg.: Gebäudekompl. links, neben Rathaus/Durchgang
- Markt; Kaufhaus Lobeda; OT Lobeda
- Martin-Niemöller-Straße 4; Martin-Niemöller-Haus
- Otto-Militzer-Straße 1-3; Holiday Inn Jena
- Rathenaustraße 10; Ibrahimhaus
- Rautal; Kaufland Nord
- Rudolstädter Straße 82; Best Western Hotel Jena
- Rudolstädter Straße 93; Hotel Jembo Park
- Saalbahnhofstraße 25b; Ordnungsamt/Fundbüro
- Saalstraße; Stadtmuseum „Göhre"
- Salvador-Allende-Platz 21; Praxis für Physiotherapie
- Schloßgasse; Friedrich-Schiller-Universität, Hauptgebäude
- Stauffenbergstraße 59; Steigenberger Maxx Hotel
- Tatzendpromenade 16; Fachhochschule, Haus 3, Erdgeschoß
- Tatzendpromenade 2a; Stadtverwaltung, 2. Etage
- 🔑 Unterm Jenzig; Ostbad

Jena

Wagnerstraße 29; Katholisches Gemeindehaus „Gabriel Henry"

Werner-Seelenbinder-Straße 28a; Begegnungszentrum „LISA"

Werner-Seelenbinder-Straße 28a; Gaststätte im „LISA"

Jever

- Alter Markt

SB-Warenhaus PLAZA

Jork

- Zum Grafenhof; links neben EXTRA-Markt

Jugenheim

- Schulstr. 3; Rathaus, Kellergeschoss
www.jugenheim-rheinhessen.de

Juist

- Strandstraße 5; WC - Anlage
Am Rathaus neben der Post

Jülich

Bongardstraße 22; Städtisches Hallenbad

Bürgerhalle; OT Güsten

Bürgerhalle; OT Koslar

Bürgerhalle; OT Lich-Steinstraß

Düsseldorfer Straße 42; Stadthalle

Große Rurstraße 17; Neues Rathaus

Große Rurstraße 75; Schnellrestaurant Burger King

- Kölnstr 20 / Poststr. 1-3 / Große Rurstr. 48; Einkaufscenter „Galeria Juliacum"

- Kulturhaus am Hexenturm; Stadtbücherei

Neusser Straße 11; Polizei

- Poststr.; Galeria Juliacum
Montag bis Samstag von 8.00 Uhr bis 19.30 Uhr

- Schloßplatz; Innenstadt, eigenes Gebäude, Seite Kölnstraße

- Stadtionweg 8; Freibad Jülich
Während der Saison

Walramplatz; Kiosk, Schlüssel beim Pächter

Wilhelmstraße 5; Finanzamt

Deutschland

Jüterbog
- 🔑 Freibad; Toilette
- 🔑 Töpfergasse/Karnipp; öffentliche Toilette

Kahl/Main
- Freigerichter Straße; Jugendtreff
- 🔑 Hanauer Landstraße; Festplatz
- Jahnstraße; Festhalle
- Waldseehalle

Kaiserslautern
- 🔑 Wall City-Toilette
- 🔑 Unterer Rathaus -Vorplatz
- 🔑 Gegenüber Haus Pfaffplatz 15
- Altes Forsthaus 11; Tierheim Einsiedlerhof
- Augustastraße 6; Arbeitsamt
- Bismarckstraße 17; Bezirksverband Pfalz, Pfalzbibliothek
- 🔑 Burgstrasse; Burgstrasse Neben Burgruine
- Engelsgasse 1; Edith-Stein-Haus
- Entersweiler Straße; Warmfreibad
- 🔑 Entersweilerstraße; Toilette im Musikpavillon im Volkspark
- Erwin-Schrödinger-Straße; Universität
- Fackelrondell; Kaufhaus KARSTADT
- Forststraße 2a; Mehrzweckhalle, OT Hohenecken
- Fruchthallstraße; Fruchthalle
- Kaiserbergring 29; Gesamtschule Nord
- Klosterstraße 29; Weiterbildungszentrum
- Klosterstraße 6; Haus für ausländische Mitbürger
- Klosterstraße 8; Café Peppermint
- Konrad-Adenauer-Straße 31; St. Theresia
- Kurt-Schumacher-Straße 56; Friedenskirche Uniwohngebiet
- Lauterstraße 8; Kreisverwaltung
- Ludwigstraße 20; Gymnasium am Rittersberg
- Mannheimer Straße 234; Multi-Center
- Martin-Luther-Straße 5; Albert-Schweitzer-Gymnasium
- Maxstraße 17; Amt für Soziales und Wohngeld

Kaiserslautern

- Merkurstraße 57; Kaufhaus REAL
- Otterberger Straße 47; Mehrzweckhalle, OT Morlautern
- 🗝 Pfaffplatz
- Pfalzgalerie; Bezirksverband Pfalz
- 🗝 Rathaus / Burgruine
- 🗝 Richard-Wagner-Straße, vor Haus Richard-Wagner-Straße 46; Wall City - Toilette
- Schoenstraße 10; Kulturzentrum Kammgarn
- Schubertstraße 17a; Beratungsstelle LVA und BfA
- Schwarzer Weg 1; Mehrzweckhalle, OT Erfenbach
- Stadionstraße; Fußballstadion des 1. FCK
- 🗝 Stiftsplatz vor Hans Bismarckstraße 1; Wall City Toilette
- Tierpark; OT Segelbach
- Unionstraße 2; Gemeindezentrum Alte Eintracht
- Westpfalzklinikum Kaiserslautern, W-Bau, EG und A-Bau, EG
- Willy-Brandt-Platz 1; Stadtverwaltung Rathaus
- Willy-Brandt-Platz; Pfalztheater

Kalletal

- Am Markt 4, Bürgerhaus, Fahrstuhl in den Keller
- Am Mühlenteich 1; Dorfgemeinschaftshaus

Kaltenkirchen

- 🗝 Brauerstr. 9; Parkhaus

Kamen

- Am Bahnhof 12; Polizei
- Dunkle Straße 4; Pfarrheim
- Galenhof; Musikschule
- Gertenbergstraße 2; Gesamtschulen
- Hammer Straße 19; Konzertaula
- Kamen Karree 2/3; Hotel „Holiday Inn", A1 - Abfahrt Kamen-Zentrum
- Kamener Straße 19; Gymnasium
- 🗝 Kämertorstraße; Parkhaus, Innenstadt
- Linener Straße 109; Reha-Klinik
- Linener Straße; Technopark

Deutschland

Kamen

- Ludwig-Schröder-Straße 17; Jugendfreizeitzentrum
- Nordstraße 34; Krankenhaus
- Ostring 9; Arbeitsamt
- Perthesstraße 10; Perthes-Werk
- Poststraße 1; Amtsgericht
- 🔑 Rathausplatz 1; Rathaus
- 🔑 Rathausplatz 1; Stadthalle
- 🔑 Rathausplatz 4; Alte Villa
- Schwesterngang 1; Altes Gemeindehaus
- Schwesterngang 4; Neues Gemeindehaus
- Südkamener Straße 52; Behindertenwerkstatt
- Südkamener Straße 62; Südschule
- Willy-Brandt-Platz 9; Sparkasse

Kamenz

- Lessingplatz 3; Lessinghaus, hinterer Eingang
- Lessingstuben; Keller (Lift)
- Markt 1; Rathaus, Hochparterre (Fahrstuhl)
- 🔑 Pfortenstraße 6; Eingang Stirnseite
- Weststr. 10-12; Hotel Stadt Dresden

Kamp-Lintfort

- Am Rathaus 2; Rathaus
- Kirchplatz 10; Familienbildungsstätte „Haus der Familie"
- Moerser Straße 225; City-Passage
- Moerser Straße; Kaufhaus REAL

Kandel

- 🔑 Georg-Todt-Straße 2; Bahnhofsgebäude, EG Wartehalle
- 🔑 Jahnstraße; Bienwaldstadion, Tribüne
- 🔑 Kirchgasse; Grundschule

Kappeln

- 🔑 Am Rathaus
- 🔑 Hafen; neben Fahrkartenschalter nach Dänemark
- Reeperbahn 2; Stadtverwaltung, Rathaus

Kappeln

- Strandinformation am Parkplatz; Schlüssel am Schalter, OT Weidefeld
- 🔑 Wassermühlenstrasse; Parkplatz am Rathaus
- 🔑 ZOB

Karlsruhe

- Adenauerring 7; Studentenhaus
- 🔑 Am Zwinger 5; OT Durlach
- Augartenstraße 21; Jugendtreff, OT Südstadt
- Baumeisterstraße 11; Badisches Staatstheater, OT Südstadt
- Bergleshalle, OT Stupferich
- 🔑 Ebertstraße 9; Albtalbahnhof, OT Beiertheim-Bulach
  Schlüssel an der Fahrkartenausgabe
- Englerstraße 10; Kantgymnasium
- Ernst-Frey-Straße 2; Walter-Eucken-Schule, OT Südweststadt
- 🔑 Ettlinger Straße; Zoologischer Garten, Seebühne
- Fachhochschule; in jedem Gebäude
- Festplatz; Kongreßzentrum/Stadthalle, OT Südweststadt
- Festplatz; OT Knielingen
- Fliederplatz/Mühlburg, OT Mühlburg
  in der Damentoilette
- Fritz-Erler-Straße 10; Heinrich-Hübsch-Schule
- 🔑 Grötzinger Straße; Straßenbahnhaltestelle, OT Durlach
- 🔑 Günther-Klotz-Anlage; am Spielhaus, OT Südweststadt
  Schlüssel bei Aufsicht
- Haid-und Neu-Straße 33; Hauptfriedhof, Straßenbahnhaltestelle, Eingangsbereich, OT Oststadt
- Haid-und Neu-Straße 35-39; Hauptfriedhof, Eingangsbereich, OT Oststadt
- Hauptbahnhof, OT Südweststadt
  Schlüssel bei der Wartefrau
- Herrmann-Veit-Straße 7; Europahalle, OT Südweststadt
- Kaiserallee 10; Psychiatrische Klinik, OT Weststadt
- Kaiserallee 11; Magdeburger Versicherung, OT Weststadt
- 🔑 Kaiserstr.; Postgalerie
- 🔑 Kaiserstr. 92; Karstadt Sporthaus Karlsruhe
  im 2. OG, Treppe A
- Kaiserstraße; Hauptpost

Deutschland

Karlsruhe

Kaiserstraße; Kaufhaus Karlsruhe

Karlsburgstraße; Karlsburg, OT Durlach

Karlstraße 10; Prinz-Max-Palais

Kirchplatz; OT Daxlanden

Klosterweg 1; Alten- und Pflegeheim, OT Oststadt

Kronenplatz; Jugend- und Begegnungszentrum

Marktplatz; Rathaus

Moltkestraße 14; Städtisches Klinikum, OT Nordweststadt

Moltkestraße; Fachhochschule, in jedem Gebäude

🗝 Neisser Straße 12; Waldstadtzentrum, OT Waldstadt

🗝 Passagehof; Litfaßtoilette

Schloß Gottesaue, OT Oststadt

Schwarzwaldhalle, OT Südweststadt

Stadtgarten; Nordeingang, Café Nancy, OT Südweststadt

Stadtgarten; Zoo, Seebühne, OT Südweststadt

Steinhäuserstraße 23; Carl-Benz-Schule, OT Südweststadt

Steinhäuserstraße 27; Gertrud-Bäumer-Schule, OT Südweststadt

Universität; Kollegiengebäude Mathematik, EG

Universität; Neues Chemiezentrum, EG

Weiherhof; Sporthalle, OT Durlach

Zähringerstraße 10; Studentenzentrum Z10

Zirkel; Staatliche Kunsthalle

Kassel

🗝 Bebelplatz

🗝 Buga-Gelände; Seglergaststätte u. Eingang Süd

🗝 Busparkplatz am Ottoneum

🗝 Frankfurter Str. 225; DEZ-Einkaufszentrum

🗝 Friedrichsplatz; neben dem KAUFHOF Leffers

🗝 Heinrich- Hertz- Straße 25; Ikea
entsprechend den Öffnungszeiten

🗝 Holländischer Platz; vor GhK

🗝 Ihringshäuser Straße; Endstation der Straßenbahnlinien 5 und 7

🗝 Karlshafener Straße; gegenüber Café Bachmann

🗝 Königsplatz; in der Treppe, Parken am Entenanger

Kassel

- Leipziger Platz; Wendeschleife Straßenbahn
- Marktplatz 9; Kleine Galerie; OT Altenbauna
- Ottoneum (Busparkplatz Staatstheater/Kleines Haus)
- Sporstraße 6-8; DGB-Haus, Foyer
- Wehlheider Platz/Kirchweg
- Werner-Heisenbergstraße 4; Berufsförderungswerk des Hessischen Zimmerhandwerks
- Wilhelmshöhe; Parkplatz (Endstation Straßenbahnlinie 1)
- Willy-Brandt-Platz 1; Wilhelmshöhe im IC-Bahnhof

Kaub

- Rheinuferstraße; nähe Fähre, Kaub

Kaufbeuren

- Im Graben 3; Verwaltung der Stadt Kaufbeuren
- Josef-Landes-Straße 5; Ommnibus-Bahnhof

Kehl

- Am Markt 1; Parkhaus Centrum, Parkdeck, Türen schwergängig!
- Bahnhofstraße 1; Bahnhof
- Marktplatzpavillon; vor Kaufhaus SCHNEIDER

Kelheim

- Am Pflegerspitz 5; Wohnmobilstellplatz und Festplatz

Kempen

- Buttermarkt 1; Rathaus EG
- Wiesenstraße 15; Arbeitsamt Krefeld - Nebenstelle Kempen

Kempten/Allgäu

- Albert-Wehr-Platz; Busumsteigestelle
- Jahnweg 9; Illerstadion Kempten
- Königsplatz; Parkplatz
- Kotterner Str. 78; Kaufhaus C&A, Schlüssel an der Kasse
- Kronenstraße; Stadtverwaltung (Neubau)
- Lindauer Straße/Feichtmayerstraße; am Stadtweiher
- Rathausplatz; Verwaltungsgebäude

Deutschland

Kempten/Allgäu
- Rottachstraße 62; Kath Zentralfriedhof
- Stadtjugendring; Jugendzeltplatz - Rotes Kreuz
- Thermenstraße; Stadtarchäologie-Kleine

Kerpen/Rheinl.
Jahnhalle

Jahnplatz 1; Rathaus

Mittelstraße; Sozio-kulturelles Zentrum, OT Horren

Rosenthalstraße; Erfthalle

Kevelaer
- Rathaus
- Am Bahnhof
- An der Bleichstraße
- Peter-Plümpe-Platz 12; am Rathaus

Kiefersfelden
Dorfstraße 23 - 25; Volksschule Oberes Inntal Kiefersfelden

Kiel
Adolf-Westphal-Straße 2; Arbeitsamt
- Adolfstraße 14 - 28; Gebäude E, 2.OG
  während den Kantinenöffnungszeiten zugänglich
- Adolph-Westphal-Straße 4; Ministerium für Arbeit, Soziales...
- Allgäuer Straße 30; Theodor-Möller-Schule

Andreas-Gayk-Str. 1; Kaufhaus C&A
- Bergenring 36; Sozialzentrum Mettenhof
- Brauner Berg; OT Friedrichsort
- Charles-Roß-Ring 89-91; Günter-Lütgens-Haus

Chemnitzstraße; Städtisches Krankenhaus, Eingangsbereich
- Danziger Straße 31; Theodor-Storm-Schule
- Deliusstraße 22; Gerichtsgebäude
- Dietrichstraße 2; Ehemalige Fröbelschule, WC-Gebäude

Dusternbrooker Weg; Landtagsgebäude
- Dusternbrooker Weg; Ministerium für Landwirtschaft (MELF)

Eckenförder Straße/Eichhofstraße; SPIZZ

Kiel

- Eichhofstraße 52; Krematorium
- 🔑 Falckensteiner Strand; WC an der Aufsicht
- Fleethörn 18-24; Gesundheitsamt
- Fleethörn 26; Standesamt, ehemaliges LZB-Gebäude
- 🔑 Fleethörn 9-17; Rathaus
- 🔑 Freiligrathstraße 4-6; Altenzentrum
- Friedrichsorter Straße 23; Sozialzentrum Friedrichsort
- 🔑 Fritz-Reuter-Str. 79; Fritz-Reuter-Schule
  in der Sporthalle
- Geldstraße 19; Sporthalle, Kieler Gelehrtenschule
- 🔑 Gellertstraße 18c; Ludwig-Erhard-Schule
- 🔑 Geschwister-Scholl-Straße 9; Fridtjof-Nansen-Schule
- Grasweg 19; Traumfabrik
- Große Ziegelstraße 54; Vereinsheim der Ellerbeker
- 🔑 Große Ziegelstraße 62; Gerhard-Hauptmann-Schule
- 🔑 Grünhufer Bogen 13-17; Strelapark Einkaufszentrum
- Hamburger Chausee 79; Vereinsheim des VfB Kiel
- Hasseer Straße 47; Gehörlosenzentrum
- 🔑 Hauptbahnhof
- Haßstraße 22; Kommunikationszentrum „Die Pumpe"
- Holstenbrücke 1; Stadtbücherei, 1. OG
- 🔑 Holstenplatz
- 🔑 Holstenstr. 1; Kaufhaus KARSTADT
- Holtenauer Straße 103; Schauspielhaus
- 🔑 Holtenauer Straße 162; Kino Metro
- 🔑 Holtenauer Straße 327; Toiletten-Anlage der Petrus-Gemeinden
- 🔑 Johannisburger Straße 10; Erziehungsberatung Nord-Ost
- Jugenddorf Falkenstein
- 🔑 Jugendtheater Werftpark; OT Gaarden
- 🔑 Kaistraße 54-56; CAP-Erlebniszentrum
- Kieler Schloß; Konzertsaal
- Klausdorfer Weg 62; Ellerbeker Schule
- 🔑 Kleiner Kuhberg; Ostseehalle, Tiefgarage und 1. Rang
- Knooper Weg 75; Informationstechnik
- 🔑 Knorrstraße

Deutschland

Kiel

- 🗝 Königsweg 90; Schule am Rondeel
- 🗝 Kulturviertel; im Sophienhof
- 🗝 Kurt-Schumacher-Platz 4; Ladenpassage Markt
- 🗝 Masurenring 6; Toni-Jensen-Schule
- Muhliusstraße 29-31; Volkshochschule, Neubautrakt, EG
- Odenstraße 6; Max-Tau-Schule
- 🗝 Oslokai
- 🗝 Paul-Fleming-Straße 1; Käthe-Kollwitz-Schule
- Pickertstraße 36; Gerdrud-Völcker-Haus
- Poggendörper Weg 32; Altenzentrum
- Preetzer Straße; Räucherei
- 🗝 Rankestraße 2; Berufliche Schulen am Ravensberg
- Rathausplatz 4; Opernhaus
- Rendsburger Landstraße 117; Helmut-Wriedt-Sporthalle
- 🗝 Rendsburger Landstraße 127 d; Theodor-Heuss-Schule
- Reventlouallee; Bushaltestelle
- 🗝 Reventloubrücke
- 🗝 Schönberger Straße 67; Gymnasium Wellingdorf
- 🗝 Schulstraße 6; Sozialzentrum Gaarden
- 🗝 Schwedenkai
- 🗝 Seegarten
- 🗝 Sophienblatt 20; Sophienhof-Einkaufszentrum
- Speckenbecker Weg 71; Uwe-Jens-Lornsen-Schule
- Steenbeker Weg 152; Bezirkssportanlage Projensdorf
- 🗝 Stephan-Heinzel-Straße 2; Sozialzentrum Mitte
- 🗝 Tiefe Allee 32; Adolf-Reichwein-Schule
- 🗝 Tiefe Allee 45; Andreas-Gayk-Schule
- Uhlenkrog 3; Haus Uhlenkrog
- 🗝 Uhlenkrog 8; Haus Uhlenkrog
- Universitätsgelände; Neuer Botanischer Garten
- Vaasastraße 43; Sporthallen im Bildungszentrum Mettenhof
- Vaasastraße 45; Bezirkssportanlage Mettenhof
- 🗝 Vinetaplatz; Seegartenbrücken
- Von-der-Groeben-Straße 2-4; Sommerbad

Kiel

Wahlestraße 22-28; Pflegeheim Ost

🗝 Zentraler Omnibusbahnhof

Zum Dänischen Wohld 23; Sozialzentrum Pries/Friedrichsort

Kierspe

Springerweg 21; Rathaus

Kirchberg

🗝 Parkplatz am alten Ojaswerk

Kirchheim a. d. Weinstraße

🗝 Rosengartenweg 1; MAXI-Autohof Kirchheim
BAB 6, Ausfahrt 19

Kirchheim unter Teck

🗝 Alleenstraße 1-3/Krautmarkt; Stadtmitte

🗝 Bürgerseen

Eugenstraße 3; Kreiskrankenhaus Kirchheim

🗝 Jesinger Straße 105; Stadion

Max-Eyth-Straße 19; Kornhaus, Stadtmitte

🗝 Neue Weilheimer Straße 9; Grund- und Hauptschule, OT Jesingen

🗝 Roßmarkt; Stadtmitte

Schöllkopfstraße 61; AOK

Schönbergstraße 23; Kath. Gemeindehaus St. Lukas

Stuttgarter Straße 1; Stadthalle

Tannenbergstraße 91; Bohnauhaus

🗝 Widerholtplatz 3; Stadtmitte

🗝 Widerholtstraße 4; Vogthaus Stadtmitte

Kirchlengern

Alte Quernheimer Straße 40; Sporthalle, OT Quernheim

Am Hallenbad 1; Aqua Fun
nur für Badegäste

Häverstraße 80; Grundschule, OT Häver

Klosterbauerschafter Straße 219; Altentagesstätte

Lübbecker Straße 69: Grundschule

Lübbecker Straße 69; Altes Grundschulgebäude

Deutschland

Kirchlengern

Lübbecker Straße 69; Mehrzweckhalle/Kommunales Kino

Lübbecker Straße 69; Turnhalle an der Grundschule

Ostermeiers Hof 1; Gemeindebücherei und Kulturelle Begegnungsstätte

Kirn/Nahe

🗝 Auf der Kiesel

Kissing

🗝 Kirchberg 3; Altes Leichenhaus

Kitzingen

Rathaus
Mo.-Do. 8.00-16.30 Uhr Fr. 8.00 - 12.00 Uhr; Schlüssel bei Vermittlung erhältlich

🗝 am Bleichwasen; WC Container

Friedhofweg; Friedhof Hohenfeld
Mo - So. 7.00 - 18.00 Uhr (Winter) Mo.-So.7.00-21.00 Uhr(Sommer)

Friedrich - Ebert - Str. 2; Öffentliche WC Anlage alter Friedhof
Mo - So.7.00-18.00 Uhr (Winter) Mo -So.7.00-21.00 Uhr(Sommer)

Güterhallstraße; Alter Friedhof

🗝 Hermstr.10 - 12; WC Anlage Tiefgarage
Mo - Fr.6.30 - 20.00 Uhr Sa. 6.30 - 16.00 Uhr

🗝 Herrnstraße 10-12; Parkgarage

🗝 Königsberger/Ecke Armin-Knab Str.; WC Anlage Siedlung Ecke
Mo. - Sa.7.00 - 18.00 Uhr / So. 7.30 - 18.00 Uhr; im Sommer bis 20.00 Uhr geöffnet

🗝 Landwehrstr.21; WC Anlage Tiefgarage
Mo - Fr. 7.30 - 18.00 Uhr Sa. 7.30 - 15.00 Uhr

Marktbreiter Str. 10; Freibad Mondseeinsel
Mo - So. 9.30 - 20.00 Uhr (Sommer); Schlüssel an der Kasse erhältlich

Schrannenstr.35; WC Anlage im Jugendhaus und Bürgerzentrum Keller
nur bei Weinfest geöffnet o.v.Personal Jugendhaus-Bürgerzentrum; Schlüssel bei Vermittlung erhältlich

🗝 Schrannenstr.9; Öffentliche WC Anlage
Mo. - Sa. 6.00 - 20.00 Uhr / So. 7.00 - 20.00 Uhr

🗝 Schrannenstraße 35; Jugendhaus

🗝 Schrannenstraße 9

Kitzingen
- Siedlung Gleiwitzer Straße

Kleinostheim
- Industriestraße; Festplatz
- Kardinal-Faulhaber-Straße 12; Rathaus, KG

Kleve
- Ecke Bleichen/An der Münze; Parkplatz
- Kavarinerstraße 20-22; Stadtverwaltung
- Tiergartenstraße; Eingang Tiergarten

Koblenz
- Am Deutschen Eck
- Am Plan
- Am Schüllerplatz; Lütztal
- Am Weindorf
- Clemensstr, 26- 30; Schängel Center
- Görresplatz
- Konrad-Adenauer-Ufer; Anlegestelle der Köln-Düsseldorfer

Köln
- Aachener Straße; Stadion, neben Parkhaus, NWC - freistehend
- Alter Stammheimerweg; an der Flora, NWC - freistehend
- Am Anger 15; Kurhaus, Tiefgeschoß (Lift)
- An der Rechtschule/Richartzstraße; Museum für angewandte Kunst, UG (Lift)
- Bahnhof; NWC - freistehend, OT Porz-Wahn
- Bahnhofstraße 22; Haus des Gastes
- Bischofsgartenstraße 1; Kölner Philharmonie
- Bischofsgartenstraße 1; Wallraf-Richartz-Museum
- Breite Straße; Kaufhaus KARSTADT, 1. OG, Cafeteria
- Brücker Hauspfad; NWC - freistehend, OT Brück
- Brüderstraße; gegenüber Dresdner Bank
- Brüderstraße; hinter Palavrino Mövenpick, Altstadt Nord
- City-Center; OT Chorweiler
- Dürener Straße 458; Kaufhaus KAUFLAND

Deutschland

Köln

- Ehrenfeldgürtel; vor KUB-Bahnsteig, NWC - integriert in Säule
- Fischmarkt; im Gebäude „Stapelhaus", Altstadt
- 🔑 Frankenwerft 35; Frankenwerft
- Gemarkenstraße; NWC - freistehend, OT Thielenbruch
- 🔑 Hermann-Ehlers-Straße 20; Ersatz-Ladenzeile, OT Bom
- 🔑 Heumarkt 20; Hotel „Maritim", Konferenz-/ Foyerbereich
- Hohe Pforte; Sternengasse, NWC - integriert in Säule
- Hohe Straße; Kaufhaus KAUFHOF, 1. OG
- Junkersdorf; am Römerhof, NWC - freistehend
- Machabäerstraße; Konrad-Adenauer-Ufer, NWC - freistehend
- Messeplatz; Rheinhallen, Messegelände
- Mindener Straße; Deutzer Freiheit, NWC - integriert in Säule
- Neue Weyerstraße; Barbarossaplatz, NWC - integriert in Säule
- 🔑 Neumarkt 2; Neumarkt Galerie / Einkaufszentrum
- Neumarkt; NEUMARKT-PASSAGE
- Pariser Platz; Bezirksrathaus, OT Chorweiler
- 🔑 RHEIN-CENTER; (Einkaufszentrum), OT Weiden
- Richartzstraße; an der Rechtsschule
- Riehler Straße; 60 m nach Elsa-Brandström-Straße, NWC - freistehend
- Riehler Straße; Zoologischer Garten
- Roncalliplatz 4; Römisch-Germanisches Museum
- Rösrather Straße; NWC - freistehend, OT Königsforst
- Rudolfplatz/Hohenzollernring; NWC - integriert in Säule
- 🔑 Siegburger Straße 195a; EG, OT Deutz
- Universitätsstraße 100; Museum für Ostasiatische Kunst
- Venloer Straße; NWC - freistehend, OT Bocklemünd
- 🔑 Vingsterstraße 132; DeTe Immobilien/Hauptverwaltungsstelle Köln, OT Poll
- 🔑 Weinsbergstraße 70; Dienstgebäude T-Mobil

Köngen

- 🔑 Kiesweg 5; Zehntscheuer / Bücherei
  Öffnungszeiten der Bücherei / bei Veranstaltungen; http://buecherei.koengen.de
- 🔑 Steinackerstraße 75; Sportanlage, Umkleidegebäude
  bei Sportveranstaltungen

Der Locus · Deutschland

Königs Wusterhausen
- S-Bahnhof Königs Wusterhausen

Königsbrunn
- Föllstraße 20; Kunden-WC im REAL-Warenhaus

Konstanz/Bodensee
- Bahnhofsplatz 43, Bahnsteig I
- Bodanstraße 1; Lago Shopping Center
  entsprechend den Öffnungszeiten
- Untere Laube; bei der Stefansschule in öffentlichem WC, an Bushaltestelle

Korb
- Bruchnerstraße 55; Ballspielhalle
- J.-F.-Weishaarstraße 7-9; Rathaus
- Seestraße 7; Seeplatz, innerhalb der Anlage
- Waiblinger Straße 81; Neuer Friedhof

Korntal-Münchingen
- Charlottenstraße 53; Gymnasium Korntal; OT Korntal
- Görlitzstraße 3, Technisches Rathaus Korntal; OT Korntal
- Kirchgasse 1; öffentliches WC beim Heimatmuseum; OT Münchingen
- Martin-Luther-Straße 31, Sporthalle Korntal; OT Korntal

Kornwestheim
- Bahnhofplatz; in der Unterführung

Korschenbroich
- Realschule, OT Kleinenbroich

Köthen/Anhalt
- Bärteichpromenade; gegenüber Kino
- Neustädter Platz; gegenüber der Post

Krefeld
- Am Badezentrum 2; Badezentrum Bockum
- Andreas-Markt; Textilmuseum Linn
- Berufsschulzentrum; Schule, 2 BA und Dreifachsporthalle, OT Uerdingen

Deutschland

Krefeld

Dreikönigenstraße; Parkplatz

Elfrather Badesee

Forsthaus; Restaurant Forstwald

🔑 Gartenstraße 30-32; Gesundheitsamt, EG

Gartenstraße 32; Gesundheitsamt, EG

Glockenspitz; Berufsschule II, Pavillon

Glockenspitz; Berufsschule II, Turnhalle

Grotenburg-Stadion; Nordtribüne

Hauptbahnhof; Südausgang

Hülser Bergschenke

J.-Blume-Straße; Maria-Sybilla-Merian-Gymnasium

Kaiserplatz; Hauptschule, Turnhalle

Karlsplatz; Kaiser-Wilhelm-Museum

Königstraße; Parkhaus

Konrad-Adenauer-Platz; Stadthaus/Flachbau, EG

Konrad-Adenauer-Platz; Stadthaus/Hochhaus, 1., 4. und 7. OG

Kulturzentrum Heeder

Kurfürstenstraße 18; Stadtbad; OT Uerdingen

Moerser Straße; Ricada-Huch-Gymnasium

Neusser Straße 58/60

🔑 Ostwall/Rheinstraße; Unterführung

🔑 Philadelphiastraße 2; Arbeitsamt Berufsinformationszentrum

Prozessionsweg; Sportanlage

🔑 Rathausplatz; Tiefgarage

Reinersweg; Sportanlage

Rheinbabenstraße 85; Museum Burg Linn

Schulzentrum; Schule und Turnhalle, OT Horkesgath

Sportanlage; OT Fischeln

Sportanlage; OT Schroersdyk

Steinstraße/Jakobstraße

Theaterplatz 1; Stadttheater

Uerdinger Straße 377; Zoo

🔑 Von-der-Leyen-Platz 1; Rathaus Block A, EG

Von-der-Leyen-Platz 1; Rathaus, Block C, EG

Der Locus · Deutschland

Krefeld
- Von-der-Leyen-Platz 2; Volkshochschule
- Wiedenhofstraße; Garage
- Wilhelmshofallee; Museum Haus Lange
- Wilhelmstraße; Jugendheim

Kreuztal
- Am Busbahnhof
- 🔑 An der Marburger Straße (B 50b)/Einmündung der Straße „Zum Erbstollen"; Omnibusbahnhof
- 🔑 Hessengarten 15; Dreifachhalle (Schulzentrum)
- Siegener Straße 5; Rathaus (Haupteingang Marktplatz)
- Zum Erbstollen 7; Stadthalle

Kriegsfeld/Pfalz
- 🔑 Protestantisches Gemeindehaus

Kriftel
- 🔑 Platz von Airaines 2; Gemeinde Bücherei

Kronshagen
- Hasselkamp 1-3; Evangelische Kirchengemeinde
- Kopperpahler Allee 5-7; Versorgungsbetriebe
- Kopperpahler Allee 59; Gebrüder-Grimm-Schule
- Kopperpahler Allee 67; Gemeindebücherei
- Kopperpahler Allee 69; Bürgerhaus der Gemeinde
- Suchsdorfer Weg 72; Realschulsporthalle

Krummhörn
- Haus der Begegnung
- 🔑 Okko-tom-Brook-Straße; Ortseingang Mühlenstraße, Parkplatz

Kulmbach
- Am Stadtpark; „Auf der Draht"; eigenes WC-Gebäude
- 🔑 Himmelkorn; Autobahngalerie
- Tiefgarage; Stadthalle

Deutschland

Künzelsau

Allee 17; Landratsamt Hohenlohekreis

🗝 Am Friedhof; Eingang

🗝 Bergstraße 10-12; Handelshof

Emil-Nolde-Straße 9; Grundschule, OT Taläcker

Ernst-Schmidt-Straße 11; Georg-Wagner-Realschule

Lipfersberger Weg 4; Jugendblockhaus, OT Taläcker

🗝 Schulstraße 9; Stadthalle

🗝 Stuttgarter Str. 7; Stadtverwaltung
Freibad

Stuttgarter Straße 7; Stadtverwaltung, EG und 3. OG

Kuppenheim

🗝 Friedensplatz; Neues Rathaus

Kurort Rathen

🗝 WC-Funktionsgebäude
am Parkplatz, Oberrathen, Sächsische Schweiz

Kyritz

🗝 Busbahnhof

Laatzen

Fliederstraße 9, Seniorentreff

Fliederstraße 9/11; Rethen

Gutenbergstraße 15; HASTRA Abfallentsorgung

Hildesheimer Straße 118; Stadtbad Laatzen

Hildesheimer Straße 564, Seniorentreff

Höhnweg 8, Alten- und Pflegeheim Ingeln

Leine-Einkaufszentrum; Kaufhaus C&A

Lessingstraße 2, Seniorentreff

Marktplatz 13; Rathaus

Marktstraße 21; Thomaskirche (Arche)

Marktstraße 33; Erich-Kästner-Schulzentrum

Mergenthalerstraße 3a; Sozialstation (Seniorentreff)

Rethener Kirchweg 10, Kreisalters- u. Pflegeheim Laatzen

Senefelderstraße 15; Arbeitsamt

Laatzen

Ulmer Straße 2; Luftfahrtmuseum

Wiesenstraße 22a, Seniorentreff

Ladenburg

- Neckarstr.; Festwiese

Lage

Bergstraße; Rathaus II
ggf. klingeln

Billingshauser Straße 3-9; Haus Stapelage, OT Hörste

Breite Straße; Hallenbad im Schulzentrum Werreanger

City-Center, Obergeschoß; Nähe Bibliothek

Clara-Ernst-Platz 6; Bürgerhaus

Freibadstraße 3; Haus des Gastes, OT Hörste

Friedrich-Petri-Straße 65; Haus der Diakonie

Kirchplatz 8; Gemeindehaus der ev.-luth. Kirche, hinter Marktk.

Kirchplatz 9; Gemeindehaus der ev. Kirche, OT Heiden

Lange Straße; am Rathaus II

Sedanplatz 7; Gemeindehaus der ev.-luth. Kirche

Teutoburger-Wald-Straße 105; Heinrich-Hansen-Haus, OT Hörste

Verkehrsamt Lage-Hörste

Lagerlechfeld

- Autoport an der B17

Lahr/Schwarzwald

- Bei der Stadtmühle 2; Seniorentreff
- Bergstraße 126; Terrassenbad
- Bismarkstraße 9; Altersheim Spital
- Im Hänfländer 15; Kaiserwaldhalle, OT Kippenheimweiler
- Kaiserstraße 41; Pflugsaal

Marktplatz; Parkhaus
- Martin-Luther-Straße 22; Hallenbad
- Max-Planck-Straße 12; Max-Planck-Gymnasium
- Otto-Hahn-Straße 5; Realschule
- Otto-Hahn-Straße 7; Scheffelgymnasium

Deutschland

Lahr/Schwarzwald
Rathausplatz 4; Rathaus I
- Rathausplatz 7; Rathaus II
- Rheinstraße 15; Rheintalhalle I
- Stadtpark; öffentliches WC
- Terrassenbad
- Ziegelbrunnenstraße 43; Sulzberghalle, OT Sulz

Lahrte
- Poststraße; Parkhaus

Lam
- Arberstr. 24; Parkhaus „Schlossereck"

Lampertheim
- Domgasse 9; Parkhaus

Landau/Pfalz
- Marktstraße 50; Behindertentoilette Langstraße; westlich hinter dem neuen Rathaus
- Marktstraße 63-67; Café Kuntz

Landsberg/Lech
Bahnhofsplatz 1; Bahnhof Landsberg am Lech
05:30 - 23:00
- Hungerbachweg; Sportzentrum, Gaststätte
- Hungerbachweg; Sportzentrum, Schrankenanlage
- Sandauer Tor
- Schloßberg; Kavernengarage
- Sportzentrum Landsberg

Landsham
- Kirchheimer Str. 8; Gasthof Stocker

Landshut
Alte Regensburger Straße 11; TÜV-Akademiegebäude

Altstadt 315; Rathaus
- Altstadt 96; Brückenkopfgebäude, Postplatz, öffentliches WC

Landshut

- Am Lurzenhof 1; Fachhochschule
- 🔑 Breslauer Straße 22; Campingplatz
- Dammstraße 28; Stadtbad
- Feuerbachstraße/Siebenbrückenweg; Arbeitsamt
- 🔑 Friedhofstraße; Hauptfriedhof, öffentliches WC
- Grasgasse 322; Sanitätshaus Liedtke
- Grieserwiese; Dienstwachtgebäude (Nähe Zeughaus)
- Herrngasse 379-381; Barmer Ersatzkasse
- Innere Regensburger Straße 7; Straßenbauamt
- 🔑 Landtorplatz; Neben dem Kaufhaus C&A an der Isar
- Luitpoldstraße 28; AOK
- 🔑 Mühleninsel, öffentliches WC
- Obere Länd 41; Volkshochschule
- Regierungsplatz 540; Regierung von Niederbayern
- Sandnerstraße; Sportzentrum West (Turnhalle)
- Seligenthaler Straße 10; Sozialgericht
- Steckengasse 308; Stadtbücherei

Langen

- Siererner Straße 10; Rathaus (Eingang Parkplatzseite)

Langenargen

- Touristeninformation; gegenüber Schloß Montfort

Langenfeld

- Konrad-Adenauer-Platz 1; Foyer Rathaus
- 🔑 Zum Stadion 93; Freizeitpark Langfort

Langenhagen

- Amtsweg 3; Dorfgemeinschaftshaus, OT Schulenburg
- Ankergerstraße 12; Brinker Schule
- 🔑 Auf dem Moorhof 6; Dorfgemeinschaftshaus, OT Kattenwinkel
- 🔑 Bothfelder Straße 95; Freizeitanlage Am Silbersee
- Bothfelder Straße; Stadtbahnhaltestelle Stadtmitte
- Flughafen
- Kananoherstraße 23; Zelleriehaus, OT Kaltenweide

Langenhagen

Konrad-Adenauer-Straße 15; Treffpunkt

Konrad-Adenauer-Straße 23; Schulzentrum 1, Alte und Neue Turnhalle

🗝 Langenforter Platz 1; Haus der Jugend und des Sports

🗝 Langenhagen Stadtmitte; Straßenbahnhaltestelle

Marktplatz 1; Rathaus

Marktplatz; CCL, Einkaufszentrum Stadtmitte

Räherweg 5; Schule Gooshorn, Sporthalle

Ratenaustraße 15; Robert-Koch-Realschule, Theatersaal

Rathenaustraße 14; Theatersaal

Walsroder Straße 105; Kino

Langenselbold

Klosterberghalle; im Schloßpark; EG und Kellergeschoß

Schloßpark Nr. 2; Behindertentreff

Langeoog

Gerk-sin-Spoor; WC-Anlage

Hallenwellenbad

🗝 Hauptstraße 24; Rathaus

Hauptstraße; Bahnhof

Haus der Insel

🗝 Kavalierpad 12; Hauptbad

Kurmittelhaus

Westerpad; WC-Anlage

Langgöns

Am Alten Stück 3; Bürgerhaus

🗝 Dorfstraße 1; Bürgerhaus, OT Dornholzhausen

Forsthausstraße 4; Bürgerhaus, OT Cleeberg

🗝 Lockermühlweg 24; Sporthalle

Pfingstweide; Sporthalle, OT Oberkleen

Lathen

Am Bahnhof

Große Straße 3; Rathaus

Hermann-Kemper-Straße 23; Museum

Laubach

- Felix-Klipstein-Weg; Sport- und Kulturhalle, auch von außen
- Vogelsbergstraße; Mehrzweckhalle Laubach-Altenhain

Lauda-Königshofen

- Becksteinerstr. 60; Stadthalle Lauda

Lauenau

- Hanomagstr. 2; MAXI-Autohof Lauenau

Lauenburg/Elbe

- Alte Wache 3
- Elbstraße; Parkplatz

Lauf/Pegnitz

- Hersbrucker Straße 52c; Arbeitsamt

Lauffen am Neckar

- Bahnhof

Lauterbach

- Vogelsbergstraße 56; Adolf-Spieß-Halle

Lebach

- Am Bahnhof; Bahnhof Lebach
  - Am Markt 1; Hallenbad, EG, OT Lebach
  - Am Markt 1; Rathaus, EG, OT Lebach
  - Dillinger Straße 65a; Sporthalle, EG, OT Lebach
  - Don-Bosco-Straße 5; Don-Bosco-Halle, EG, OT Thalexweiler
  - Flurstraße 11; Kindergarten, EG, OT Aschbach
  - Pestalozzistraße 3; Kultur- und Sporthalle, EG, OT Steinbach
  - Pfarrgasse 10; Stadthalle, EG, OT Lebach
  - Ritterstraße 1; Dorfgemeinschaftshaus, EG, OT Falscheid
  - Schulstraße 7; Mehrzweckhalle, EG; OT Dorsdorf

Leer/Ostfriesland

- Bahnhofsvorplatz

Deutschland

Leer/Ostfriesland

- 🔑 Dr.-vom-Bruch-Brücke; Altstadt
  7-21 h
- Friesenstraße; Jugendzentrum
- 🔑 Ledastraße; Parkplatz
- Rathausbrücke
- 🔑 Rathausstraße 1; Rathaus
- Wilhelminengang; Kulturspeicher

Lehrte

- Am Fleith 5; Neue Sporthalle, OT Immensen
- Am Hainwald 10; Kindertagesstätte Hämelerwald
- Am Hainwald 4; Sporthalle Grundschule Hämelerwald
- Am Pfingstanger; Sportanlagen am Pfingstanger
- Burgdorfer Straße 16; Gymnasium Sek. II
- Drosselweg 22; Kindertagesstätte Drosselweg
- Gartenstraße 5; Verwaltungsgebäude
- Hohnhorstweg 4; Hallenbad, OT Lehrte
- 🔑 Manskestraße 12; Fachwerkhaus
- Maschwiesen 7; Kindertagesstätte Ahlten
- Neues Zentrum; Parkhaus, mit Schlüssel
- Parkschlößchen
- Ramhorster Straße 21; GS/DGH Steinwedel
- 🔑 Rathausplatz 1; Rathaus
  Erdgeschoss - Bürgeramt
- Riedweg 2; Schulzentrum/Sporthalle Lehrte-Ost
- Schlesische Straße 3; Albert-Schweitzer-Schule
- Schlesische Straße 3; Sporthalle Schlesische Straße
- Südstraße 1; Jugendzentrum Süd
- Südstraße 3a; Gesamtschule Lehrte-Süd

Leipzig

- Am Adler; öffentliche Münztoilette, OT Plagwitz
- Am Vorwerk 15; Wohn- und Pflegeheim Heiterblick
- An der Märchenwiese 3; Albert-Schweizer-Schule
- Antonienstr/Ecke Zschochernsche Straße; Leipzig Südwest

Leipzig

- 🗝 Augustusplatz; WC - Anlagen
  neben Cafe Augustus
- Augustusplatz 12; Oper Leipzig
  Seiteneingang links (Klingeln)
- Augustusplatz 5-6; Hotel Mercure
- 🗝 Augustusplatz 8; Gewandhaus zu Leipzig
  während der Öffnungszeiten
- Bernhard-Göring-Straße 152; Haus der Demokratie
- 🗝 Clara-Zetkin-Park
  zwischen Parkbühne und Dahlienterrasse
- Cottaweg; Eingang Kleinmesse
- 🗝 Cottaweg; öffentliche Münztoilette, OT Lindenau
- Demmeringstraße 115; Begegnungszentrum
- Demmeringstraße 18; Diakonisches Werk
- Deutscher Platz 1; Deutsche Bibliohtek
- Dieskaustraße 483; Autohaus Günter Heil
- Dresdner Straße 56; Regina Palast
- 🗝 Floßplatz; Leipzig Mitte
- Friedrich-Ebert-Straße 105; Sport- und Bäderamt
- Friedrich-Ebert-Straße 19a
  Gesundheitsamt, Behindertenhilfe, Beratungsstelle für Tumorkranke, Drogenreferat und Ernährungsberatung
- Gerhard-Ellrodt-Straße 24; Arbeitsamt (Kindergeldkasse)
- Gneisenaustraße 10; Begegnungsstätte
- Goldschmidtstraße 12; Mendelssohn-Haus, 2. OG
- Große Fleischergasse 12; Arbeitsamt
- Gustav-Mahler-Straße 1-3; Gesundheitsamt
- Gustav-Mahler-Straße 1-3; Krankenblattarchiv
- Haupfeldstraße 16; Arbeitsamt (Leistungsabteilung)
- Hauptbahnhof; gegenüber Bahnsteig 24
- Heinrich-Rau-Straße 39; KJäD Südwest
- Hohe Straße; Floßplatz, Öffentliche Münztoilette
- 🗝 Karl-Liebknecht-Straße/Kurt-Eisner-Straße
- 🗝 Knautnaundorfer Str. 4
- 🗝 Koburger Straße; Wildpark
- Kolpingweg 1; Kath. Pfarrei St. Martin

Deutschland

Leipzig

Leipziger Städtische Bibliotheken; OT Grünau-Süd

Markt 19; Wohn- und Pflegeheim Schloß Brandis

Mersburger Straße 17a; UCI „Günthersdorf"

Miltitzer Allee 36; Gesundheitsamt

Miltitzer Allee 36; KJäD Grünau

Mockauer Straße 123; Leipzig-Mockau-Center

Nordstraße 17-21; BfA

🗝 Pannsdorfer Allee 1; Einkaufszentrum Pannsdorf Center

Permoser Straße (Verlängerung); Paunsdorfer Center, Kaufhaus Kaufland

🗝 Pfaffendorfer Straße 29; Zoo Leipzig
Nähe Bärenzwinger, vor der gastronomischen Einrichtung/ Richtung Menschenaffenhaus

🗝 Prager Straße 20 - 28; Schrankanlage des Technischen Rathauses der Stadt Leipzig
Hofeinfahrt, Kfz - Zulassungsstelle

Prager Straße 224; Humanitas e.V. und Frühförderstelle

🗝 Richard-Wagner-Platz
gegenüber Kaufhaus

Richard-Wagner-Straße 20; Hotel Konsument

🗝 Schillerstraße/Ecke Neumarkt; Leipzig Mitte

Seehausener Straße/Sachsenpark; BIG

Steinstraße 42; Bibliothek Südvorstadt

🗝 Stephanienplatz

Stötteritzer Straße 26; Alten u. Pflegeheim, Friseursalon

Thomaskirchhof 21; KHK Leipzig-Mitte

Waldstraße 74-80; Wohn- und Pflegeheim Am Rosental

🗝 Willy-Brandt-Platz 7; Leipzig Hbf.
DB - Lounge, McClean, Nachtwarteraum, Parkhaus Ost

🗝 Zwickauer Straße/ Siegfriedstraße

Zwickauer Straße; Endhaltestelle Linie 16, OT Lößnig

Leisnig

Neugasse; öffentliche Toilette (am Markt)
permanent geöffnet; kostenpflichtig

Lemgo

🗝 Bahnhofsplatz; Bahnhof; Zugang von der Eingangshalle

Lemgo
Freier Hof, Parkplatz

Langenbrücker Tor, Parkplatz

Neues Tor, Parkplatz

Lengede
Vallstedter Weg 1; Rathaus UG Seiteneingang

Lengenfeld
🔑 Bahnhofstraße; Empfangsgebäude Bahnhof Lengenfeld

Lengerich
Bahnhofstraße 106; Volkshochschule

Bahnhofstraße 109; Zweifachsporthalle Kreis Steinfurt/Stadt Lengerich

Bergstraße; an der Sparkasse; öffentliches WC

Eduard-Langemann-Straße 1; Dreifachsporthalle

🔑 Gemptplatz 1; Gempt-Halle
Veranstaltungshalle

In der Rietbroken 8; Hallen- und Freibad

Rathausplatz 1; Altes Rathaus, Schlüssel in Verkehrsamt oder Bücherei

Seilergasse 1; Marktplatz an der Schulstraße; Rückseite Marktschänke; öff. WC

Tecklenburger Straße 2; Stadtverwaltung; EG

Leopoldshöhe
Kirchweg 1; Im Rathaus der Gemeindeverwaltung Leopoldshöhe

Leutenbach
Bruckwiesenweg; Mehrzweckhalle; OT Nellmersbach

Brunnenstraße 10; Sozialstation

Hauptstraße 35; Seniorenbegegnungsstätte „Treffpunkt"

Jahnstraße 20; Rems-Murr-Halle

Rathausplatz 1; Rathaus mit Aufzug, Ebene E

Theodor-Heuss-Straße; Sporthalle Ob den Gärten

Leutkirch/Allgäu
Kornhausstraße 1; Städtische Bücherei

Deutschland

Leverkusen

Am Bücheler Hof 9; Forum

🔑 Busbahnhof; OT Opladen

Friedrich-Ebert-Platz; Rathaus
Schlüssel abholen

🔑 Friedrich-Ebert-Platz; Stadthaus

Goetheplatz; Verwaltungsgebäude

Hans-Vorster-Straße 6; Verwaltungsgebäude

🔑 Heinrich-v.-Stephan-Straße 16; Arbeitsamt

🔑 Marktplatz; OT Opladen

Marktplatz; OT Schlebusch

Lich

Gießener Straße 26; Bürgerhaus Lich

Klosterweg 36; Sport- und Kulturhalle, OT Muschenheim

Neue Licher Pforte 2; Dorfgemeinschaftshaus, OT Birklar

Unterstadt 1; Magistrat der Stadt Lich/Rathaus

Lichtenfels

Am Stadtgraben 9; Parkgarage

Kronacher Straße 39; Finanzamt

Krößwehrstraße 52; Campingplatz (Schlüssel nur für Camper)

🔑 Marktplatz 1; Rathaus

Pabstenweg 9; Parkhaus

Schießanger 10; Stadthalle

Lichtenstein

Neumarkt

Schloßallee

Limbach

🔑 Willi Grimm Str.; Odenwald Camping

Limbach-Oberfrohna

🔑 Am Altmarkt

Limburg/Lahn

🔑 Am Neumarkt; Zeitungskiosk

Limburg/Lahn

- Bodelschwinghstraße; Bürgerzentrum; OT Blumenrode
- Gemeinschaftshaus; OT Lindenholzhausen
- Gemeinschaftshaus; OT Offheim
- 🔑 Graupfortstraße; Zentraler Omnibusbahnhof
- Hospitalstraße; Stadthalle
- 🔑 Kapellenstraße 8; NOVO-Markt, OT Offheim
- 🔑 Sackgasse; Altstadtparkhaus

Lindau

- 🔑 Hauptbahnhof
  Insel
- 🔑 Anheggerstraße; ZUP, OT Aeschach
- Bahnhofplatz; im Hauptbahnhof
- 🔑 Bismarckplatz; OT Insel
- Holdereggenstraße 21; Park-Camping, OT Zech
- 🔑 Parkplatz Inselhalle; OT Insel
- Parkweg 8; Freizeitzentrum, OT Obereitnau
- Seeparkplatz; OT Insel
- 🔑 Segelhafen; OT Zech
- 🔑 Zwanziger Straße; Parkplatz Nr.4/ am Kiosk

Linden

- Konrad-Adenauer-Straße 25; Rathaus

Lindenberg/Allgäu

- Am Mühlbach 6; Hallenbad
- 🔑 Bismarckstraße; Busbahnhof
- Hirschbergstraße 25; Bergfriedhof/Betriebsgebäude
- Stadtplatz 1; Rathaus

Lindlar

- Borromäusstraße 1; Rathaus
- 🔑 Brionerstraße; Parkbad Lindlar
- 🔑 Friedhofstraße; Friedhofskapelle Lindlar
- 🔑 Marktplatz

Deutschland

Lingen/Ems

Alter Pferdemarkt; Tiefgarage
Schlüssel beim Garagenmeister

Baccumer Straße 5; Kino

🗝 Bahnhof

Burgstraße 28b; Emslandmuseum

Elisabethstraße; Rathaus

Lindenstraße 24a; Emslandhallen

Lindenstraße; Emslandhallen

Neue Straße; Rathaus

Nordring 40; Kino

Nordring 44; Theater

Parkhügel; zwischen Modehaus Leffers und Post

Teichstraße 18; Schwimmbad

Linkenheim/Hochstetten

Karlsruher Straße 41; Bürgerhaus

Karlsruher Straße 41; Rathaus

Lippstadt

Bahnhof Lippstadt; Deutsche Bahn AG (nur Damentoilette)

Cappeltor; Kiosk Cappeltor/Ecke Friedrichstraße; Schlüssel beim Kioskbetreiber

Lange Straße 14, EG (Eingang Galerie im Rathaus)

Ostwall 1, EG (Eingang Innenhof über Geiststraße; Stadthaus)

🗝 Seeuferstraße; Freizietanlage
Strandbad Alberssee

Löffingen Unadingen

🗝 Lindenstraße; Bürgerhaus Rathaus

Lohberg

Schwarzenbacher Straße 1a; Bayerwald; Tierpark Lohberg

Lohfelden

🗝 Bergstraße; Friedhofskapelle auf dem Hauptfriedhof Bergstraße

🗝 Kurt-Schumacher-Straße 10b; Gemeindebücherei Lohfelden

🗝 Lange Straße 51 a; Mehrzweckhalle Lohfelden

Lohfelden
- Waldauer Weg 11; Sportplatzgebäude im Nordhessenstadion

Löhne
Alte Bünder Straße 14; Wenetalhalle
Alte Bünder Straße 6; Stadtbücherei
Oeynhausener Straße 18; Standesamt
Oeynhausener Straße 41; Rathaus

Lohne (Oldenburg)
Parkpalette Achtern Thun; UG
Vogtstraße 26; Rathaus, Eingang Polizei

Lorsch
- Rathaus

Losheim am See
- Ostufer am Stausee Losheim
- Schulstraße; Grundschule Losheim
- Weiskircher Str.; Dr. Röder Mehrzweckhalle

Lotte
Westerkappelner Straße 19; Gemeindeverwaltung

Lübbecke
Bohlenstraße; Stadthalle
- Niederwall 15; Arbeitsamt

Lübben (Spreewald)
- Parkplatz am Strandcafé
Schloßinsel; Touristisches Zentrum

Lübeck
- Hafen-Kurpromenade
- Herrendamm; Tischtenniszentrum Lübeck
- Marienkirchhof
- Ziegelstraße 232; Warenhaus PLAZA

Deutschland

Luckenwalde
- 🗝 Friedhof Jüterboger Tor; öffentliche Toilette
- 🗝 Parkstraße; Tierparktoilette

Lüdenscheid
- Dammstraße 2; Alter ev. Friedhof
- 🗝 Duisbergweg 1; Arbeitsamt
- 🗝 Rathausplatz; Pavillon Altentagesstätte
- 🗝 Rathmecker Weg 32; Gemeindezentrum, OT Oberrahmede

Lüdinghausen
- 🗝 Am Rosengarten 6; Toilette im Rosengarten, OT Seppenrade
- Borg 2; Rathaus
  Werktags 8 bis 18 Uhr
- 🗝 Burgstraße 2-4, Innenstadt
- 🗝 Neustr. 1; St. Marien-Hospital
  Eingangshalle
- 🗝 Seppenrade/Am Rosengarten; Heimathaus

Ludwigsau-Friedlos
- 🗝 Schulstraße 1; Gaststätte „Bürgerstuben" und Dorfgemeinschaftshaus Friedlos

Ludwigsburg
- 🗝 Bahnhofstraße; Ende der Markthalle, neben Bahnhof 100 m südl.
- 🗝 Erdmannhäuser Straße 1/1; Grund- und Hauptschule
- 🗝 Marktplatz 12; südwestliche Ecke
- Marstall-Center; Kaufhaus KARSTADT, EG, Verwaltungsgang
- 🗝 Schloß Ludwigsburg; Schloßhof

Ludwigshafen/Rhein
- Alte Straße 1; OT Oggersheim
- Bahnhofstraße 17; Innenstadt
- Berliner Straße 23; Wilhelm-Hack-Museum
- Berliner Straße 30; Pfalzbau-Theater, Innenstadt
- Berthold-Schwarz-Straße 26; Dr. med. Frigga Ferara
- Bismarckstraße 54; Innenstadt
- Chirurgische Ambulanz

Der Locus · Deutschland

Ludwigshafen/Rhein

- Chirurgische und Urologische Klinik
- Dörrhorststraße 36; Gesundheitsamt, Innenstadt
- Ebertstraße 22-24; OT Friesenheim
- Erzberger Straße; Friedrich-Ebert-Halle, OT Friedberg
- 🔑 Europaplatz 1; Sozialamt, 1. OG
- Fabrikstraße 21; Altentagesstätte Nord
- Frankenthalerstraße 229; Heinrich-Pesch-Haus
- Haselnußstraße 6; Dr. med. Günter Bierweiler, OT Gartenstadt
- Karl-Lochner-Straße 8; OT Oggersheim
- 🔑 Langemarckplatz; OT Mundenheim
- Leuschnerstraße; Feierabendhaus, OT Friesenheim
- Londoner Ring 105; Pfingstweide
- Ludwigstraße 73; Innenstadt
- Nibelungenallee 1b; West
- Pfennigsweg; BG Unfallklinik, OT Oggersheim
- Rathauscenter; Innenstadt
- Rheinhorststraße 30a; OT Oggersheim
- Rheinhorststraße 38; OT Oggersheim
- Taubenstraße 2; OT Friesenheim
- Wilhelminenstraße 35; OT Mundenheim

Lüneburg

- 🔑 Am Bahnhof; öfentliches WC
- 🔑 An den Reeperbahnen 2; Arbeitsamt, Eingang B/EG
- 🔑 An der Münze 7a
- An der Reeperbahn 3; Stadttheater Lüneburg
- 🔑 Bahnhofstraße; Bahnhof Lüneburg, Empfangsgebäude
- Kulturforum Gut Wienebüttel
- Ritterstraße 10; Ostpreußisches Landesmuseum
- Scharnhorststraße 1; Café Vamos Kulturzentrum

Lünen

- Alsenstraße 13; Kath. Michaelsheim, Lünen-Süd
- Altstadtstraße 23; Marienhospital

Deutschland

Lünen

Arndtstraße 4; Bundesknappschaft Bochum/Geschäftsstelle Lünen, KG, über Lift erreichbar

Bebelstraße 200; Ev. Altenkrankenheim, OT Lünen-Süd

🗝 Brechtener Straße/Mengeder Straße; Verkehrshof Brambauer

Brechtner Straße 59; Krankenhaus Lünen - Brambauer GmbH

🗝 Cappenberger Straße 34; Volkshochschule

Dammwiese 10; Sporthalle Lünen-Süd

Derner Straße 136; Caritas Behindertenwerkstätten Lünen-Süd

Diesterwegstraße 7a; Sporthalle Brambauer

🗝 Franz-Goormann-Straße 2; Jugendamt/Sportamt, Kellergeschoß

Freibad Cappenberger See, OT Altlünen

Fußgängerzone Lünen-Mitte, Höhe Tobiaspark

Hermann-Schmälzger-Straße 5-19; AWO Altenwohndorf Brambauer

Holtgrevenstraße 2-6; Geschwister-Scholl-Gesamtschule

🗝 Jägerstraße 49; vor der Overbergschule, OT Lünen-Süd

Kurt-Schumacher-Straße 39; Heinz-Hilpert-Theater, 1. OG

Kurt-Schumacher-Straße 43; Hotel am Stadtpark

Laakstraße 78; Caritas Altenzentrum St. Norbert

Laakstraße 84; Kath. Altentagesstätte

Lanstroper Straße 6; Bürgerhaus, OT Horstmar

Marie-Juchacz-Straße 1; AWO Seniorenbegegnung

🗝 Marktstraße 7; Kaufhaus Hertie, 2. OG

🗝 Marktstraße; Hertie-Parkhaus, Lünen-Mitte

🗝 Merschstraße; Parkhaus Tobiaspark, Lünen-Mitte

Münsterstraße 45; Arbeitsamt Dortmund/Dienststelle Lünen

🗝 Querstraße 25; Kleinschwimmhalle, OT Horstmar

Roggenmarkt 18-20; Gesundheitshaus Lünen

St.-Georg-Kirchplatz 2; Ev. Gemeindezentrum, Gemeindesaal

St.-Marien-Kirchplatz 7; Kath. Pfarrzentrum St. Marien

Stadttorstraße 3; Kaufhaus C&A, EG

Viktoriastraße; Turnhalle des Freiherr-vom-Stein-Gymnasiums

🗝 Willy-Brandt-Platz 1; Rathaus

Wittekindstraße 8; Bürgerberatungsstelle Brambauer

Der Locus · Deutschland

Lutherstadt Eisleben

Klosterplatz; Busbahnhof

Marktberg; oberhalb des Rathauses

Lutherstadt Wittenberg

Mauerstraße 9; im Busbahnhofsgebäude

Schloßplatz 1; gegenüber der Schloßkirche

Lychen

- Fürstenberger Tor

Magdeburg

- Am Dom (zwischen Dom und Park am Fürstenwall); Altstadt
- Am Vogelsang 12; Zoologischer Garten
- Ernst-Lehmann-Straße 1; Internationales Begegnungszentrum der Otto-von-Guericke-Universität
- Herrenkrugstraße; Parkanlage Herrenkrug, Endhaltestelle der Straßenbahn (BUGA)
- Marktbreite; „Sternsee", OT Neu-Olvenstedt
- Regierungsstraße; Altstadt

Schöppensteg; „Am Vogelsang", OT Nord

- Stresemannstraße 23; Universität, Fakultätsbibliothek, Lesesaal
- Ulrichplatz 1; Spielbanken
- Universitätsplatz 2; Universität, Gebäude I, Südflügel, Parterre
- Universitätsplatz 2; Universität, Universitätsbibliothek, Foyer
- Universitätsplatz; Universität, Mensa, Haupteingang
- Virchowstraße 24; Universität, Lehrgebäude IV - Kellergang neben Aufzug

Mahlberg

Festhalle

Mainaschaff

- Kiosk am Mainparksee; Mainaschaffer Seite

Mainz

Am Fort Elisabeth; Planschbecken

- Badergasse; Frankfurter Hof

Seite 180

Deutschland

Mainz

- Bismarckplatz 1
- 🔑 Erthalstraße
- 🔑 Feldbergplatz
- 🔑 Frauenlobstraße
- 🔑 Goetheplatz
- 🔑 Grillplatz; OT Drais
- 🔑 Grillplatz; OT Ebersheim
- 🔑 Hattenbergpark; Oberstadt
- 🔑 Höfchen
- 🔑 Holzstraße 36; Fachhochschule Mainz -Fachbereich I und II
  Erdgeschoss an der Aula
- Kaisertor
- Kirchstraße; OT Gonsenheim
- 🔑 Lotharstr.; Einkaufszentrum Römerpassage
- 🔑 Minigolfanlage - Volkspark
- 🔑 Ortsverwaltung; OT Mombach
- 🔑 Rheinstraße; Brückenturm
- 🔑 Rheinstraße; Hotel Hilton
- 🔑 Schillerstraße; Proviantamt
- 🔑 Volkspark; Rollschuhbahn
- 🔑 Volkspark; Stadtpark
- 🔑 Wanderfreunde; OT Gonsenheim

Malsfeld

- 🔑 Dr. Reimer-Str. 2; MAXI-Autohof Malsfeld
  BAB 7, Ausfahrt 83

Mandelbachtal

- Bliestalhalle; OT-Bliesmengen-Bolchen
- 🔑 Dorfgemeinschaftshaus, OG; OT Heckendalheim
- Dorfgemeinschaftshaus; OT Bebelsheim
- Dorfgemeinschaftshaus; OT Habkirchen
- 🔑 Dorfgemeinschaftshaus, UG; OT Heckendalheim
- Haus „Wulfinghof"; OT Gräfinthal
- 🔑 Osthofenstraße; Naherholungsanlage „Gangelbrunnen", OT Ommersheim

Der Locus · Deutschland

Mandelbachtal

- Saarpfalzstraße; Saarpfalzhalle, OT Ommersheim
- Theo-Carlen-Platz 2; OT Ormesheim

Mannheim

- Am Rheinauer See; WC-Anlage, OT Neuostheim
- Am Vogelstangsee; WC-Anlage, OT Neuostheim
- Freßgasse; Kaiserring
- Friedrichsplatz; Rosengarten, Kongress-Zentrum
- Fußgängerzone
- Goethestraße; Nationaltheater
- Josef-Braun-Ufer; WC-Anlage Luisenpark
- Kaufhaus Hertie, 1. OG
- Kirchwaldstraße 10; Freilichtbühne Mannheim
- Neuer Meßplatz; WC-Anlage Herzogenriedpark
- Paradeplatz; zwischen Kaufhaus C&A und Kaufhaus Hertie, Stadtmitte
- Stadthaus; Podiumsgeschoß
- Straßenbahnwendeschleife Waldhof
- WC-Anlage Neuostheim (Straßenbahnhaltestelle), OT Neuostheim

Marbach/Neckar

- Torhaus
  bei Alexanderkirche

Marburg/Lahn

- Auf dem Wehr
- Elisabethstraße 7; Kiosk Elisabethkirche
- Gisonenweg 1; Schloßparkbühne
- Markt 8
- Pilgrimstein 28, Oberstadt, Aufzug

Maria Laach

- Kirchenvorplatz; Kirchenvorplatz Abtei Maria Laach

Markdorf

- Bussenstraße; Stadthalle; OT Markdorf
- Johann-Hillebrand-Weg 5; Mehrzweckhalle; OT Leimbach

Deutschland

Markkleeberg

Hermann-Landmann-Straße 2; Sozialstation (Nähe Rathaus)

Nordstraße 1; GLOBUS SB-Warenhaus, OT Wachau

Rudolf-Hildebrand-Schule

Städtelner Straße 122-124; Hotel „Markkleeberger Hof"

Städtelner Straße 13; Dreifeldsporthalle

Städtelner Straße 54; Marktkauf Warenhaus

Südring 21; Atlanta Hotel, OT Wachau

Marktheidenfeld

- 🔑 Adenauerplatz; Busbahnhof
  7-22 Uhr
- 🔑 Am Maradies; WC-Anlage
  7-22 Uhr; unterhalb der Hauptschule
- 🔑 Schmiedsecke 1; WC-Anlage
  7-22 Uhr; Nähe Marktplatz

Marktredwitz

An der Wölsauer Straße; Toilette am Festplatz

Dammstraße; Toilettenanlage im Stadtpark

Historisches Rathaus im Markt; EG; mit Rampe

Marktsteft

- 🔑 Marktbreiter Straße 2; Friedhof Marktsteft
  Winter: 9.00 - 16.00 Uhr; Sommer: 8.00 - 20.00 Uhr; hinter der Leichenhalle

Marl

A.-Grimm-Straße 3; Arbeitsamt, im Eingangsbereich

Bergstraße 117; St. Josef Jugendheim

Bergstraße 230; Städtisches Bildungswerk „Die Insel"

Brasserstraße 1; Finanzamt

Creier Platz; Rathaus

Drewerstraße 54; St. Heinrich Jugendheim „Arche"

- 🔑 Freizeitpark Brassert
  WC an Rückseite Haus Reisetauben-Vereinigung

Kriemhildestraße 24; Altenheim „Bruder-Jordan-Haus"

Lipper Weg 11; Paracelsus-Klinik, Eingangsbereich (Pförtner)

Lipper Weg 6; Seniorenzentrum der AWO

Marl

Otto-Hue-Straße 40; Herz-Jesu-Jugendheim

Rathausplatz/Brasserstraße; Eingangsbereich der Marler City

Stern Nr. 12; Bistro „Marie-Luise", City

Marxheim

🔑 Diepoldstraße 40; Stiftung St. Johannes, Donau-tech.-Werkstätten
Eingangshalle

Mayen

🔑 Burgberg; am oberem Marktplatz, unterhalb Genovevaburg

🔑 Rathausgarage; neben Neuem Rathaus u. Polizeiwache

Mechernich-Dreimühlen

🔑 Kakusstraße; Kiosk Kakushöhle

Meerbusch

Bommershöfer Weg 2-8; Städtisches Verwaltungsgebäude, 1. OG

Bommershöfer Weg 50; Haus Hildegundis von Meer

Brühler Weg 29; Friedhof Büderich

Görresstraße 4; Eichendorff-Grundschule

Nierster Straße; Friedhof Lank

Schürkesweg 15; Friedhof Strümp

Sporthalle Forstenberg

Uerdinger Straße 94; Städtischer Kindergarten

Wittenberger Straße 21; Städtisches Verwaltungsgebäude

Meersburg

Allmendweg; Bus- und Wohnmobilparkplatz

Stefan-Lochner-Straße; Parkhaus

Uferpromenade; Freibad

Uhldinger Straße; Parkhaus im Weinberg, an der Autofähre

Meeschendorf

🔑 Parkplatz am Euro-Camp; WC- und Waschhaus

Meiningen

🔑 Busbahnhof
Nähe Bahnhof

Deutschland

Meiningen

- Am Markt
  hinter der Marktzeile
- Carlsallee
  Gegenüber Hotel „Sächsischen Hofes"

Meißen

- Schloßberg 9; Stadt Meißen

Melle

Dürrenberger Ring/Parkdeck; Melle-Mitte

Mühlenstraße/Forum am Kurpark; Melle-Mitte

Weststraße/ZOB; Melle-Mitte

Memmingen

- Krautstraße; Parkhaus
  Während der Öffnungszeit
- Bodenseestr. 6; Finanzamt
  Während der Dienstzeit
- Buxacherstraße 16; Städtisches Gesundheitsamt
- Buxacherstraße 16; Café Martin
- Donaustr. 5; Bayerisches Rotes Kreuz
  Mo-Do 8-12Uhr / 13-17Uhr, Fr 8-12Uhr
- Dr.-Berndl-Platz 2; Arbeitsamt
- Dr.-Berndl-Platz 3; Hallenbad
- Dr.-Berndl-Straße 5; Vdk Sozialverband
- Frauenhoferstraße 8; Café Servus
- Hallhofgasse 1-4; Landgericht
  Während den Öffnungszeiten
- Hopfenstraße 26; AOK
- Hühnerbergstr. 19; Eissporthalle
- In der Neuen Welt; Sommergastronomie „Klein Venedig"
- Kalchstraße 36; Sanitätshaus Zelt
- Königsgraben 3; Karstadt
  Während der Öffnungszeit
- Krautstraße; Parkhaus, EG
- Machnigstr. 8; Theodor-Heuss-Schule
- Martin-Luther-Platz 1; Cafe Kunz
  Während der Öffnungszeit

Memmingen

- Obere Bachgasse 8; Sanitätshaus Gerstberger
- Rheineckstraße 45; Diakonisches Werk
- Schanzmeisterplatz 2; Polizei
  Während der Dienstzeit
- Schlossergasse; Öffentliches WC
  permanent geöffnet
- Schulweg 2; Turnhalle Steinheim
- Ulmerstr. 1; Maximillian-Kolbe-Haus
  Bei Veranstaltungen
- Ulmerstr. 5; Stadthalle Memmingen
  Während der Parkhaus-Öffnungszeiten
- Volkratshofen; Gästehaus Schmid
- Waldfriedhofstraße 3; Café Friedrich

Menden

- Am Parkhaus Nordwall
- Bieberkamp 79; Naturbad Bierbertal

Mengen

- Neue Str. 11/1; Tal Josaphat

Merching

- Staustufe 23
  neben kiosk

Merzig

- Brauerstraße 5; Neues Rathaus, OT Merzig
- Parkplatz an der Stadthalle; OT Merzig
- Parkplatz Powel; OT Merzig
- Saarbrücker Allee; Umweltbahnhof
- Waldstraße; am Wolfsfreigehege, OT Merzig
- Zur Stadthalle; Stadthalle, OT Merzig

Meschede

- Klosterberg 10; Jugendgästehaus der Benediktinerabtei Königsmünster

Mettingen

- Kardinal-von-Galen-Straße; Parkplatz der kath. Kirchengemeinde St. Agatha

Deutschland

Mettingen
- Rathausplatz 1; Rathaus

Mettlach
Johann-Biewer-Straße; Bürgerhaus, OT Nohn
- Markplatz; an der Treppenanlage, OT Mettlach

Saarbrücker Straße; Gesamtschule, OT Orscholz
- Von-Boch-Liebig-Straße; Sporthalle, OT Mettlach/Keuchingen

Mettmann
Neanderstraße 5-9; Parkhaus

Michelstadt
- Erbacher Straße 33; Bürgerhaus „Odenwaldhalle"
- Hulster Str. 2; Bahnhof Michelstadt

Marktplatz 1; Löwenhofreite
- Wiesenweg; Großparkplatz

Michendorf
- Am Wolkenberg 14; Gymnasium Michendorf

Miesbach
Am Windfeld 23; Restaurant Oberland
- Am Windfeld 9; Staatliche Berufsschule

Schlierseer Straße 16; Kulturzentrum Waitzinger Keller
- Schlierseer Straße 16; Stadthalle

Mindelheim
- Einlaßtor; öffentliches WC

Minden
- Alte Kirchstraße; Friedensplatz

Gemeinschaftshaus; OT Bölhorst

Gemeinschaftshaus; OT Dützen

Gemeinschaftshaus; OT Häverstädt

Gemeinschaftshaus; OT Päpinghausen

Johanniskirchhof; Kulturzentrum BÜZ
- Kleiner Domhof 17; Rathaus (Bürgerhalle Eingangsfoyer)

Der Locus · Deutschland

Minden
- Königswall; Bildungszentrum Weingarten
- Kutenhauser Dorfstraße 32; Grundschule, OT Kutenhausen
- Lindenstraße; ZOB
- Petershäger Weg 201; Grundschule, OT Minderheide
- Scharn; Eingang Ratskeller
- Weserpromenade; unterhalb des Weserstadions

Mittelzell/Insel Reichenau
Parkplatz am Yachthafen

Mitterteich
- Stadtpark Wiendlwiese

Moers
Abenteuerspielplatz; WC-Anlage, Nähe Freibad „Solimare"
- Bankstraße 37
- Kastellplatz; WC-Anlage am Schloß, Kastell
- Krehfelder Str. 190; Spielplatz Bettenkam
- Lintforter Straße 94; Marktplatz Repelen; Kioskgebäude
- Unterwallstrasse; Altes Rathaus
  Erdgeschoss
- Venloerstr. 45; Streichelzoo

Mogendorf
- Reimersheck 3; MAXI-Autohof Mogendorf
  BAB 3, Ausfahrt 38

Möglingen
Rathausplatz 2; Ortsmitte

Mölln
Bahnhof
- Birkenweg 29; Am Wildpark, neben dem Kiosk
Wasserkrüger Weg 16; Stadtverwaltung Mölln
- ZOB; beim Kiosk

Mönchengladbach
Hindenburgstraße; Theatergalerie

Deutschland

Mönchengladbach
Pongser Kamp; Freizeitpark Mönchengladbach, Parkplatz, OT Rheydt

Schloß Rheydt; Mönchengladbach 2

Monheim am Rhein
- Lichtenberger Straße; Gymnastikhalle Sportgemeinschaft Monheim

Montabaur
- Fröschpfortstraße; Parkplatz

Morbach
- Bernkasteler Straße; Busbahnhof

Mörfelden-Walldorf
- Bürgerhaus; OT Mörfelden
- Flughafenstr. 37; Rathaus Walldorf
  im EG
- Friedhof; Eingangstür
- Langener Straße 71; Waldenserscheune, Museum
- Langgasse 45; „Goldener Apfel", in Gaststätte, Museum und Gewölbekeller, OT Mörfelden
- Stadthalle
- Waldschwimmbad Mörfelden
  auch in behindertengerechter Umkleidekabine
- Westendstr. 60; Bürgerhaus Mörfelden
  Im UG und EG je einmal

Moritzburg
- Am Bahnhof; Bahnhof
- Am Bahnhof 1; Bahnhof

Mosbach
- Neckarelzerstr.; Zentraler Omnibusbahnhof

Mücke
- Gottesrain 2; MAXI-Autohof Mücke

Mügeln
- Markt 1; Rathaus

Mühlacker
- 🔑 Bahnhof
- Enzstraße 22; Bürohaus Wertle
- Kelterplatz 7; Rathaus
- 🔑 Konrad-Adenauer-Platz 4; Kiosk

Mühldorf/Inn
- 🔑 Bahnhofsplatz 6; Bahnhof Mühldorf
- 🔑 Konrad-Adenauer-Straße
- 🔑 Luitpoldallee; Tiefgarage
- Stadtplatz 21; Rathaus

Mülheim-Kärlich
- 🔑 Kärlicher Straße; Parkplatz

Mülheim/Ruhr
- Bachstraße; WC-Anlage, unterhalb Petrikirche
- Bahnstraße/Friedrich-Ebert-Straße; Rathausmarkt, WC-Anlage
- Bergstraße 1-3; Volkshochschule, am Schloß Broich
- Evangelisches Krankenhaus
- Kurt-Schumacher-Platz; Stadtmitte Forum City, Einkaufspassage
- Rathaus
- Rhein-Ruhr-Zentrum; Grenze Mülheim-Heißen/Essen Humboldtring
- Ringlokschuppen; am Schloß, OT Broich/MüGa
- 🔑 S-Bahnhof; OT Rehschop
- Schloßbrücke; Stadtbad, Rathaus
- Schloßbrücke; Stadthalle, Stadtmitte
- 🔑 Sozialamt, Rathaus, Stadtmitte
- Yorkstraße 2; Friedrich-Wennmann-Bad, im Restaurant

Müllenbach/Eifel
- 🔑 Ferien- und Freizeitpark, Camping am Nürburgring

München
- 🔑 Aidenbacherstraße; U-Bahnhof
- 🔑 Am Hart; U-Bahnhof
- 🔑 Arabellapark; U-Bahnhof

Deutschland

München

Bahnhofplatz 2; München HBF
Im Untergeschoss, ohne EuroKey

Belgradstraße 113; Scheidplatz

- 🔑 Böhmerwaldplatz; U-Bahnhof
- 🔑 Brudermühlstraße; U-Bahnhof
- 🔑 Candidplatz; U-Bahnhof
- 🔑 Dülferstraße; U-Bahnhof
- 🔑 Forstenrieder Allee; U-Bahnhof
- 🔑 Frankfurter Ring; U-Bahnhof
- 🔑 Fraunhoferstraße; U-Bahnhof
- 🔑 Friedenheimerstraße; U-Bahnhof
- 🔑 Fürstenried-West; U-Bahnhof
- 🔑 Goetheplatz; U-Bahnhof
- 🔑 Großhadern; U-Bahnhof
- 🔑 Haderner Stern; U-Bahnhof
- 🔑 Hanns-Seidel-Platz 1; Kulturhaus
- 🔑 Harthof; U-Bahnhof
- 🔑 Holzapfelkreuth; U-Bahnhof
- 🔑 Innsbrucker Ring; U-Bahnhof
- 🔑 Karl-Preis-Platz; U-Bahnhof
- 🔑 Kieferngartenstraße 9; U-Bahnhof, in der P+R Anlage
- 🔑 Klinikum Großhadern; U-Bahnhof
- 🔑 Kolumbusplatz; U-Bahnhof
- 🔑 Kurfürstenplatz 6 b
- 🔑 Laimer Platz; U-Bahnhof
- 🔑 Leibengerstraße; Bhf München-Riem, WC-Gebäude
- 🔑 Marienplatz; Rathaus
- 🔑 Marienplatz; U-Bahnhof
- 🔑 Max-Weber-Platz; U-Bahnhof
- 🔑 Milbertshofen; U-Bahnhof
- 🔑 Münchner Freiheit; U-Bahnhof
- 🔑 Neuperlach-Zentrum; oberirdisch, OT Neuperlach
- 🔑 Obersendling; U-Bahnhof
- 🔑 Orleansplatz 11; Bahnhof München-Ost, 1. UG
- 🔑 Prälat-Zistel-Straße 3; Freibankgebäude

Der Locus · Deutschland

München

- Prinzregenten-Platz; U-Bahnhof
- Rathausplatz 9; Grundschule / auf allen Etagen
- Richard-Strauss-Straße; U-Bahnhof
- Rotkreuz-Platz; U-Bahnhof
- Schleißheimer Straße 276a/Petuelring; U-Bahnhof, oberirdisch
- Sendlinger Tor; neben Altem Stadttor
- Silberhornstraße; U-Bahnhof
- Spiridon-Louis-Ring 21; Olympiahalle München
- Studentenstadt; U-Bahnhof, Parkplatz
- Thalkirchen; U-Bahnhof
- Theresienwiese; U-Bahnhof, oberirdisch
- Werner Heißenberg Allee; Allianz Arena
  Beschilderung folgen
- Westendstraße; U-Bahnhof
- Westfriedhof; U-Bahnhof
- Wettersteinplatz; U-Bahnhof

Münsingen

- Ecke Ursacher Straße / Bachwiesenstraße; Altenwohnhaus Samaritenstift
  Während der Öffnungszeiten
- Uracher Straße/Ecke Bachwiesenstraße; Altenwohnheim Samariterstift

Munster

- Friedrich-Heinrich-Platz 20-22; Stadtbücherei
- Golfclub
- Hans-Krüger-Straße 33; Panzermuseum
- Veestherrnweg 3; Rathaus

Münster bei Dieburg

- Freizeitzentrum Münster
- Friedrich-Ebert-Str. 66; Gemeindebauhof

Münster/Westf.

- Aaseeterrassen; öffentliche Toilette
- Achtermannstraße 10-12; CUBA-Kneipe, EG
- Aegidiistraße 21; Kolping Tagungshotel, EG

Deutschland

Münster/Westf.

- Aegidiistraße 67; Hansahof, Seniorentreff
- 🗝 Alter Steinweg 11; Stadtbücherei, UG
- Am Stadtgraben 10; Landgericht, EG
- 🗝 Bahnhofstraße 25; Hauptbahnhof
- Bahnhofstraße/Von-Steuben-Straße 9; Parkhaus
- Berliner Platz 8; Ordnungsamt, 3. OG
- Bismarckallee 11; Uni/Mensa I, EG
- Bismarckallee 31; Jugendgästehaus, EG/1. OG
- Bremer Platz, Parkhaus
- Domplatz 1-3; Bezirksregierung Münster
- Domplatz 10; Westfälisches Landesmuseum für Kunst und Kulturgeschichte, KG
- 🗝 Domplatz 20-22; Fürstenberghaus, EG
- 🗝 Engelstraße 39; DORINT-Hotel
- Frauenstraße 3-6; Café Milago/Marianum, EG
- Freiherr-vom-Stein-Platz 1; Landeshaus, EG
- Gerichtsstraße 6; Amtsgericht/Staatsanwaltschaft, EG
- Himmelreichallee 50; Westfälische Schule für Musik, KG
- 🗝 Hindenburgplatz; Öffentliche Toilette, in der Damentoilette
- Josefstraße 4; Clemens-Wallrath-Haus, EG
- Kanonierplatz/Melchersstraße 81; Schloßtheater/Kino
- Karlstraße 11; Landeshaus, EG
- Klemensstraße 10; Stadthaus I, Eingang C, EG/1. OG
- Ludgeriplatz 4; Stadthaus II, 1. OG/11. OG
- Ludgeristraße 1; Galeria KAUFHOF, 3. OG
- Ludgeristraße 75-78; Kaufhaus WEHMEYER, 4. OG
- Maximilianstraße 13a; Deutsche Multiple Sklerose Gesellschaft
- Neubrückenstraße 63; Städtische Bühnen, Foyer
- Prinzipalmarkt 8-9; Stadtweinhaus, 2. OG
- Robert-Koch-Straße 26; Uni/Institut für Geographie
- Rosenstraße 17; Bischöfliches Generalvikariat, EG - am Eingang klingeln!
- Salzstraße 28; Stadtmuseum, KG
- Salzstraße 3-4; Textilhaus SINN & LEFFERS, UG
- Salzstraße 47-50; Kaufhaus KARSTADT, 1. OG
- Schloßplatz 2; Uni/Schloß, KG

Münster/Westf.

Tibusstraße 18; Parkhaus Theater

Universitätsstraße 13-17; Uni/Ev.-Theologisches Seminar, UG, in der Herrentoilette

Universitätsstraße 14-16; Uni/Rechtswissenschaftliches Seminar

Warendorfer Straße 22; Landschaftsverband Westfalen-Lippe/ZKW Datenzentrale, EG

Warendorfer Straße 25; Landschaftsverband Westfalen-Lippe/Landesjugendamt

Windthorststraße; Raphaelsklinik

Wolbecker Straße 45-47; Arbeitsamt, EG

Nackenheim

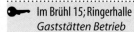 Im Brühl 15; Ringerhalle
Gaststätten Betrieb

Nauheim

Heinrich-Kaul-Platz 8; Altes Rathaus

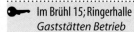 Schillerstraße 3; Eingangsgebäude zum Sportpark

Straße Am Bahnhof; Bahnhof, OT Nauheim

Naumburg

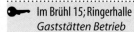 Markt 12; Bürgerdienstehaus

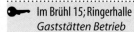 Vogelwiese; Öffentlichen Toilette
Parkplatz

Neckargemünd

Bahnhofstraße; am Bahnhof neben dem Kiosk

Dilsberger Straße 2, am Rathaus, im Menzer-Park

Neckartenzlingen

 Mühlstraße; Parkhaus

Neu-Isenburg

Alicestraße 118; Freibad

Frankfurter Straße 152; Hugenottenhalle

Hugenottenallee 34; Haus Dr. Bäck

Hugenottenallee 53; Rathaus

Kapitän-Lehmann-Straße 2; Bürgerhaus, OT Zeppelinheim

Deutschland

Neu-Isenburg
Schulstraße 1; Bürgeramt

Neu-Ulm
Augsburger Straße; Rathaus, hinterer Eingang, bei Sparkasse

🗝 Petrusplatz; Eingang Tiefgarage, 1. UG, mit Lift erreichbar

Petrusplatz; Vorgeschichtsmuseum

Reuttier-Straße 23/1; Altentreff Ulm/Neu-Ulm, Haus Neu-Ulm

🗝 Zypressenweg 1; Friedhof Neu-Ulm

Neubrandenburg
🗝 Einkaufscenter „marktplatzcenter"

An der Marienkirche; Ärztehaus

🗝 Brodaer Straße 4; Hochschule Neubrandenburg
Montag - Freitag 06.00 - 22.00 Uhr; Samstag 07.30 - 14.00 Uhr / Sonntag geschlossen

Friedrich-Engels-Ring 53; Stadtverwaltung

Marktplatz 1; Veranstaltungszentrum HKB

Marktplatz; Hotel Neubrandenburg

Zentraler Busbahnhof; Nähe Bahnhof

Neuburg/Donau
🗝 Seter Platz 1

Neuenkirchen/Kr. Steinfurt
Hauptstraße 16; Rathaus-Altbau, OG

🗝 Spielplatz „Kinderparadies" St. Arnold

Neuhausen an den Fildern
Dahlienweg; Bushaltestelle

Lettenstraße; Tiefgarage, ebenerdig befahrbar, nicht über TG

Schloßplatz 1; Rathaus

Neumünster
Alemannenstraße 14-18; Katasteramt Neumünster

Alemannenstraße 14-18; Straßeneubauamt Mitte

Am Altem Kirchhof 4; Gemeindehaus Anscher

Bahnhofstraße 9; Finanzamt

Der Locus · Deutschland

Neumünster

- Bahnhofstraße; Hauptbahnhof
- Baumschulenweg 5; Lebenshilfe für Behinderte e.V./Gärtnerei
- Carlstraße 53; Elly-Heuss-Knapp-Schule
- Dorfstraße 21; Realschule Einfeld
- Ehndorfer Straße 4a; Lebenshilfe für Behinderte/Wohnstätten
- Ehndorfer Straße 6; Lebenshilfe für Behinderte/Freizeitstätte
- Flensburger Straße 9; Fröbelschule
- Franz-Wiemann-Straße 18; Sporthalle Faldera
- Friedrichstraße 7; Hauptpostamt
- Friesenstraße 11; Friedrich-Ebert-Krankenhaus
- Gartenstraße 32; Haus der Jugend
- Großflecken 56-60; Volksbank
- ⚷ Großflecken 59; Neues Rathaus
- Großflecken; Kundenzentrum der Stadtwerke
- ⚷ Großflecken; Verkehrspavillon
- Hahnknüll 58; Psychatrisches Behandlungszentrum
- Hansaring 177; Bad Am Stadtwald
- Hürsland 2; Volkshaus, OT Tungendorf
- Itzehoer Straße 5; Jugendfreizeitheim Faldera
- Justus-von-Liebig-Straße 2-4; Holstenhalle
- Kaiserstraße 2-6; Verwaltungsgebäude
- Kleinflecken 1; Stadthalle Neumünster
- Klosterstraße 22; Stadtbad
- Lindenstraße 1/Kiefernweg; Sporthalle Wittorf
- Linienstraße 1; Caritas Ortsverband Neumünster
- Linienstraße 1; Sozialdienst katholischer Frauen e.V.
- Meisenweg 45; Turnhalle Wichernschule
- Moltkestraße 4; Ansgarstift
- Mozartstraße 36; Immanuel-Kant-Schule
- Mühlenhof 2-4; Landesversicherungsanstalt
- Norderstraße 1; Turnhalle Gadeland
- Parkstraße 12-18; Theodor-Litt-Schule (Neubau)
- Plöner Straße 121; Integrierte Gesamtschule
- Plöner Straße 12; Probst-Riewert-Haus

Deutschland

Neumünster
Rendsburgerstraße 56; Kreuzkirche

Roonstraße 45-53; Sporthalle

Roschdohler Weg 11; Alexander-von-Humboldt-Schule

Rudolf-Weißmann-Straße 13; AOK

Rügenstraße 5; Lebenshilfe für Behinderte e.V./Werkstätten

Schützenstraße 14-16; Deutsches Rotes Kreuz

Segeberger Straße 65; Haus Gadeland

Störwiesen 44; Seniorenheim An der Stör

Vicelinstraße 6; Familienbildungstätte (Nebenstelle)

Wittorfer Straße 39; Arbeitsamt

Wührenbeksweg 37; Jugendfreizeitheim Wittorf

Neunburg vorm Wald
- Rötzer Straße; am Stadthallenplatz

Neunkirchen
- Pavillon am Stummplatz

Stummplatz 1; Saarpark Center
Centeröffnungszeiten

Neuötting
- Festplatz

Neuried
- Dundenheimer Straße; Lindenfeldhalle, OT Dundenheim
- Viehweiderweg; Friedrich-Dilger-Haus, OT Altenheim
- Viehweiderweg; Mehrzweckhalle

Neuss
- Berliner Platz
- Busbahnhof; Innenstadt
- Bushaltestelle gegenüber „Alte Post", Innenstadt
- Friedhofstraße; Friedhof Holzheim
- Haltestelle Stadthalle, Innenstadt
- Hamtorwall; Innenstadt
- Kirchfeldweg; Friedhof Grefrath

Neuss
- Macherscheider Straße; Friedhof Üdesheim
- Maximilian-Kolbe-Straße; Friedhof Weckhoren
- Nierenheimer Straße; Friedhof Norfneu
- Rosellener Kirchstraße; Friedhof Rosellen
- Üdesheimer Straße; Friedhof Merfalt
- Volmerswerther Straße; Friedhof Grimlinghausen

Neustadt am Rübenberge
- An der Liebfrauenkirche 7
- Suttorfer Straße 8; Refugium Leinepark

Neustadt bei Coburg
- Am Moos; Freizeitpark Villenevue sur Lot
  1.5.-30.9. tägl. 8.00-22.00 Uhr u. 1.10.-30.4. tägl. 9.00-20.00
- Georg-Langbein-Str. 1; Rathaus
- Hindenburgplatz 1; Museum der Deutschen Spielzeugindustrie
- Schützenplatz 1; Thüringisch-Fränkische-Begenungsstätte

Neustadt-Mardorf
- Aloys-Bunge-Platz; Haus des Gastes/ Tourist-Information
  permanent geöffnet
- Hubertusstr. 5; Restaurant Neue Moorhütte
  März - November, tägl. 11 - 18 Uhr
- Strandweg 11; Kiosk am Badestrand Weiße Düne
  15. März bis 15. November, tägl. 11 - 17 Uhr

Neustadt/Aisch
- Konrad-Adenauer-Str. 1; Landratsamt Neustadt a.d. Aisch - Bad Windsheim
  Raum B 027

Neustadt/Hessen
- Rathausgasse; Historisches Rathaus

Neustadt/Weinstraße
- Bei der Bahnhofsmission
- Hauptbahnhof
- Klemmhof

Deutschland

Neustrelitz
- 🔑 Hafengebäude am Lieber See Neustrlitz
- 🔑 Hittenkofer Straße; Berufliche Schule des Landkreises

Neuwied
- 🔑 Clemensstraße; OT Engers
- 🔑 Elfriede-Seppi-Straße/Langendorfer Straße; City-Parkhaus
- 🔑 Engerser Landstraße 17; Verwaltungsgebäude, Hochhaus
- 🔑 Marktstraße/Kirchstraße; WC-Gebäude am Marktplatz
- 🔑 Marktstraße/Langendorfer Straße; Pavillon Luisenplatz
- 🔑 Sayner Straße; WC-Gebäude Lunapark, OT Heimbach-Weis

Nidda
- Altenstadthalle
- Bürgerhaus
- Dorfgemeinschaftshaus; OT Geiß-Nidda
- Kurmittelhaus; OT Bad Salhausen
- Kurpark; OT Bad Salzhausen
- Solebad; OT Bad Salzhausen
- Therapieabteilung; OT Bad Salzhausen

Niddatal
- 🔑 Assenheimer Straße 49; Bürgerhaus Bönstadt
- 🔑 Freizeitgelände, Funktionsgebäude, OT Bönstadt
- Freizeitzentrum; Funktionsgebäude, An der Tennisanlage
- 🔑 Hauptstraße 2; Bürgerhaus, OT Assenheim
- Sonnenweg 14; Bürgerhaus, OT Kaichen

Niebüll
- Hauptstraße 44; Rathaus, EG
- 🔑 Marktstraße; ZOB-Gebäude
- 🔑 Uhlebüller Straße 15; Schulzentrum

Niedernhausen
- 🔑 Freiherr-v.-Stein-Straße 1; Kioskanlage am Rathaus
- 🔑 Zum hohen Stein 5; Dorfgemeinschaftshaus Oberseelbach

Der Locus · Deutschland

Nienburg/Weser

- 🔑 Am Dobben; Freibad, OT Holtorf
- Am Mußriedengraben 16; Sportanlage Mußriede
- 🔑 Bahnhof
- 🔑 Festplatz
- 🔑 Kräher Weg 103; Friedhof
- 🔑 Lange Straße 25; Schlüsselzentrale Nienburg GmbH
- 🔑 Lehrschwimmhalle; OT Langendamm
- 🔑 Marktplatz 1; Rathaus, Rathausinnenhof
- Meerbachweg 6; Meerbachhalle
- 🔑 Meerbachweg; Sporthalle
- 🔑 Mindener Landstraße 20; Eckhaus
- Mindener Landstraße 22; Frei- und Hallenbad Nienburg
- Mindener Landstraße; Festwiese
- 🔑 Mindener Landstraße; Stadion Nienburg
- Mühlenstraße 20; Theater Auf dem Hornweg
- 🔑 Neue Straße/Mühlenstraße, Rathaus
- 🔑 Neumarkt; Parkplatz
- 🔑 Nienburger Bahnhof
- 🔑 Parkhaus Am Hafen
- 🔑 Rathaus; öffentliches WC
- 🔑 Rathaus; Parkgarage
- 🔑 Rohrsener Straße 5-7
- 🔑 Scheibenplatz
- 🔑 Sporthalle Nordertorschule
- 🔑 Stadtbad
- 🔑 Toilettenanlage Scheibenplatz
- Verdener Landstraße 224; Grundschule, OT Holtorf
- Verdener Landstraße 238; Vogelers Haus
- Waldstraße 18; Turnhalle

Niestetal

- Cornelius-Gellert-Straße 18; Sporthalle, OT Heiligenrode
- Heiligenröder Straße 70; Gemeindeverwaltung
- Heiligenröder Straße 70; Gesellschaftsraum (Mehrzweckhalle)
- Hugo-Preuss-Straße 39; Hallenbad, OT Sandershausen

Deutschland

Norden

- Dörper Weg 22; "Haus des Gastes"
  Während der Geschäftszeiten; OT Norddeich; Großparkplatz am Wellenbad
- Parkstraße 5; "Unser Haus"

Nordenham

- Bahnhofsplatz
- Marktplatz
- Seenparkgelände; öffentliche WC-Anlagen
- Treuenfilder Weg; Hafenhaus
  Sportboothafen Nordenham

Norderney

- Die Welle
  Hallenbad
- Haus der Insel
- Weststrand
- Freibad
- Nordstrand
- Am Januskopf
- Haus der Insel
- Kurtheater
- Kurhaus
- Rathaus
- Altes Rathaus
- Hafenterminal/Abfertigung
- Weststrand/Badehalle
- Kaiserwiese/Milchbar
- Januskopf
- Nordstrand/Badehalle
- Oststrand/Weiße Düne
- FKK Strand
- Busbahnhof

Norderstedt

- Berlinerallee 34; Herold-Center
- Glashütter Markt; ZOB

Seite 201

Der Locus · Deutschland

Norderstedt

Herksheider Markt; Am Exerzierplatz; OT Herksheide

🗝 Langenhorner Chaussee/Am Schmuggelstieg; OT Herksheide

Nordhausen

🗝 Landgrabenstraße 6a; SÜDHARZ GALERIE (Shopping-Center)

Nordhorn

Seilerbahn

Northeim

Alte Wache am Markt; Fußgängerzone, Senioren- und Behindertentreff

🗝 Am Markt 13; Eis-Café „Pavillon"

Arentsschildstraße; Hallenbad

Brunkelskamp; Freizeitanlage

🗝 Grafenhof 3 - 5; City Center Northeim

Jugend- und Kulturzentrum
nicht öffentlich

Obere Straße; Toilettengebäude

Stadthalle, OT Northeim

🗝 Wieter .4; Gymnasium
7,45- 19,30

Nürnberg

🗝 Am Plärrer; U-Bahnhof

🗝 Am Tiergarten; Tiergarten, Delphinarium

🗝 Ansbacher Straße; U-Bahnhof, OT Röthenbach

🗝 Äußere Bayreuther Straße; U-Bahnhof, OT Herrenhütte

Bahnhofsplatz; U-Bahnhof, Verteilergeschoß

🗝 Flughafen Nürnberg; UG, Abflughalle 1. OG, Mitteltrakt EG, Frachtbereich, Parkhäuser

🗝 Große Straße; Campingplatz

🗝 Hintere Insel; Schütt 1

🗝 Jakobsplatz/Weißer Turm; U-Bahnhof

🗝 Julius-Loßmann-Str. 53; Südfriedhof
Haupteingang

🗝 Kilianstraße; Volkspark Marienberg, Parkplatz

Königstraße 19; Lorenzkirche, U-Bahnhof

Nürnberg

- Neutormauer 21
- 🔑 Rathenauplatz; Verteilergeschoß, U-Bahnhof
- 🔑 Richard-Wagner-Platz 5; Arbeitsamt
- 🔑 Rothenburger Straße; U-Bahnhof
- 🔑 Veilhofstraße 34c
- 🔑 Willy-Brandt-Platz; Zentraler Omnibusbahnhof
- 🔑 Zwischen den Fleischbänken 3

Nürtingen

- 🔑 Denkendorfer Weg 12; Friedrich-Glück-Halle; OT Oberensingen
- Marktstraße 7; Bürgertreff am Rathaus Nürtingen
- 🔑 Schillerplatz 8; Kreuzkirche

Oberhausen

- 🔑 Altmarkt/Ecke Düppelstraße; WC-Anlage; OT Alt-Oberhausen
- 🔑 Altmarkt/Marktstraße; WC-Anlage; OT Alt-Oberhausen
- 🔑 Arnold-Rademacher-Straße; WC-Anlage; OT Sterkrade
- 🔑 Bert-Brecht-Haus; EG und VI. OG, OT Alt-Oberhausen
- 🔑 Centro-Allee 1000; Centro Oberhausen
- 🔑 Elsa-Brandström-Straße; Sozialamt
- 🔑 Hauptbahnhof; Eingang Westseite, OT Alt-Oberhausen
- 🔑 Solbadstraße 10; Sportplatz, Tor Uferweg, Bereich Kirchberg

Oberhof

- 🔑 Crawinklerstraße 1; Oberer Hof

Oberkirch

- 🔑 Am Marktplatz; Parkplatz
- Eisenbahnstraße 1; Rathaus
- 🔑 Eisenbahnstraße; Kiosk Buswartehalle/Bahnhof

Oberkotzau

- WC-Anlage am Marktplatz

Oberndorf/Neckar

- 🔑 Klosterstraße 4

Obernkirchen

- Marktplatz 2

Oberstaufen

- Argenstr. 3; Kurhaus Oberstaufen
- Bahnhofsvorplatz; Öffenlicher Parkplatz

Oberstdorf

- Am Kurpark

  Bahnhofplatz 6-8; Gaststätte DAMPFBIER-BRAUEREI

  Christlessee 3; VdK Waldhotel am Christlessee, OT Trettach-Tal

- Falstenoy 10; Gipfelstation Fellhornbahn

  Fellhornbahn-Mittelstation

- Klammstr. 47; OT Tiefenbach; Breitachklamm
  Unteres Eingangsgebäude

- Kurpark; Wandelhalle

  Ludwigstraße 7; Oberstdorfer Kirmes

- Nebelhornbahn; Station Höfatsblick

- Prinzenstr. 4; Kurhaus Oberstdorf

  Riedweg 5; Hotel „Gasthof Viktoria", OT Rubi

Obertshausen

  Kirchstraße 2; Bücherei der Stadt Obertshausen

- Tempelhofer Straße 10; Bürgerhaus

Oberursel

  Rathaus Oberursel, über Rampe, Schlüssel in Empfangsloge

- Rathausplatz; Eingang zum Parkhaus

  Stadthalle; UG, zu erreichen über Aufzug

Oberwesel

- Liebfrauenstraße; Busbahnhof
- Rathausstraße 3; Stadtverwaltung, OT Oberwesel

Ochtrup

- Am Freibad; Bergfreibad
  Während der Saison

Deutschland

Oebisfelde
- 🔑 Sporthalle am Bahnhof

Oederan
- 🔑 Markt 9; EG
- 🔑 Parkplatz „Klein-Erzgebirge"; EG

Oelde
- 🔑 Kreuzstr. 22; Sportheim am Jahnstadion

Oelsnitz/Vogtland
- Schmidtstraße 7a; Hintergebäude Rathaus (Münzautomat)

Offenbach/Main
- Am Waldschwimmbad 30; Jugendgästehaus
- Bieberer Straße; Kickers-Stadion (Süd-Ost-Tribüne)
- 🔑 Bieberer Straße; Leonhardt-Eißnert-Park, neben Kioskgebäude
- Büsing-Palais; Hotel „Arabella"
- Frankfurter Straße 86; Deutsches Ledermuseum
- 🔑 Friedrichsring 2; AOK, Schlüssel bei der Information
- Geleitsstraße 6; PAM-Einkaufspassage
- Goethestraße; Musical-Theater
- 🔑 Isenburgring/Sprendlinger Landstraße; Kiosk
- Schultheis-Weiher; separates Gebäude, OT Bürgel/Rumpenheim
- 🔑 Stadthof 15; Rathaus/Foyer, Schlüssel beim Pförtner
- 🔑 vor dem Ordnungsamt/KFC; Marktplatz Offenbach
  24h geöffnet
- 🔑 Waldschwimmbad Rosenhöhe; Schlüssel beim Bademeister
- 🔑 Waldstraße 312; Stadthalle und Restaurant
- Waldstraße 353; Arbeiterwohlfahrt
- 🔑 Wilhelmsplatz; Markthäuschen

Offenburg
- 🔑 Öffentliches WC Stadtmitte, Nähe Rathaus gegenüber Modehaus
- Stegermattstraße; Städtisches Hallenbad

Oftersheim
- 🔑 Hebelstraße 7; Stadtbauamt/Grundbuchamt

Oftersheim

- Karlsruher Straße 2a
- Schloßgarten am Schwetzinger Schloß
- Sternallee; Grillhütte

Öhringen

- Bahnhof; öffentliches WC
- Haagweg 39; Finanzamt
- Herrenwiesenstraße; Veranstaltungshalle Kultura
- Keltergasse 34; Sporthalle, OT Michelbach
- Marktplatz 15; Rathaus im Schloß
- Pfaffenmühlweg 30; Sporthalle, OT Hohenlohe
- Schillerstraße 3; Sporthalle Römerbad

Oldenburg

- Am Stadtmuseum 4-8; Horst-Janssen-Museum
- Berliner Platz; Hallenbad
- Damm 38-44; Staatliches Museum für Naturkunde und Vorgeschichte
- Heiligenstr. 5-8; City Center Oldenburg
- Johannisstraße 17; Casablanca
- Kiosk Pferdemarkt
- Peterstraße 3; Kulturzentrum PFL
- Schloßplatz 26; Landesmuseum (im Schloß und Augusteum)
- Stau 79-85; Omniplex
- Theaterwall 28; Oldenburgisches Staatstheater
- Wallstraße 17; Waffenplatz
- Wilhelmstraße 13; Theater Laboratorium
- Wilhelmstraße 8; Musikhochschule

Olsberg

- Bigger Platz 6; Rathaus

Oppenheim

- Katharinenstraße 1; Kirchhof der Katharinenkirche

Oranienburg

- S-Bhf Oranienburg

Deutschland

Ortenberg
🔑 Wilhelm-Leuschner-Straße; Kiosk Hemmschutz, am Marktplatz

Oschatz
🔑 Altmarkt

Oschersleben/Bode
Kirchstraße; am Parkplatz im Stadtzentrum, eigenes Gebäude

Osnabrück
🔑 Am Riedenbach
Bahnhof
🔑 Bocksmauer
Botanischer Garten
Brinkmann
🔑 Caprivistr. 30a; Fachhochschule
Domhof
Gesundheitsamt
Haus L & T
🔑 Katharinen-Kirche
Kino Astoria
Kino Rosenhof
🔑 Kino Ufa; Schlüssel an Kasse
Marienhospital
🔑 Neumarktpassage, Schlüssel bei Aufsicht
🔑 Nikolaizentrum; Schlüssel bei Aufsicht
🔑 Parkhaus Ledenhof, Schlüssel bei Aufsicht
🔑 Parkhaus Vitihof, Schlüssel bei Aufsicht
🔑 Stadthaus; Schlüssel bei Hausmeister
Städtische Kliniken
🔑 Theodor-Heuss-Platz 10; WC-Anlage
🔑 Theodor-Heuss-Platz 2; Bahnhofgebäude
Uni-Bibliothek
Uni-Kreishaus
Uni-Mensa

Der Locus · Deutschland

Osterholz-Scharmbeck

- 🗝 Marktplatz
  Hinter der Kirche
- 🗝 Bahnhofsvorplatz; Kiosk

Osterode am Harz

Stadtmauer
7-19h

Neues Rathaus

Rollberg 32; Museum am Rittterhaus

Ostseebad Binz/Rügen

- 🗝 Dollahner Straße; beim Großbahnhof
- 🗝 Proraer Chaussee 30; Campingplatz Meier; OT Prora
- 🗝 Prorger Chaussee 30; OT Prorg; Campingplatz „Camping Meier"

Strandpromenade; bei HAPIMAG

Strandpromenade; beim IFA-Ferienpark

- 🗝 Strandpromenade; Zugang Mukraner Straße

Ostseebad Dierhagen

- 🗝 Am Campingplatz; OT Neuhaus
- 🗝 Am Plateau; Dierhagen Strand
- 🗝 Am Strandzug 22; OT Neuhaus
- 🗝 Am Strandzugang 10; Wiesenweg
- 🗝 Am Strandzugang 22; OT Neuhaus
- 🗝 Bushaltestelle; OT Dändorf

Bushaltestelle; OT Dierhagen Dorf

- 🗝 Im Haus des Gastes; „E.-Moritz-Arndt"

Ostseebad Graal-Müritz

- 🗝 Lindenweg; Rhododendronpark
- 🗝 Promenade Mittelwey
- 🗝 Promenade Seeblick
- 🗝 Strandstraße; Promenade Müritz

Ostseebad Prerow

Strandtoilette; Bernsteinweg

Strandtoilette; Hauptübergang

Deutschland

Ötigheim
Am Tellplatz 2; Brüchelwaldhalle, Sporthalle

Ottenhöfen
Am Bahnhof

Otterbach
🗝 Ecke Hauptstraße / Kapellenstraße; Festplatz von Otterbach
durchgehend geöffnet

Ottrau
🗝 Am Schwimmbad 1; Dorfgemeinschafts Haus (DGH)

Ottweiler
Am Dorfbrunnen 5; Mehrzweckhalle, OT Steinbach

Fürther Straße; Im Eichenwäldchen, „Pflegeheim Seid getrost"

Goethestraße 13a; Stadtverwaltung

Hauptstraße 60; Restaurant „Zur Linde", OT Mainzweiler

Hohlstraße 2-4; Kreiskrankenhaus

Illinger Straße 7; Stadtverwaltung

Im Altem Weiher 11; Sporthalle

Marla-Juchacz-Ring 70; Seniorenzentrum der AWO

Martin-Luther-Straße 2; Landratsamt, Gebäude II

Schloßhof; Volksbank im Kreis Ottweiler

Schloßstraße; Schloßtheater, 2. OG (Fahrstuhl)

Schönbachstraße 7; Dorfgemeinschaftszentrum, OT Lautenbach

Seminarstraße 52; Sporthalle

Overath
🗝 Bahnhofsplatz; An den Gärten

Oyten
Hauptstraße 55; Rathaus/Bürgerzentrum

Paderborn
Am Abdinghof 11-13; Stadtverwaltung Paderborn

Borchener Straße 36; Bürgerpark

Fürstenallee 53; Padercafé am Padersee

Paderborn

- 🔑 Hathumarstraße 34; Maspernplatz
- Kleiner Domplatz
- Königsplatz; Tiefgarage Königsplatz
- 🔑 Liboriberg 39b; Liboriberg/Rosentor
- 🔑 Marienstraße; Busbahnhof/Verkehrsbauwerk
- Neuhäuser Straße 5-9; Parkhaus Neuhäuser Tor
- Rolandsweg 95; Parkpalette Rolandsweg
- Westernmauer 100; Neuhäuser Tor

Passau

- 🔑 Bräugasse 13; bei Schifffahrtslände
- 🔑 Domplatz 2; neben Stefansdom
- 🔑 Fritz-Schäffer-Promenade; freistehender Pavillon Omnibusparkplatz (Fa. Hering)
- 🔑 Gottfried-Schäffer-Straße/Innpromenade; freistehender Pavillon
- 🔑 Jahnstraße 1; im Parkhaus
- 🔑 Obere Donaulände; freistehender Pavillon
- 🔑 Oberhaus 7; beim Parkplatz der Veste Oberhaus
- 🔑 Rathausplatz 3; im Neuen Rathaus

Pattensen

- 🔑 Marktplatz 1; Ratskeller
- 🔑 St.-Aupin-Platz; Schulzentrum

Peine

- 🔑 Bahnhof Peine
- 🔑 Am Hagenmarkt
- 🔑 Friedrich-Ebert-Platz
- 🔑 Im Wingert 30; Kultur- und Begegnungszentrum
- Kantstraße 5; Rathaus

Peitz

- Schulstraße 6; Amtsverwaltung
- Zeltplatz Großsee; Schlüssel in der Rezeption

Deutschland

Petersberg
- Goerdeler Straße 70; Konrad Adenauer Schule

Petersdorf/Fehmarn
- Am Teich; Container WC

Pfaffenhofen/Ilm
Volksfestplatz; vor dem Eingang zum Sportstadion

Pforzheim
- Blumenhof 4; Verwaltungsgebäude, EG
- Güterstraße; Zentraler Omnibus-Bahnhof, Nord
- Jahnstraße 42a; Stadtgarten
- Leopoldplatz; Innenstadt
- Lindenstraße 1; ZOB Süd, gegenüber Hauptbahnhof/Nordstadtbrücke
- Marktplatz; Neues Rathaus, 6. OG

   Meßplatz/Habermehlstraße 27; in Einsatzstelle der Feuerwehr
- Östliche Karl-Friedrich-Straße; Markthalle Innenstadt
- Westliche Karl-Friedrich-Straße 358; im Rathaus, OT Bötzingen

Pfronten
- Allgäuer Straße 6a; Pavillon „Rathausvorplatz", OT Ried

Pfungstadt
- Brunnenstraße

Philippsburg
- Rote-Tor-Straße 10; Rathaus, im Bereich Hintereingang

   Udenheimer Straße; Festhalle

Pinneberg
- Marktpassage

Pirmasens
   Adlerstraße 21; CBF - Clubraum

   Bahnhofstraße 41; Städtisches Bauamt
- Exerzierplatzstraße 17; Rathaus, rückwärtiger Eingang

   Lemberger Straße 298; Freizeitbad „PLUB"

Pirmasens

Maler-Bürkel-Straße; Dienstgebäude

Mehrzweckhalle; OT Gersbach

Nardiniplatz; Fußgängerzone

Steinstraße; Messegelände, Messehalle 1 A

Volksgartenstraße 12; Festhalle

Zeppelinstraße; Messegelände, Messehalle 3-4

Pirna

 Breite Straße; Friedenspark

Plattling

Bahnhofstraße 13; Bischofsgaststätte

Dr.-Kiefl-Straße, Krankenhaus, Hintereingang

Pielweichs; Dorfkrug

Sportplatz 1; Sportheim Pankofen

Plauen

Anton-Kraus-Straße 10; Ärztehaus „Chrieschwitzer Hang"

Äußere Reichenbacher Straße 4; Festhalle am Festplatz, OT Reusa

Äußere Reichenbacher Straße 64; Elster-Park, Kauf-Center

⚷ Comeniusstraße 15; Kurt - Helbig - Sporthalle
Während der Öffnungszeiten

Dr.-Friedrich-Wolf-Straße 1; DRK-Seniorenzentrum

Dr.-Karl-Gelbke-Straße 1; Jugendzentrum Oase

Friedenstraße 24; Diakonisches Werk Plauen e.V.

Gartenstraße 1; Ärztehaus, Nähe „Straßberger Tor"

Hainstraße 1; Schwimmbad, unterhalb Viadukt Friedensbrücke

Hans-Sachs-Straße 15; Arbeitsamt Plauen, OT Haselbrunn

Jößnitzer Straße 30; Plauen-Park, OT Kauschwitz

Kastanienweg 1; Alten- u. Pflegeheim, Rand „Chrieschwitzer Hang"

Klostermarkt 12; Schnellrestaurant McDonalds, Am Klostermarkt

Melanchthonstraße; direkt am „Tunnel", Zentrum

Nendorfer Straße 94; Landratsamt/Haus 2, Nähe Dittrichplatz

Neundorfer Straße 175; Hauptzollamt/Haus 1, am Eing. Kaserne

⚷ Oberer Graben 1; Stadtverwaltung Planen- Rathaus

Reißiger Straße 50; Altenpflegeheim, zw. Mosenschule/Comet

Deutschland

Plauen

Talitzer Straße 80; Einkaufszentrum GLOBUS, OT Weischlitz

Theaterplatz 1-3; Vogtland-Theater, am „Tunnel", Zentrum

Trockentalstraße 37; BP-Tankstelle, oberhalb „Straßberger Tor"

Unterer Graben 1; Rathaus, Nähe „Tunnel", Zentrum

Pleinfeld

- 🗝 Leitenbuchstraße; Strandhaus, Am großen Brombachsee, OT Ramsberg
- 🗝 Obere Dorfstr. 3; OT Ramsberg; Haus des Gastes
- 🗝 Strandhaus; Am großen Brombachsee, OT Pleinfeld

Plettenberg

- 🗝 Brauckstraße; Bahnhofsvorplatz

Offenbornstraße 13; Parkhauskiosk, Schlüssel im angrenzenden Kino

Plön

- 🗝 Marktplatz; Einzelgebäude
- 🗝 Stadtgrabenstraße; Einzelgebäude

Pocking

- 🗝 Bergerstraße 11; Stadthalle
  Durchgehend zugänglich; Ganzjährig
- 🗝 Füssingerstrasse; Naturfreibad
  Während der Badesaison

Poppenhausen/Rhön

- 🗝 Wasserkuppe

Porta Westfalica

Besucherbergwerk; OT Kleinbremen

Bürgeramt; OT Hausberge

Dorfgemeinschaftshaus; OT Eisbergen

- 🗝 Hauptstraße; CITY-CENTER, OT Hausberge

Kempstraße 4a; Haus des Gastes

Kirchshofsweg; Begegnungsstätte

- 🗝 Sprengelweg 10; Badezentrum

Zum Südlichen See 1; Großer Westbogen, Eingang Campingplatz

Der Locus · Deutschland

Potsdam

Albert-Einstein-Straße 42-46; Ministerium für Umwelt...

Am Alten Markt; Hans-Otto-Theater

🗝 Am Bassinplatz

🗝 Am Lustgartenwall

Am Neuem Palais; Galerie „Am Neuen Palais"

Am Wildpark 1; Hotel „Bayerisches Haus"

Asta-Nielsen-Straße 1; Seniorenpflegeheim

Behlerstraße 18-20; Stiftung Luisenhaus

Dortusstraße, Ecke Brandenburger Straße

Eisenhartstraße 14-17; Evangelisches Feierabendheim

Friedrich-Ebert-Straße 25; Sanitätshaus

Friedrich-Ebert-Straße 79-81; Stadtverwaltung, Hauptgebäude

Geschwister-Scholl-Straße 46; Berufsbildungswerk

Geschwister-Scholl-Straße 60; Pflegeheim „Geschwister Scholl"

Großbeerenstraße 301; Orthopädie-Schuhtechnik

Gutenbergstraße 15; Diakonie

Hegelallee 6-10; Stadtverwaltung, Bürocontainer 1

Hegelallee 6-10; Stadtverwaltung, Haus 2

Hegelallee 8-10; Allgemeiner Behindertenverband e.V.

Hegelallee/Mittelpromenade

Hegelallee/Schopenhauer Straße

Heinrich-Mann-Allee 103; BfA

Heinrich-Mann-Allee 107; Landesregierung Brandenburg

Helene-Lange-Straße 11; Zahnarzt A. Möckel

Henning-von-Treskow-Straße 2-8; Amt für Soziales und Versorgung

Henning-von-Treskow-Straße 9-13

Herrmann-Elflein-Straße 35; Seniorentreff

Herrmannswerder; Hofbauerstiftung

Karl-Liebknecht-Straße; OT Babelsberg

Kirschallee 57; Hotel-Pension „Kranich"

🗝 Konrad-Wolf-Allee 1-3; Havel-Nuthe-Center

Lange Brücke; Hotel „Mercure"

Lindenstraße 54-55; Allgemeiner Behindertenverband e.V.

Ludwig-Richter-Straße 6-7; Feierabend- und Pflegeheim

Deutschland

Potsdam

- 🔑 Luisenplatz
- Maulbeerallee; Historische Mühle
- Mebbelstraße 1; Senioren-Service-Büro
- Milanhorst 9; Arbeiterwohlfahrt
- 🔑 Platz der Einheit
- Potsdamer Straße 37
- Rudolf-Breitscheid-Straße 24; Rehabilitationszentrum
- Rudolf-Breitscheid-Straße 50; Filmtheater „Thalia"
- Saarmunder Straße 48; Ärztehaus
- Schilfhof 26; Gourmet GmbH „Auerochs"
- Schilfhof 28; Freizeitzentrum ALPHA
- Stahnsdorfer Straße 68; Hotel „Babelsberg"
- Steinstraße 104-106; Ministerium für Finanzen
- Waldhornweg 17; Träger u. Service GmbH d. DRK-Landesverbands
- Willy-A.-Kleinau-Weg 5-7; Kahn der fröhlichen Leute
- Zum Kahleberg 23 a; Seniorenzentrum der Arbeiterwohlfahrt

Pottum

- Segelhafen Pottum

Preetz

- Am Klostergarten; Kreis-Alten- und Pflegeheim
- Am Markt und CoOp Parkplatz; Haus Löwenapotheke
- 🔑 An der Mühlenau 9; WC-Anlage
- An der Stadtkirche; Alten- und Pflegeheim
- Bahnhof Preetz; Deutsche Bahn AG
- Gewerbestraße 3; Werkstätten
- 🔑 Güterstr.; Bahnhof WC
- Neuer Friedhof

Presen

- 🔑 Am Strand; WC- und Waschhaus

Preußisch Oldendorf

- Bahnhofstraße; Bahnhof, OT Holzhausen-Heddinghausen
- Eggetaler Straße 69a; Freizeitpark, OT Oldendorf-Börninghausen

Preußisch Oldendorf

Hudenbeck 2; Haus des Gastes, EG, OT Oldendorf-Holzhausen

Mindener Straße 3; Stadtbücherei/Bürgerhaus, EG

Rathausstraße 3, Rathaus Oldendorf, EG, über Seiteneingang

Prien

Am Ufer; Schiffe auf dem Chiemsee

Prien a. Chiemsee

- Am Sportplatz 2; Sportheim
- Bahnhofplatz 2; Bahnhoftoilette

Pulheim

- Am Marktplatz

Puttgarden

- Am Grünen Brink; WC- und Waschhaus

Püttlingen

- Am Hexenturm, in der Parkanlage neben Rathaus
- Ehemaliger Sportplatz Herchenbach; OT Köllerbach
- neben Sportplatz, OT Köllerbach

Rathaus

Quedlinburg

- Adelheitstraße; gegenüber dem Finanzamt
- Am Brühl; Stadtpark
- An den Fischteichen; Parkplatz
- Damm; am Hallenbad

Marktkirchhof; hinter dem Rathaus

Oeringer Straße 7; Hotel Arcon

- Wipertistraße; Parkplatz

Wordgarten

Querfurt

Döckitzer Tor 42; HAGE-Baumarkt

Klosterstraße 10-12; Arbeitsamt Merseburg-Querfurt

Klosterstraße 10/12; Arbeitsamt

Querfurt

Merseburger Straße; AOK

🔑 Roßplatz 7; neben KONDI-Markt

Tränkstraße 17; Kreissparkasse Merseburg-Querfurt

Vor dem Nebraer Tor 5; Kaufhaus INTERSPAR

Quickborn

Torfstraße/Rathausplatz; Haupteingang
Schlüssel bei Pförtner

Radebeul

Pestalozzistraße 6a; OT Radebeul Ost

Wilhelm-Eichler-Straße 13; OT Radebeul West

Radolfzell am Bodensee

Buchensee-Sporthalle; OT Güttingen

 im Bahnhof

Ratoldusstraße; Sonnenrain-Sporthalle

Scheffelstraße 8; Villa Bosch; Städtische Galerie

Strandbadstraße 102; Strandcafé, OT Mettnau

Strandbadstraße 106; Kurbetrieb Mettnau/Hermann-Albrecht-Klinik

Strandbadstraße; Kreisturnhalle, OT Mettnau

Raisdorf

🔑 Megenthaler Straße; Warenhaus REAL

Rastede

Marktplatz; Ecke Oldenburger Straße/Baumgartenstraße

Mühlenstraße; Parkplatz, Schloßpark

Ratekau

Am Bahnhof 5; Haus des Gastes

Hauptstraße 2; Seniorentreff

Rosenstraße 3; öffentliche Toilette

Rosenstraße 93; Mon-Halle

Schulstraße 1-5; Turnhalle

Rathenow

Berliner Straße 15; Stadtverwaltung

Fontanestraße; Fontanepark/Markt

Ratingen

- Friedhofsstraße; Friedhof Innenstadt
- Grüner See (Volkardey); je 1 WC an Kiosk und Grillhütte

Ravensburg

- Bahnhofsplatz 7; beim Bahnhofsgebäude

Kuppelnaustraße 19; Auf dem Scheffel, Kuppelnauplatz
- Marienplatz 12; im Kornhaus
- Marienplatz 20; Anbau am Frauenturm

Recklinghausen

- Augustinessenstraße; Tiefgarage

Erlbruch; öffentliche WC-Anlage (gegenüber Rathaus)
- Kaiserwall/Rathausplatz 3; Rathaus, EG (Aufzug)

Neumarkt/Süd; öffentliche WC-Anlage
- Rathausplatz 4; Stadthaus A, EG (Rampe Seiteneingang)

Rees

Jungblutstraße; ca. 40 m vom Marktplatz

Regen

- Freibadanlage

Gewichtheberhalle
- Kurpark; Südeingang
- Pfarrerwiese; Parkdeck
- Tierzuchthalle

Regensburg

- Am Sallerner Berg; Aberdeempark
- Dr.-Johann-Maier-Straße 5; Stadtpark
- Minoritenweg 6; Neues Rathaus
- Neupfarrplatz 9
- Proskestraße; Busparkplatz bei der Eisernen Brücke

Deutschland

Regensburg
- Vor der Grieb 2
- Wöhrdstraße; Großparkplatz beim Eisstadion (bei Jugendherberge)

Reichenbach/Vogtland
- Innenhof Marktpassage
  rechts
- Bahnhof
- Marienstraße; Parkhaus

Reinbek
- Küpergang; Haus der sozialen Dienste (Stadtmitte)
- Schloßstraße/Ladestraße; im Schloßnebengebäude, Stadtmitte

Reit i. Winkl
- Fremdenverkehrsamt

Rellingen
- Rathaus; OT Rellingen

Remscheid
- Friedrich-Ebert-Platz; Busbahnhof
- Markt; Stadtmitte
- Marktplatz/Ecke Blumenstraße
- Theodor-Heuss-Platz; Allee-Center, Einkaufszentrum

Remseck am Neckar
- Kiosk - Gebäude
  Endhaltestelle der Linie 14

Rendsburg
- Am Gymnasium 4; Rathaus
- Bismarckstraße; Nordmarktplatz
- Hindenburgstraße; am Fußgängertunnel
- Jungfernstieg; im Stadtpark
- Röhlingsplatz; am ZOB

Reutlingen
- Alteburgstraße; WC in Parkhaus Pomologie

Reutlingen

- 🗝 Bahnhofstraße; WC am Busbahnhof
- Dresdner Platz 4/2; Polizeirevier, OT Orschel-Hagen
- 🗝 Friedrich-Ebert-Straße; WC Rosengarten gegenüber Pitpat-Anlage
- Krämerstraße
- 🗝 Lederstraße; WC im Parkhaus
- 🗝 Willy-Brand-Platz; WC am Zentralen Omnibusbahnhof

Rhauderfehn

- Freizeitzentrum am Langholter Meer (Freibadanlage)
- Rajen 5; Museum/Fehn- und Schiffahrtsmuseum
- Südwieke 2a; Rathaus

Rheda-Wiedenbrück

- Kirchplatz 2; Stadthaus
- Mittelhegge; Reethus
- Paul-Schmitz-Straße 22; Seecafé

Rhede

- 🗝 Kettelerstraße 9; am Feuerwehrgerätehaus

Rheinberg

- Alpsrayer Straße 102; Bürgerzentrum, OT Alpsray
- Kirchplatz 10; Stadthaus

Rheine

- 🗝 Bevergerner Straße 74; Stadtpark, Nebengebäude des Restaurants
- 🗝 Darbrookstraße 116; Kleingärtnerverein Waldhügel e.V.
- 🗝 Herrenschreiberstraße 14; Café Extrablatt
- Humboldtstraße 10; Stadthalle
- 🗝 Humboldtstraße; Parkdeck gegenüber Stadthalle
- Klosterstraße 14; Rathaus, 2. OG
- 🗝 Salinenstraße 150; Tierpark, am Eingang, sowie innerhalb
- 🗝 Stadthalle; außerhalb der Halle
- 🗝 Stadthalle; in der Halle
- Thiemauer 42; Begegnungsstätte des CeBeeF
- 🗝 Walshagenpark; Nebengebäude des Schafstalls

Deutschland

Rheinstetten
- Keltenhalle; OT Mörsch

Rhüden
- Am Zainer Berg 2; MAXI-Autohof Rühden
  BAB 7, Ausfahrt 66

Ribnitz-Damgarten
Hafen, Darmgarten, Touristikinformation

Riedlingen
- Kirchstr. 2; Kaplaneihaus

Riedstadt
An der Kreisstraße 156; Großsporthalle, OT Erfelden

Riegsee
Seestraße 21; Campingplatz, Riegsee

Riesa
- Alexander-Puschkin-Platz; Öffentliche Grünanlage

Rieste
- Am Campingplatz 10; Campingplatz Alfsee
  Ferien- und Erholungspark

Rinteln
- Am Weseranger 1; Freibad „Am Weseranger"
- Klosterstraße 19; Rathaus
- Klosterstraße 20; Verwaltungsgebäude der Stadt Rinteln
- Marktplatz 6; Ratskeller; Gaststätte
- Marktplatz 7; Bürgerhaus, öffentliches WC
- Münchhausenhof; Münchhausen-Villa
- Ostertorstraße 1; Jugendzentrum „Kulisse"

Rödermark
- Bücherturm; KG, OT Ober-Roden
- Halle Urberach; EG, OT Urberach
- Kulturhalle; KG, OT Ober-Roden

Rodgau

Georg-August-Zinn-Straße 1; Bürgerhaus, OT Dudenhofen

Hintergasse 15; Rathaus, OT Jügesheim

Römerstr 13; Bürgerhaus, OT Nieder-Roden

Schillerstraße 27; Bürgerhaus, OT Weiskirchen

Rommerskirchen

Sebastianusstraße 42; Begegnungsstätte, EG, OT Nettersheim-Butzheim

Rosenheim

Münchener Str. 12; Kaufhaus KARSTADT, hinter dem Restaurant

Münchner Straße; Salinengarten am Zeitungskiosk

- 🔑 OT Pietzingen; Behindertenbadestrand
- 🔑 Südtiroler Platz 1; Bahnhof

Rostock

- 🔑 Alter Strom; OT Warnemünde
- 🔑 Bert-Brecht-Straße; OT Elvershagen
- 🔑 Heinrich-Heine-Straße; OT Warnemünde
- 🔑 Helsinkierstraße/St. Petersburger Straße; OT Lütten Klein
- 🔑 Markgrafenheide 3PP; Hohe Düne, Sonnnenstrand, Stubbenwiese
- 🔑 Neuer Friedhof; OT Warnemünde
- 🔑 Parkstraße/Am Röper
- 🔑 Rathaus
- 🔑 Rostocker Straße; Parkplatz, OT Warnemünde

Satower Straße; Neuer Friedhof

- 🔑 Schanze; OT Warnemünde
- 🔑 Schiffbauerring; OT Groß Klein
- 🔑 Stadthafen; Sanitärgebäude
- 🔑 Strandkiosk Krakus
- 🔑 Strandkiosk „Strandläufer"; OT Warnemünde
- 🔑 Strandweg 12a; OT Warnemünde
- 🔑 Ulmenmarkt
- 🔑 Universitätsplatz
- 🔑 Wachtlerstraße; OT Warnemünde

Deutschland

Rotenburg a.d. Fulda
- 🗝 Marktplatz 14; Rathaus
- 🗝 Obertor; Minigolfanlage/Schloßpark

Rotenburg/Wümme
- 🗝 Am Kirchhof 10; Kulturzentrum
  Fr. geschl. Sa. 9-12 h, So. geschl.
- 🗝 Am Neuen Markt; Kiosk
- 🗝 Große Straße 1; Rathaus
- 🗝 Parkplatz Rathaus
- 🗝 Unter den Eichen 27; Waffensen; Mehrzweckhaus Waffensen

Roth
- 🗝 Stieberstraße 7; Parkdeck beim Bürgerhaus
- 🗝 Stieberstraße; Parkdeck am Schloß

Rottach-Egern
- Birkenmoosstraße 14; Sportheim „Birkenmoos"
- 🗝 Feldstr. 16; Kutschen-Wagen-Schlittenmuseum
- 🗝 Nördliche Hauptstr. 35; See- und Warmbad Rottach-Egern

Rottenburg/Neckar
- 🗝 Marktplatz 18; hinter dem Rathaus
- 🗝 Wurmlinger Kapelle; OT Wurmlingen

Rottweil
- 🗝 Am Münsterplatz; Altes Rathaus
- 🗝 Kapllenhof 6; Altes Gymnasium (Tagungszentrum)

Roßdorf
- 🗝 Alte Dieburger Straße 50; Sportzentrum Richtung Hartplatz
- 🗝 Darmstädter Straße 66; Bürgerzentrum, EG (Hebebühne)
- Friedhofstraße 17; Bürgerhaus, im Foyer
- 🗝 Geißberganlage; öffentliches WC
- 🗝 Grillplatz; in der Toilettenanlage
- 🗝 Kirchplatz; öffentliches WC, OT Gundernhausen
- Ringstraße 61; Reberghalle
- 🗝 Schulgasse 24; Freibad, im Funktionsgebäude „Puck"

Roßwein
- Freibad; OT Wolfsthal
- Poststraße 1; in der Bibliothek

Rudolstadt
- 🔑 Röntgenstraße/Auf der Bleichwiese (Rudolfstadt-Cumbach)
- 🔑 Zentrum

Ruhpolding
- 🔑 Kurhaus

Rüsselsheim
- Marktplatz; OT Königsstein
- 🔑 Marktstr.
- 🔑 Sophienpassage

Rust
- Europa-Park

Rüthen
- 🔑 Windpothstraße 25; an der Wartehalle

Saalfeld
- 🔑 Bahnhof Saalfeld
- 🔑 Kulmbacher Str. 89; Bahnhof Saalfeld
- 🔑 Markt 6; Technisches Rathaus

Saarbrücken
- 🔑 Am Schanzenberg; Messegelände
- 🔑 Bürgerhaus; OT Burbach
- 🔑 Deutsch-Französischer Garten, Nordeingang
- 🔑 Flughafen Saarbrücken; OT Ensheim
- 🔑 Gerberstraße; St.-Johann-Markt 24; Innenhof; OT Kaltenbach
- 🔑 Hafenstraße; Kongreßhalle
- 🔑 Hauptbahnhof
- 🔑 Hauptbahnhof; Parkdeck am Hauptbahnhof
- 🔑 Karlstraße; Saarland-Museum, Alte Sammlung
- 🔑 Kohlwaagstraße; Haus Berlin, 4. OG

Deutschland

Saarbrücken
- 🔑 Rathaus, 2. Etage; OT St. Johann
- 🔑 Saarbrücker Schloß
- 🔑 Saarländisches Staatstheater
- 🔑 Sporthalle St. Arnual
- 🔑 St. Johanner Markt 24; Innenhof der Stadtgalerie
- 🔑 Stadtgalerie
- 🔑 Theodor-Heuss-Straße 122; Winterbergkrankenhaus

Saarlouis
- 🔑 Am Busbahnhof
- 🔑 Großer Markt; Toilettenanlage
  am Anfang der Altstadt (Kneipenviertel)

Saerbeck
- Am Kirchplatz 12; Alte Dorfschule
- 🔑 Ferrieres-Str. 11; Rathaus
  Rathaus der Gemeinde Saerbeck
- Grevener Straße 5; Heimathaus
- 🔑 Lindenstraße 38-40; Sporthalle
- 🔑 Schulstraße 10-12; Maximilian-Kolbe-Gesamtschule, EG und 1. OG
- 🔑 Schulstraße 14-16; St. Georg-Grundschule
- 🔑 Teichstraße 5; Bürgerhaus

Salem
- Gasthaus Apfelblüte; OT Neufrach
- Schloß Salem; Pavillon
- Sporthalle; beim Bildungszentrum, Durchgang Café beim Schloß

Salzgitter
- 🔑 In den Blumentriften 1; 2. OG
- Kaufhaus KARSTADT
- 🔑 Schützenplatz 7-8; Salzgitter-Bad

Salzwedel
- 🔑 Bahnhof

Sasbachwalden

Kurhaus „Alter Gott"

Sassenberg

Schürenstraße 17; Rathaus

Saterland

Hauptstraße 507; Rathaus, EG gegenüber Zimmer E. 5

Schalksmühle

Grundschule; OT Löhe, behindertengerechte Grundschule

Rathausplatz 1; Rathaus

Schnurrenplatz; Parkplatz

Schauenburg

🗝 Falkensteinstraße 12; Dorfgemeinschaftshaus, OT Elmshagen

🗝 Hirtenstraße; Festplatz, OT Elgershagen

🗝 Niedensteiner Straße 9; Dorfgemeinschaftshaus, OT Breitenbach

🗝 Wahlgemeinde 21; Schauenburg-Halle, EG, OT Hoof

Scheidegg

Forststraße 113; Alpenbad

Rathausplatz 8 (Postamt-Rückseite)

Schenefeld

🗝 Achter de Weiden 30; Gymnasium

🗝 Achter de Weiden 32; Hauptschule

🗝 Achter de Weiden; Sportplatzgebäude

Blankeneser Chaussee 5; Schule Altgemeinde

Holstenplatz 3-5; Rathaus

🗝 Kiebitzweg 2; Einkaufszentrum

🗝 Kiebitzweg 2; Stadtzentrum

Osterbrooksweg 25; Jugendzentrum

Schiffdorf

Brameler Straße 13; Rathaus
während der Öffnungszeiten

OT Schellstedt; Hokemeyers Hus

Schiffdorf
Wehdel-Altluneberg; Oldenburger Haus

Schleiden
- Blumenthaler Straße; Busbahnhof
- Kurhausstraße; Kurhaus, OT Gemünd

Schleswig
Flensburger Straße 7; Kreisgebäude Schleswig-Flensburg

Gottorfstraße 6; Landesarchiv, nähe Schloß

Husumer Baum 81; Friedhof Friedrichsberg

Husumer Straße 10; Friedhof St. Michaelis
- Kaufhaus SIEVERS

Landesmuseum; Schloß Gottorf, Südostflügel

Lutherstraße 8; Kreisgesundheitsamt (Innenstadt)

Poststraße 8; Stadtwerke Innenstadt

Schwarzer Weg; Parkhaus

Süderholmstraße 2; Altstadt

Schlitz
- An der Kirche 4; Rathaus

Schloß Holte-Stukenbrock
Am Hallenbad 1; Hallenbad der Gemeinde

Rathausstraße 2; Rathaus der Gemeindeverwaltung

Schluchsee
- WC-Anlage-Wiesengrund

Lindenstraße 1; Kurhaus, Zugang Eschenweg oder Tiefgarage
- Menzenschwander Straße 2; Parkplatz, Kiosk-Standort Unteraha

Schmalkalden Kurort
- Altmarkt; hinter der Stadtkirche

Schmallenberg
- Paul Falke Platz; Stadthalle Schwallenberg
  Während der Öffnungszeiten

Schmelz

Rathausplatz 1, Rathaus, Hintereingang, Schlüssel bei Pförtner

Schneeberg

- Fürstenplatz 11; Taxi-Halteplatz
- Fürstenplatz 6; Nordseite des Gebäudes der Vereins der Freunde und Förderer des Feuerschutzes in der Bergstadt Schneeberg e.V.

Schneverdingen

- Hansahlener Dorfstraße 16; Heimatmuseum „De Theeshof"
- Heberer Straße 100; Pietzmoor, DEW-Feriendorf
- Höpen; Kiosk am Parkplatz an der L 171
- Landesstraße; OT Höpen; Naherholungsgebiet
- Osterwaldweg 8; Hallenbad
- Pietzmoor; Rundwanderweg
- Rathausplatz; Büchereigelände
- Schulstraße 8; gegenüber dem Rathaus
- Verdener Straße 40; Walter-Peters-Park II

Schömberg

- Lindenstraße 7; Rathaus
- Lindenstraße 7; „Info-Kebap"
- Schwarzwaldstraße 22; Kurhaus Schömberg; Kurpark

Schondorf am Ammersee

- Seestraße; Seeanlage der Gemeinde Schondorf am Ammersee

Schönebeck/Elbe

- Bahnhofstraße; Am Hauptbahnhof
- Bornstraße; OT Salzelmen
- Friedensplatz; Stadtmitte

Schongau

- Ballenhaus am Marienplatz

Schopfheim

- Friedhof; OT Fahrnau
- Neben dem Bahnhof

Deutschland

Schopfheim

Rathaus

Schwimmbad Schweigmatt

Stadtbibliothek

Stadthalle

Schotten

Campingplatz; Nidda-Stausee, unteres Sanitärgebäude, Schlüssel beim Platzwart, OT Rainrod

Kirchstraße 45; Albert-Schweitzer-Haus, OT Schotten

🗝 Parkstraße; Festplatz/ Busbahnhof Schotten

Toilettenanlage am Vier-Städte-Park; gegenüber Parkhotel, OT Schotten

Vogelsbergstraße 166; Festhalle, OT Schotten

Schramberg

🗝 Hauptstraße 25; Rathaus

🗝 Weiherwasenstraße 46; Tiergehege, OT Waldmössingen

Schriesheim

🗝 Friedrichstrasse; Festplatz

Schüttorf

Windstraße; neben Post, WC-Anlage

Schwabach

🗝 Am Falbenholzweg 15; Real Einkaufszentrum

🗝 Am Falbenholzweg 15; HUMA Einkaufszentrum, Kassenzone EG

🗝 Königsplatz 1; Rathaus
durchgehend geöffnet

Schwabhausen

🗝 Ludwig-Thoma-Straße; Rathaus

Schwäbisch Gmünd

Festplatz; in WC-Anlage integriert, OT Schießtal

Himmelreichstraße; Scheuelberghalle, OT Bargau

🗝 Hohenstaufenstraße; Gemeindehalle, OT Rechberg
mit Aufzug, Zugang über Ledergasse

Katharinenstraße; Großsporthalle

Der Locus · Deutschland

Schwäbisch Gmünd

- Marktplatz 37; Sozialamt im ehemaligen Spitalgebäude, OG
- 🔑 Rektor-Klaus-Straße; Zentraler Omnibusbahnhof im Kiosk
- Spitalhof 1; Stadtbücherei, UG
  mit Aufzug, Zugang über Ledergasse
- 🔑 Waisenhausgasse

Schwäbisch Hall

- 🔑 Am Sulfersteg; Zentrum
- 🔑 Mauerstraße 18/1, Parkhaus „Alte Brauerei"
- 🔑 Münzstraße 1; Parkhaus „Langer Graben"
- 🔑 Unterlimpurger Straße 1; Parkhaus „Schiedgraben"
- 🔑 Zentraler Omnibusbahnhof

Schwalbach/Taunus

- 🔑 Badener Straße 23; Katholisches Gemeindezentrum St. Martin
- Marktplatz 1-2; Bürgerhaus
- 🔑 WC-Anlage im S-Bahnhaltepunkt Schwalbach

Schwalmstadt

- 🔑 Parkhaus/ Stadtteil Treysa
  Gegenüber dem Bahnhof

Schwandorf

- 🔑 Zentraler Omnibusbahnhof; beim DB-Bahnhof

Schwangau

- 🔑 Info Hohenschwangau
- 🔑 Kurhaus Schwangau
- 🔑 Tegelberg Bergstation
- 🔑 Tegelberg Talstation

Schwarzach

- 🔑 Am Markt 1; Dienstleistungszentrum

Schwarzenberg/Erzgeb.

- Markt 1; Ratskeller, Altstadt

Deutschland

Schwedt/Oder
- Landgrabenpark 1; Oder-Center Schwedt, EG

Schweinfurt
- Lindenbrunnenweg 51; Turngemeinde Schweinfurt 1848 e.V., Vereinsgaststätte
- Moritz-Fischer-Straße 3; Kolping-Bildungszentrum, EG
- Parkhaus Graben
- Roßmarkt
- Schultesstraße

Schwelm
- Gerichtsstraße 5; an der Zufahrt zum Parkhaus des Kaufhauses KAUFHOF
- Hengsteyseestraße 26; Freizeitzentrum Bleichstein
- Moltkestraße 24, Eingang Schillerstraße; Stadtverwaltung, Bürgerbüro

Schwerin
- Am Grünen Tal 50; AOK
- Am Margaretenhof 12-16; Haus B, auf jeder Etage
- Am Margaretenhof; Möbelmarkt Roller
- Andrzej-Sacharow-Straße 15; Polizeistation Großer Dreesch
- Berliner Platz; Restaurant „Berlin", Schlüssel an der Theke
- Bischofstraße 1; Sanitätshaus Hoffmann
- Buchenweg 1; Pflegeheim Schelfwerder, auf jeder Station
- Demmlerplatz 1-2; Justizministerium Mecklenburg-Vorpommern
- Friedrich-Engels-Straße 47; Versorgungsamt
- Friesenstraße 29b; Ordnungsamt, OT Weststadt/Lankow
- Friesenstraße 29b; Stadtteilbüro, OT Weststadt/Lankow
- Galileo-Galilei-Straße 22; Kirche St. Andreas
- Goethestraße 8-10, Schuhhaus Orthopädie-Schuhtechnik PROHASKA
- Goethestraße 8-10; Optiker BODE
  Schlüssel im Laden
- Goethestraße 8; Psychotherapie E. Schmidt und I. Dahl
- Goethestraße; öffentliches WC
- Grunthalplatz 3-4; Hauptbahnhof
- Hamburger Allee 130; Psychotherapie H. Horn, Keller

Schwerin

Helenenstraße; Sparkasse
Schlüssel an der Information

🗝 Jägerweg

Jägerweg; Parkplatz
Gebühr für Türschloss

Justus-von-Liebig-Straße 29; AWO Sozialstation

Körnerstraße 7; Diakonisches Werk, an der Anmeldung melden

Lübecker Straße 126; Arbeitsgericht

Lübecker Straße 142; Landesversicherungsanstalt Mecklenburg-Vorpommern

Lübecker Straße 266; Schwimmhalle

Lübecker Straße 276; Klinikum, Klinik für Radiologie

Max-Planck-Straße 9a; Haus der Behinderten und Senioren

Neumühler Straße 45; Hotel Neumühler Hof

Pampower Straße 3; Barmer Ersatzkasse

Räthenweg; Hotel Fritz Reuter

Ratzeburger Straße 31; Mecklenburgische Schule für Körperbehinderte

Rudolf-Diesel-Straße 5; KOMM Baumarkt-Warenhaus, 2 WCs

Schloßstraße 14; Hörgeräte KIND

Stiftstraße 9; Ev. Alten- und Pflegeheim „Augustenstift"

Waldschulweg 1; Gasthof Zoo, Schlüssel an der Theke

Weinbergstraße 17; Sternwarte Schwerin

Werderstraße 124; Sozialministerium Mecklenburg-Vorpommern

Werderstraße 30; Sanitätshaus Stolle

Wismarsche Straße 142; Techniker Krankenkasse, Keller

Wismarsche Straße 143; Sanitätshaus Schubje

Wismarsche Straße 323; Sozialgericht

Wismarsche Straße 323; Verwaltungsgericht

Wismarsche Straße 393; Nervenklinik, 3. Psychiatrische Klinik

Wuppertaler Straße; Schwimmhalle

Ziolkowskistraße 17; Evangelisch-lutherische Petruskirche

Schwerte

Nordwall

Deutschland

Seeheim-Jugenheim

Bergstraße 20; Verwaltung Haus Hufnagel, OT Seeheim

🗝 Ernsthöfer Straße 10; Kindergarten, OT Ober-Beerbach

🗝 Gutenbergstraße 4; Sporthalle mit Saal, OT Jugenheim

Im Mühlfeld 7; Sporthalle mit Saal, OT Ober-Beerbach

🗝 Schulstraße 16; Sporthalle mit Saal, OT Seeheim

Seelbach

Im Klostergarten; Bürgerhaus

Seesen

🗝 Großparkplatz

🗝 Jacobsonstraße 34; Zentrum f. Einzel- u. Familienberatung

Marktstraße 1; Rathaus, Innenhof

🗝 P&R-Anlage; am Bahnhof
7-20h

Seligenstadt

Am Schwimmbad 5; Freischwimmbad

🗝 Fähr- und Schiffsanlegestelle am Main; WC am Bubenschulhof

🗝 Freiherr-v.-Stein-Ring 23; Bürgerhaus, OT Froschhausen

🗝 Hauptstraße 19; Bürgerhaus, OT Klein Welzheim

Klosterhof; Stadtbücherei

🗝 Sackgasse 14; Saal „Zum Riesen"

🗝 Zippenweg; Festplatz, OT Froschhausen

Senden

Buldener Straße; Steuerhalle Senden; Sportpark

Münsterstraße 30; Rathaus Senden, EG (Foyer)

Senden/Iller

Hauptstraße 34; Rathaus, EG

Senftenberg

Hörlitzer Straße; Erlebnisbad Senftenberg

Markt 1; Rathaus

Neumarkt; Schloßparkcenter

Rathausstraße/Ecke Ritterstraße; öffentliche Toilette

Siegburg

- Griesgasse 11; Stadtbibliothek
- Kaiser-Wilhelm-Platz 1; Kreisverwaltung des Rhein-Sieg-Kreises
- Markt 46; Stadtmuseum Innenstadt
- 🔑 Nogenter Platz 10; Rathaus, Innenstadt

Siegen

- 🔑 Busbahnhof; Vorplatz Hauptbahnhof
- 🔑 Freudenberger Straße; P+R-Platz Seelbacher Weiher
- 🔑 Hauptmarkt; Hauptmarkt, Zufahrt neben Pavillon Telekom
- 🔑 Leimbachstraße; P+R-Platz Leimbachstadion
- 🔑 Neumarkt; oberhalb Rathaus Siegen Oberstadt (in Planung)
- 🔑 Oberes Schloß; Eingang neben Restaurant „Schloßstuben"
- 🔑 Obergraben; gegenüber der Siegener Zeitung (Obergraben 39)

Sigmaringen

- 🔑 Bahnhofstraße; Parkhaus Prinzengarten

Singen (Hohentwiel)

- 🔑 Heinrich-Weber-Platz; Kiosk
- Hohgarten 2; Rathaus, KG (Aufzug vorhanden)

Sinsheim

- 🔑 Karlsplatz 16; öffentliches WC
- 🔑 Wiesentalstraße; Freibad
- Wilhelmstraße 14-16; Rathaus

Sinzheim

- 🔑 Hauptstraße 71; Altes Rathaus
- Marktplatz 1; Rathaus Sinzheim
  Mo -Mi 7.30 - 16.00 Do 7.30 - 12.30 u. 13.30 - 18.00 Fr. 7.30 - 16.00; Öffnungszeiten Bürgerbüro

Soest

- 🔑 Am Bahnhof 10a; Niere
- Am Vreithof 8; Rathaus, EG
- 🔑 Burghofstr. 20; Aldegrever Gymnasium Sporthalle
- 🔑 Jakobistraße 77a

Deutschland

Soest

Nöttenstraße 29; Altentagesstätte Bergenthalpark

🗝 Rathaus 1; Rathaus
Am Seel

🗝 Walburger Straße 8; Theodor-Heuss-Park

Solingen

🗝 Sol-Ohligs Hauptbahnhof gegenüber
Permanent geöffnet

🗝 Düsseldorfer Straße
0,25 Gebühr

Peter-Höfer-Platz; OT Ölscheid

Soltau

Am Alten Stadtgraben 1; Parkhaus

Am Bahnhof 1/Bürgermeister-Lindloff-Platz; Bahnhof

Poststraße 12; Rathaus, 1. Etage, mit Aufzug

Wacholderpark; an der Kreisstraße 2 Richtung Bispingen

Sondershausen

Carl-Schröder-Straße 9

Edmund-König-Straße 7; Gesundheitsamt

Erfurter Straße 35; Verkehrsamt

🗝 Lohstraße; Parkplatz

Markt 4; Gebäude „Schwan"

Markt 8; Landratsamt

Ulrich-von-Hutten-Straße; Jugendamt

Sonneberg

🗝 Bahnhofsplatz; Zentraler Omnibusbahnhof

Sonthofen

Allgäu-Schwimmhalle, neben Minigolf

Bahnhofsplatz; Bahnhof

Buchfinkenweg 2; Hotel „Allgäustern"

🗝 Hirnbeinstraße 5; Marktangergarage

Oberallgäuer Platz 2; Landratsamt

Rathausplatz 1; Rathaus

Sonthofen
Richard-Wagner-Straße 14; Soldatenheim

Stadionweg 10; Freibad Sonthofen

Speyer
 Domgarten; rechts vom Dom

Löffelgasse; zu erreichen von Gutenbergstraße, Korngasse etc.

Spiesen-Elversberg
Hauptstraße 116; neben Blummenhaus Born

Sitzungssaalanbau am Rathaus; Rückseite, OT Spiesen, Ortsmitte

St.-Ingberter-Straße 10a; Parkplatz, UG

Spremberg
Alexander-Puschkin-Platz 6; Schwimmhalle

Am Felixsee; Ferienobjekt Bohsdorf, OT Bohsdorf

Am Markt 1; Rathaus

Bergstraße 11; FZZ Bergschlößchen

Freibad Kochsagrund

Kraftwerkstraße 78; A.-Diesterweg-Grundschule

Sprendlingen
Schloßgasse 1; Scheune
San. ehem. Scheune Fam. Hoffmann

Sprockhövel
Dresdner Straße 45; Gemeinschaftshauptschule

Gedulderweg; Begegnungsstätte Gedulderweg

Gevelshager Straße 13; Bücherei

Hauptstraße 6; Gemeinschaftsgrundschule

Hauptstraße 82; Bücherei

Jahnstraße 6; Begegnungsstätte, OT Hiffinghausen

Nicolaus-Gross-Platz 2; Busbahnhof Haßlinghausen
In der Wartehalle

Rathausplatz 4; Rathaus

Rathausplatz 8; Sporthalle

Deutschland

St. Wendel
Marienstraße 20; Rathaus III

Schloßstraße 7; Rathaus I

Staberdorf
🗝 Neben der Bundeswehr; Strand-WC Staberhuk

Stade
Am Hafen
Damentoilette behindertengerecht

Am Sande

Auf der Insel; Freilicht Museum

Schiffertorstraße 6; Stadeum Kultur und Tagungszentrum

Stadtbergen
Stadtweg 2; Rathaus

Stadtlohn
Dufkampstraße; Stadthalle

Markt 3; öffentliche Toilette

Starbach
🗝 Im Industriegebiet 1; MAXI-Autohof Nossen
BAB 14, Ausfahrt 36

Starnberg
Hauptstraße 10; in der Stadtbücherei

Vogelanger 2; im Foyer der Schloßberghalle

Starnbergersee
Bootssteg; Schiffe auf dem Starnbergersee

Staufen i. Brsg.
🗝 Alfred-Schladerer-Platz; Am Schießrain/Richtung Stadtmitte

Steinenbronn
🗝 Stuttgarter Straße 5; Rathausgebäude, Eingang zwischen Rathaus und Bürgerhaus

Seite 237

Steinfurt
- Hollich 156; Landschaftspark Bagno
- Markt 19; Stadtbücherei

Stendal
- Uenglinger Straße, Bereich Uenglinger Tor

Stockach
- Adenauerstraße 4; Rathaus
- Winterspürer Straße 22; Jahnhalle, OT Stockach

Stockelsdorf
- Münzplatz; Öffentliche WC Stockelsdorf

Stolberg/Rheinland
- Burg Stolberg
- Bürgerhaus; OT Büsbach
- Bürgerhaus; OT Münsterbusch
- Frankentalstraße; OT Kulturzentrum
- Goethe-Gymnasium
- Grüntalstraße; öffentliche WC-Anlage
- Hallenbad; OT Schafberg
- Jugendtreff Breiniger Berg
- Liester Senioren-Zentrum
- Mehrzweckhalle; OT Atsch
- Mehrzweckhalle; OT Vicht
- Parkhaus Sonnental
- Rathaus
- Rothausstraße, Stadthalle
- Steinfeldstraße; Bethlehem-Krankenhaus
- Zweifachturnhalle; OT Breinig

Straelen
- Am Mühlentor / Ecke Nordwall
- Fontanestraße 4; Grundschule Straelen
- Fontanestraße 6; Stadthalle
- Fontanestraße 7; Städtisches Gymnasium

Deutschland

Straelen

- Niederdorferstraße 4; Grundschule, OT Herongen
- 🔑 Prof. Borchersstr.; Öffentliche WC Anlage
  Stadtkern - hinter der Sparkasse
- Rathausstraße 1; Stadtverwaltung
- 🔑 Römerstr. 49; Sportumkleidegebäude
  SVS Straelen
- Schulweg 4; Grundschule/Turnhalle, OT Holt

Stralsund

- Am Frankenwall; Ärztehaus, Schlüssel beim Pförtner
- Barther Straße; Tierpark, Schlüssel an Kiosk oder Kasse
- Beistraße 13; Ärztehaus, Schlüssel bei Schwestern im EG
- 🔑 Frankenwall; Busbahnhof
- Greifswalder Chaussee; EKZ Allkauf + Bauhaus
- Grünhufe; Auferstehungskirche, Schlüssel beim Personal
- 🔑 Grünhufer Bogen; Strelapark EKZ, 1. OG (Aufzug)
- Katharinenberg 14-20; Deutsches Museum für Meereskunde und Fischerei, Stadtmitte
- Langenstraße 54; DAK, Schlüssel bei Mitarbeitern
- Lindenallee; Lindencenter, Schlüssel beim Sicherheitspersonal
- Löwensches Palais; 1. OG (Nähe Rathaus/Schlüssel in Gaststätte
- 🔑 Mahnkische Wiese, Container
- Neuer Markt 7; Sparkasse, ggf. Schlüssel bei Mitarbeitern
- Neuer Markt/Frankenstraße; BEK, Schlüssel bei Mitarbeitern
- 🔑 Neuer Markt; WC-Häuschen auf dem Markt, mit Personal
- 🔑 Prohner Straße 31a; Haus der sozialen Dienste
- Rostocker Chaussee; EURO-SPAR-Markt/Tribseer Center
- Rostocker Chaussee; Hagebaumarkt, ggf. Schlüssel an Information

Straubing

- 🔑 Am Hagen; Großparkplatz
- 🔑 Am Kinseherberg 23; Eisstadion
- Am Wundermühlweg; Campingplatz
- 🔑 Ludwigsplatz 23; öffentliches WC
- 🔑 Seminargasse 8; Stadt Straubing, Rathaus, Gebäude Seminargasse
- 🔑 Stetthaimerplatz; Stadtmitte, öff. WC-Anlage

Der Locus · Deutschland

Straubing
- 🔑 Theresienplatz; Rathaus, öff. WC
- 🔑 Von-Leistner-Straße 40; Turnhalle St. Josef

Strausberg
- Fichteplatz 1; Freibad

Stuhr
- 🔑 Brinkum; ZOB
  6-20h

Stuttgart
- Am Schwanenplatz 10
- Arlbergstraße 32
- Arnulf-Klett-Passage; Ebene 1
- Charlottenplatz 10
- Festplatz Hofen
- Filderbahnplatz 15
- Göppinger Straße 6
- 🔑 Große Falterstraße 2; OT Degerloch; Bezirksrathaus
- Gutenbergstraße 9/1
- Heilbronner Straße 142
- Jahnstraße 112
- 🔑 kleiner Schloßplatz 13-15; Scala Stuttgart
- 🔑 Krailenshalde 32 OT Feuerbach; Kfz- Zulassungsstelle
- 🔑 Lautenschläger Straße; Busterminal
- Löffelstraße 13/1
- 🔑 Marabu
- Neckarstraße 43
- Ostendstraße 60/1
- 🔑 Rothebühlplatz
- Schreiberstraße 11
- 🔑 Schwabenplatz 7; Schwaben Galerie Stuttgart
- Unterländerstraße 32
- Wiener Platz 4

Deutschland

Süderbrarup
- 🔑 Marktplatz

Suhl
Albert-Schweitzer-Straße 15a; Café „Am Döllberg"

Am fröhlichen Mann; Globus-Baumarkt

Am Königswasser; PRAKTIKER Bau- und Heimwerkermärkte AG, Ebene 0

Auenstraße 32; BESEG, Ebene 0

🔑 Bahnhofstraße; Bahnhof, Bahnsteig 1

Bahnhofstraße; öffentliches WC (Nähe Post)

Friedrich-König-Straße 1; Europa Congress Hotel, Ebene 1

Friedrich-König-Straße 2; Lauterkopf Center, Ebene 0

🔑 Friedrich-König-Straße 5; CCS-Atrium (Congress-Centrum; EKZ); Ebene 0 (Männer), Ebene 1 (Frauen)

Friedrich-König-Straße 60; Sozialamt, Ebene 0

Friedrich-König-Straße 64; Gesundheitsamt, Kellergeschoß

Friedrich-König-Straße 7; Congress Centrum (Schwimm-/Stadthalle)

Große Beerbergstraße 39; Offenes Familienzentrum „Die Insel", Ebene 0

Hauptstraße 3-7; Kaufhaus MARKTKAUF, OT Mäbendorf

Kirchberg 3; BARMER-Ersatzkasse

Kommerstraße; Busbahnhof/Städtische Nahverkehrsgesellschaft

Marktplatz 1; Rathaus

Neuer Friedberg 1; TELEKOM Kundenberatung, Haus 20

Parkgarage am Rathaus

Platz der Deutschen Einheit 4; AOK

Ringberg 10; Ringberg Resort Hotel

Rudolf-Harbig-Straße 2; Stadtverwaltung

Windmühlenweg 2; Kath. Pfarrgemeinde St. Kilian

Wolfsgrube 23; Sporthalle Wolfsgrube

Würzburger Straße 1; KAUFLAND Warenhandel Thüringen GmbH & Co. KG

Sulzbach-Rosenberg
Am Wallfahrtsort „Annaberg"

🔑 Luitpoldplatz; Rathaus
permanent geöffnet

Rathausgasse (Eingang); im Alten Rathaus, nur mit Begleitperson!

Sulzbach/Saar
- Bahnhofstraße, Postvorplatz
- Innenhof, Kulturzentrum
- Marktstraße; Parkhaus

Sulzbach/Taunus
- Main-Taunus-Zentrum

Sundern
- Hauptstraße 92; Volkshochschule
- Rathausplatz 1; außerhalb des Gebäudes

Syke
- Bahnhofstraße 1; Bahnhof
- Hauptstraße 33; Wessels Hotel
- Hauptstraße 56; im Minimal-Center in der Passage
- Kirchstraße 4; Rathaus, EG, neben Info-Zentrale
- Mühlendamm 4; Kreissparkasse

Tauberbischofsheim
- Wörtplatz; öffentliche Toilette

Tegernsee
- Hauptstraße 2; Haus des Gastes
- Hauptstraße 63; beim Strandbad

Teistungen
- Grenzlandmuseum Eichsfeld; OT Teistungen
- Teistungenburg; OT Teistungen

Teltow
- John-Scheer-Straße; Neue Sporthalle

Templin
- Dagersdorfer Straße; gegenüber der Tankstelle
- Heinestraße; Parkplatz
- Prokopiusstraße; Busbahnhof

Deutschland

Teterow
- Rathauskeller
  in Verbindung mit Behindertenfahrstuhl

Tettnang
- Grabenstraße; im Parkhaus, 1. UG, Süd-West-Treppenhaus

Teublitz
- Platz der Freiheit 12; neben Rathaus

Thale
- Bahnhofstraße; Busbahnhof
  kostenpflichtig
- Karl-Marx-Straße; Parkplatz Stadtmitte
- Obersteigerweg 28; Parkplatz PLUS-Markt

Thalheim
- Stadtbadstraße 14

Thallichtenberg
- Burg Lichtenberg

Tharandt
- Dresdener Str.; Servicegebäude DB

Titisee-Neustadt
- Strandbadstraße 4; Kurhaus, OT Titisee
- Strandbadstraße; im Kurgarten, OT Titisee
- Talstraße; Jahnstadion, OT Neustadt

Tittling
- Theodor-Heuss-Straße; zwischen Pfarrkirche und Sparkasse

Tönisvorst
- Wilhelmplatz; Kiosk, OT St. Tönis

Torgau
- Markt 1; Rathaushof
- Rapitzweg
- Unter den Linden

Torgelow

Am Bahnhof; Sozialstation des DRK

Goethestraße 2

Tornesch

🗝 Am Schützenplatz 5; Turnhalle, OT Esingen

🗝 Bahnhofsplatz; Fahrradgarage

Jürgen-Siemens-Straße 8; Rathaus

🗝 Klaus-Groth-Straße; Haus der Jugend

Klaus-Groth-Straße; Realschule

Traunstein

🗝 Bahnhofstraße; Bahnhof

🗝 Maxplatz 14; Kiosk Maxplatz

🗝 Scheibenstraße P4; Parkhaus

🗝 Wasserburger Straße 94; Städtischer Waldfriedhof

Trebur

🗝 Alt Astheimer Straße, Rathaus, OT Astheim

🗝 Astheimer Straße 55; Eigenheim, Kleingartenanlage

🗝 Berliner Straße 7; Bürgerhaus, OT Astheim

🗝 Berliner Straße 7; Sporthalle, OT Astheim

🗝 Hans-Böckler-Straße 16; Jugendhaus, OT Astheim

🗝 Herrngasse 3; Rathaus

🗝 Leeheimer Straße 25; Sporthalle, OT Geinsheim

Neugasse 27; Sanitärgebäude, OT Geinsheim

Trier

Basilika-Vorplatz; Palastgarten

Bruchhausenstraße; Nordallee

Busparkplatz; OT Weberbach

🗝 Fort-worth-Platz 1; Arena Trier

Kaiser-Wilhelm-Brücke

🗝 Loebstraße 18

Moselauen

Simeonstiftplatz

Studentenhaus; OT Tarforst

Deutschland

Trier
- Studentenwohnheim Petrisberg; französisches Lazarett
- Südallee/Kaiserstraße
- Ullmer Straße; Lorenz
- 🗝 Zurmaiener Straße 173; Unterhaltungszentrum RIVERSIDE

Troisdorf
- 🗝 Kölnerstr.176; Rathaus Troisdorf
  im Untergeschoß
- Schloßstraße; NWC - freistehend

Trostberg
- 🗝 Bayernstraße 1
- Caroplatz

Tübingen
- 🗝 Berliner Ring/Einmündung Weidenweg; Bushaltestelle
- Derendinger Straße 40; Firma Gröber GmbH
- Europaplatz; Bahnhofsunterführung
- 🗝 Haagtorplatz
- 🗝 Klinikumsgasse; gegenüber Haus 22
- Marktplatz 1
- Wilhelmstraße 13, Universität Tübingen, Mensa I
- 🗝 Wöhrdstraße; im Verkehrsverein

Tuttlingen
- Bahnhofstraße 100; Landratsamt
- Bahnhofstraße; Festhalle
- Hauptbahnhof
- Honberger Straße 10; im Haus der Senioren
- Im Anger 1; Angerhalle, OT Möhringen
- Rathausstraße 1; im Rathaus, Schlüssel beim Pförtner

Twistringen
- Lindenstraße 14; Rathaus
- St.-Annen-Straße 15; Krankenhaus St.-Annen-Stift

Überlingen
- Münsterpassage
- Stadtgarten; WC-Anlage

Übersee
- Hochfellnweg 1; Naturschutzpavillon „Zellerpark"

Uelzen
- Bahnhofstraße; Kino
- Rathaus; Seite Busbahnhof
- Zentraler Busbahnhof

Uetersen
- Ahrenloher Straße/Gewerbegebiet; ARAL-Tankstelle
- Bahnhof; Fahrradgarage
- Klaus-Groth-Straße 9-11
- Königsberger Straße 7; Turnhalle
- Pommernstraße 91; Altentagesstätte

Uetze
- Marktstraße 6; Schulzentrum
- Marktstraße 9; Zentrales Verwaltungsgebäude

Uhldingen-Mühlhofen
- B31; Rastplatz, Höhe Uhldingen

Ulm
- Blaubeurer Straße 95; Einkaufscenter BLAUTAL-CENTER
- Buchauer Straße 6; Tannanplatz, OT Wiblingen
- Ehinger Tor
- Festplatz; am Volksfestplatz
- Friedrichsau; Donauhalle, bei Straßenbahn-Endhaltestelle
- Glöcklerstraße; am Omnibusparkplatz
- Lautenberg 2; Kiosk-Rückseite, EG
- Schweinemarkt; im Fischerviertel
- Wengegasse / Sterngasse
- Willi - Brandt - Platz / Marktplatz

Ulm
- ZOB

Unna
- Bahnhofsstraße; Alter Markt
- Bahnhofstraße 45; Rathaus, Bürgerhalle
- Gesamtschule; OT Königsborn
- Grillostraße 5; Gottlieb-Gerlach-Haus

Unterföhring
- Feriengasse; Erholungsgebiet
- Unterföhringer See; Erholungsgebiet

Unterhaching
- Am Sportpark 1; Sportstadion, Sportpark-Vereinsheim
- Grünauer Allee 6; Sportstadion Hachinga-Halle
- Jahnstraße 1; Kultur- und Bildungszentrum
- Rathausplatz 7; Rathaus

Unterschleißheim
- Rathausplatz 1; Rathaus/Bürgerhaus, im Hofgeschoß
- Rathausplatz 9; IAZ Kaufland, UG

Uslar
- Neustätter Platz; Busbahnhof
- Zur Schwarzen Erde; Hallenbad

Utting am Ammersee
- Bahnhofsplatz 3

Varel
- Am Alten Deich 4; Nordsee-Kuranlage Deichhörn, Dangast
- Badestrand; Nordseebad Dangast
- Dangast; am Strand
- Edo-Wiemken-Straße 61; Dangast, Meerwasser-Quellbad
- Kurzentrum, Bäderabteilung; Nordseebad Dangast
- Kurzentrum, Restaurant; Nordseebad Dangast
- Meerwasserquellbad; Nordseebad Dangast

Varel

- Neumühlenstraße 4a
- Neumühlenstraße 6; beim Kiosk
- Oldenburger Straße 21; Jugend- und Vereinshaus Weberei
- Windallee 4; Rathaus

Velbert

- Blumenstraße 3; OT Mitte
- Busbahnhof, OT Nierenhof
- Domparkplatz, OT Neviges
- Ehem. Marktplatz; vor Haus Bernsaustraße 4, OT Neviges
- Forum Niederberg; OT Mitte
- Friedrich-Ebert-Straße 81; im Kiosk vor Nikolaus-Ehlen-Gymnasium
- Frohweinplatz; Taxizentrale, OT Langenbeg
- Lohbachstraße; Parkhaus, OT Neviges
- Nevigeser Straße 309; im Kiosk, OT Tönisheide
- Nevigeser Straße/Antoniusstraße
- Oststraße; Parkhaus, Taxizentrale, OT Mitte

Vellmar

- An der B7; HERKULES-Markt
- Brüder-Grimm-Straße; Festplatz

Velten

- Am Markt
- Rosa-Luxemburg-Straße 120; Gymnasium

Verden/Aller

- Andreasstraße 7; Deutsches Pferdemuseum
- Bahnhofstraße; Bahnhof
- Eitzer Straße 215; Fa. EFFEM, bei der Rezeption
- Grüne Straße; Nähe Dom
  7-19h
- Ostertorstraße 7a; Tourist-Information
- Ritterstraße 22; Rathaus
- Untere Straße 13; Historisches Museum „Domherrenhaus"

Deutschland

Verl
- Bahnhofstraße 11; Gaststätte Tiffany

Viernheim
Heidelberger Straße; Kinopolis

Industriestraße 32/34; Waldsporthalle und Waldstadion

Kreuzstraße 2; Bürgerhaus, Kurpfalzplatz

Kreuzstraße 2; Bürgerhaus-Gaststätte, über Bürgerhaus

Kreuzstraße 2; Volkshochschule, über Bürgerhaus

Kurt-Schumacher-Allee 36-42; Kindertagesstätte Kinderdörfel

Lorscher Straße 84a; Rudolf-Harbig-Halle

Rhein-Neckar-Zentrum; Einkaufszentrum

Sandhöfer Weg 4; Sportgebiet West/Umkleidegebäude

Satonévri-Platz; Cafeteria in der Kulturscheune

Stadionstraße 4; Feierabendhalle, über Waldstadion

Wasserstraße 16/Santonévri-Platz; Stadtbücherei

Viersen
- Am Alten Rathaus 1; Rathaus, Verwaltungsgebäude II, OT Düllen
- Am Löhplatz 2; Volkshochschule
- Hindenburgstraße 101; Sportpark Süchtelner Höhen
- Josef-Kaiser-Allee 9; Stadion Hoher Busch
- Königsallee 30; Sozialamt Viersen
- Konrad-Adenauer-Ring 30; Erasmus-von-Rotterdam-Gymnasium
- Lindenstraße 7; Gesamtschule
- Rahser 134/139; Gesamtschule
- Rathausmarkt 1; Stadtbibliothek
- Rathausmarkt 3; Kreisverwaltung
- Remigiusstraße 1; Arbeitsamt Krefeld - Nebenstelle Viersen

Villingen-Schwenningen
City-Rondell; OT Schwenningen

Kurpark

Muslen-Parkhaus; OT Schwenningen

- Riedstraße 8; Altes Kaufhaus, OT Villingen

Villmar
- Alter Schulhof

Vilshofen
- Untere Donaulände 9

Viöl
- Westerende 41; Amt Viöl, EG

Vlotho
Klosterstraße, Parkplatz „In der Grund"

Vöhringen
Hettstedter Platz 1; Rathaus

Hettstedter Platz; Kulturzentrum

Parkstraße; City-WC im Stadtcenter

Vreden
- Butenwall; am Busbahnhof

Wachtberg
Rathausstraße 34; Rathaus

Wadern
- Eisenbahnstraße; Schloßberghalle, OT Büschfeld
- Öttingen-Sötern-Platz; Schlüssel im Rathaus erhältlich, OT Wadern
- Saarbrücker Straße; Funktionsgebäude auf dem Dorfplatz, OT Nunkirchen
- Stadthalle
- Toilettenanlage am Noswendeler See; OT Noswendel

Waghäusel
Gymnasiumstraße; Rathaus

Rheinstraße; Rheintalhalle, OT Kirlach

Waiblingen
Alter Postplatz; WC-Anlage

Kurze Straße 33; Rathaus

- Kurzestr. 31; Rathaus Waiblingen

Deutschland

Waldbröl
- Vennstraße 13a; Arbeitsamt

Waldburg
Hauptstraße 20; Rathaus, UG

Kirchsteige 3; im UG

Waldkraiburg
Berliner Straße; Bahnhofskiosk am neuen Bahnhaltepunkt

Braunauer Straße; Haus der Kultur

Waldsassen
- Johannisplatz 9-11; PKW-Parkplatz Schwanenwiese, Durchgang
- Johannisplatz 9-11; Stadtbücherei, Nähe Basilika-Kirche
- Josef-Wiesnet-Straße 1; Bus- und PKW-Parkplatz
- Joseph-Wiesnet-Str. 1; Großparkplatz
- Schwanengasse; Parkplatz Schwanenwiese

Waldshut
- Kornhausplatz; Parkhaus, Waldshut-Tiengen

Walldorf
- Schwetzinger Straße 88, Schulzentrum Walldorf
- Schwetzinger Straße 94, am Stadion

Wallgau
- Rathaus

Walsrode
Hermann-Löns-Straße 22; Hallenbad

Im Großen Graben; Kiosk
8-18:30 h

Kirchplatz 4; Volkshochschule

Waltershausen
Brauhausplatz; unterer Teil Rathausplatz

Waltrop
- Marktplatz; Nordbebauung von der Bahnhofstraße, EG

Waltrop

- Marktplatz; Stadtbücherei, 1. OG (Aufzug)
- Moselbachpark; EG
- Münsterstraße 1; Rathaus, Altbau, EG
- Stadthalle; im Foyer, EG

Wangen/Allgäu

- Bahnhofstraße 7; Tiefgarage
- Freibad Wangen; OT Burglitz
- Herzmannser Weg; Sportplätze, OT Gehrenberg
- Jahnstraße 9; öffentliche WC-Anlage

Wangerland

- Campingplatz Hooksiel; in 2 Gebäuden
- Campingplatz Schillig; in 5 Sanitätsgebäuden
- Hohe Weg 1; Gästehaus Hooksiel
- Meerwasserhallenwellenbad
- Strand Hooksiel; Gebäude 2
- Strand Horumersiel; Sanitätsgebäude C
- Zum Hafen 3; Kurverwaltung/Kurmittelhaus
  Haus des Gastes, Sauna, Warmbad

Warburg

- Bruchring; OT Scherfede; Schützenhalle Scherfede
- Neustadtmarktplatz; Service & Info Gebäude

Wardenburg

- Patenbergweg 1; Bücherei der Gemeinde

Warendorf

- Marktplatz; Rathaus, Nebengebäude
- Sassenberger Straße; Bootshaus Emssee

Warstein

- Marktplatz; Tiefgarage
- Poststraße 5

Deutschland

Wasserburg/Inn
- Kellerstraße; Parkhaus II
- Überfuhrstraße 1; Parkhaus I

Wathlingen
Am Schmiedeberg 1; Rathaus

Dorfstraße 41; Rathaus Nienhagen

Wedel/Holstein
- Bekstraße; Turnhalle
- Küsterstraße; Am Roland, EG
- Marktplatz; Am Roland
- S-Bahnhof Wedel; EG
- Schulauer Hafen
- Schulauer Straße; Festplatz, EG
- Schulauer Straße; Freizeitpark Elbmarschen
- Spritzerdorfstrasse; Schulauer Markt

Wedemark
Allerhop 26; Begegnungsstätte „Haus am Teich", OT Mellendorf

Am Freizeitzentrum 2-4; Freibad, OT Mellendorf

Am Mühlenberg; Jugendtreff, OT Bissendorf

Am Mühlenberg; Mehrzweckhalle, OT Bissendorf

Gottfried-August-Bürger-Straße; Bibliothek, OT Bissendorf

OT Grailhof; Freizeitheim

Roye-Platz; Wedemark-Halle, OT Mellendorf

Weener (Ems)
Ortseingang „Am Hafen"; Parkplatz „Im Vogelsang"

Wehr
Basler Straße 50; Nebengebäude Bahnhof-Brennet

Weiden/Oberpfalz
- Bahnhof
- Dr. Pflege Str. 15; Neues Rathaus
  Seiteneingang bei Sozialamt
- Dr.-Pfleger-Straße 15; Berufsschule, Turnhalle

Der Locus · Deutschland

Weiden/Oberpfalz
- Dr.-Pfleger-Straße; Zentraler Omnibusbahnhof, am Neuen Rathaus

Weilburg
- Bahnhofstraße; Zentraler Omnibusbahnhof
- Mauerstraße; Parkdeck

Weilheim in OBB
- Johannes-Dammrich-Straße 5
- Marienplatz 1; Museum

Weimar
Ackerwand 15
Am Poseckschen Garten
Berkauer Straße
Frauenplan
Schützengassenplatz

Weingarten/Württ.
- Heinrich-Schatz-Straße; Postplatz

Weinheim
- Dürreplatz; Omnibusbahnhof Pavillon Nord, Innenstadt
Schloßpark; in Damentoilette integriert

Weitendorf
- Flughafen Rostock-Laage-Güstrow; Toilette im Terminal

Weiterstadt
Carl-Ulrich-Straße; Bürgerzentrum
Darmstädter Landstraße; Sporthalle, OT Gräfenhausen
Darmstädter Straße 20a; Stadtbüro
Forststraße; Sporthalle, OT Braunshardt

Weißenburg in Bayern
Bachgasse 15, Brauerei Schneider „Zur Kanne"
Freibad-Limesbad
Kulturzentrum Karmeliterkirche

Deutschland

Weißenburg in Bayern
Markthalle „An der Schranne"
Parkhaus „An der Doerflerrilla"

Weißenfels
An der Promenade; Busbahnhof

Welver
Am Markt 4, Rathaus

Wemding
🔑 Am Kapuzinergraben; WC-Anlage am Kapuzinergraben *gegenüber dem Kloster*

Wenden
Hauptstraße 75; im Rathaus

Wendlingen/Neckar
Marktplatz 2; im Rathaus, UG (Zugang für Rollstuhlfahrer: Rückseite)

Wennigsen (Deister)
Gemeindezentrum in Verbindung mit „Ristorante Florenz"

Werdau
🔑 Bahnhofstraße; Bahnhof

Crimmitschauer Straße 7/Zugang über Pleißenbergstraße; Stadthalle, OT Pleißental

🔑 Markt 10-18/Zugang Burgstraße; Rathaus

🔑 Straße der Jugend; Haus der Jugend, bei Hausnummer 1

Werder
🔑 S-Bahnhof Werder

Werdohl
🔑 Derwentsiderstraße, Auf dem Marktplatz

🔑 Inselstraße; 30 m südlich des Busbahnhofes

Werl
Neuer Markt; OT Werl

Werlte
Rathaus

Wermelskirchen
Telegrafenstraße 29-33; Rathaus der Stadt

Wernau/Neckar
🗝 Marktplatz

Werne
Griesetorn

🗝 Konrad-Adenauer-Platz 2; Einkaufszentrum Gröblingenhoff Werne/ Trattoria Il Nido/ Eiscafé

Wernigerode
🗝 Am Nicolaiplatz

🗝 Bahnhofstraße; Unter den Zindeln

🗝 Breite Straße 114

🗝 Kleine Dammstraße 7; Am Busbahnhof

🗝 Kohlgartenstraße; Am Anger

🗝 Parkplatz Anger; Stellplatz Wohnmobile

Wertheim
Bahnhofstraße 1; im Kulturhaus

Bahnhofstraße; Zentrale Omnibushalle

🗝 Blättleinsäcker 1; Bettingen; MAXI-Autohof Wertheim

🗝 Mainplatz; Mainplatz-Tiefgarage

Mühlenstraße 26; im Rathaus

Werther/Westf.
Engerstraße 2; Jugendzentrum der Stadt Werther

Schloßstraße 36; Stadtbibliothek

Wesel
Fußgängerzone; Ecke Windsteg, außen an Kaufhaus KAUFHOF

Tiefgarage Großer Markt/Trappzeile

Deutschland

Wesenberg
- Am Hafen; Hafengebäude

Wesseling
- Flach-Fengler-Straße/Bahnhofstraße; Bahnhof Mitte, Haltestelle der Stadtbahnlinie 16, im Fußgängertu
- Rathausplatz; Rathaus
- Rheinpark; Pavillion

Westerland/Sylt
Alte Post; Westerland

Am Bahnhof; Westerland

- Am Kliff; öffentliche Toiletten, Keitum
- Am weißen Kliff; Braderup/Wenningstedt

Beim Altfriesischen Haus; Kutum

- Friesensaal; Keitum, OT Tipkenkoog

Friesensaal; Keitum, Sylt-Ost

Gemeindehaus; Tinnum, Sylt-Ost

Kurhaus Wenningstedt, 1. OG

Kurmittelhaus; Nähe Brandenburger Platz

Kurverwaltung Hörnum; UG

Muasem-Hüs; Morsum, Sylt-Ost

Nähe Golf- und Tennisplatz, Wenningstedt

Norddörfer Halle; ebenerdig, Wennigstedt

Nordhedig; an der Musikmuschel, Westerland

Obere Kurpromenade an der Lesehalle

Rantumer Straße; Veranstaltungssaal, Rantum

Restaurant Seegarten; obere Kurpromenade

Strandstraße; Kurhaus, Rantum

Westerstede
Rathaus-Nebengebäude
Mo-Do 8-17 u. 8-12:30 h

Kückelkroog (Fikensolt)

Vogel- u. Landschaftspark „Fikensolterfeld"

Hotel „Altes Stadthaus"

Ocholt (Bahnhofsplatz)

Westerstede

Albert-Post-Platz; Bezirkssporthalle Hössensportanlage

Am Achterkamp 2; DRK Hüllstede

Am Markt; Freilichttheater
Behinderten WC am ZOB

Am Schützenplatz; Campingplatz

🗝 Heinz-Böhnke-Str. 3a; Robert-Dannemann-Schule

Westoverledingen

Bahnhofstraße 18; Rathaus Ihrhove
während der Öffnungszeiten

Deichstraße 7a; Freizeitpark „Am Emsdeich"
während der Öffnungszeiten

Mühlenweg 2; Mühlenensemble Mitling-Markt

Wetzlar

Haus am Dom

Kaufhaus WOOLWORTH

Neustadt; Unterführung

Weyhe

🗝 Marktplatz; Betriebsgebäude, OT Kirchweyhe

Rathausplatz 1; Rathaus, OT Weyhe

Wiehl

Brucherstraße; im Freizeitpark

Mühlenstraße 23; Toilette in Eishalle bzw. Freibad

Wiesbaden

Adlerstraße 19-23; Bürgerzentrum

Adolfsallee 36; Städtisches Schulamt

Alcide-de-Gasperi-Straße 1; Ordnungsamt (Zentrale Meldestelle)

🗝 An der Markkirche
permanent

🗝 Biebrich Rheinufer; Endhaltestelle der Linie 4 (Fertigstellung 4. Quartal '98)

Dostojewskistraße 4; Ministerium für Frauen, Arbeit und Soziales

Dostojewskistraße 8; Finanzamt

Dotzheimer Straße 38-40; Gesundheitsamt, EG

Deutschland

Wiesbaden

Dotzheimer Straße 99; Amt für Soziale Arbeit, gegenüber Zi. 219

Ehrengartstraße 15; Interessengemeinschaft für Behinderte e.V.

🔑 Fasaneriestraße; Tierpark Fasanerie, direkt hinter dem Eingang rechts

Frankfurter Straße 44; Landeswohlfahrtsverband Hessen

Friedhof; OT Dotzheim

Gustav-Stresemann-Ring 11; Statistisches Bundesamt, EG

Kirchgasse 35-43; Kaufhaus Karstadt

Klarenthaler Straße 34; Arbeitsamt/Zugang Kurt-Schumacher-Ring

Konrad-Adenauer-Ring 33, Fernmeldeamt

Kurhausplatz 1; Kurhaus

Kurt-Schumacher-Ring 18; Fachhochschule

Ludwig-Erhard-Straße 100; Dr.-Horst-Schmidt-Kliniken, EG

🔑 Mauritiusgalerie; EG

Mosbacher Straße 55; Hessisches Hauptstaatsarchiv

🔑 Mühlgasse; Schloßplatz

Neroberg; Cafe Wagner
Öffnung der Toilette über Rufanlage

🔑 OT Erbenheim; Domäne Mechthildshausen

🔑 Platter Straße; Freizeitgelände Alter Friedhof

Rheinstraße 20; Rhein-Main-Halle, Verwaltung

Rheinstraße 55-57; Hessische Landesbibliothek, Ausleihe

🔑 Schiersteiner Hafen; Wasserrolle (Fertigstellung 4. Quartal ´98)

🔑 Schloßplatz 6; Rathaus, Zugang über Aufzug, linke Seite, Hauptportal

🔑 Schulgasse; Schulgasse - vor Karstadt
permanent

🔑 Schulgasse/Mauritiusplatz

Siegfriedring 25; Südfriedhof, hinter Haupteingang rechts

Solmsstraße 15; St.-Josefs-Hospital, EG

Sonnenberger Straße 14; Städtische Musikbibliothek

St. Veiter Platz 1; OT Mainz-Kastel/Kostheim

Wallufer Platz des Reichsbundes; Hilde-Müller-Haus, Café
Aufzug vorhanden

Wellritzstraße 38; Gemeinschaftszentrum Westend

🔑 Wilhelmstr.

Wiesenburg/ Mark
- Parkstr.; öffentlicher Parkplatz
  OT Wiesenburg

Wiesloch
- Kurpfalzstraße 51, Haus Kurpfalz
- Marktstraße 13; Rathaus Kernstadt

Wiesmoor
Mittelweg 38; Dorfgemeinschaftshaus, OT Zwischenbergen

Wietzendorf
Hauptstraße 12; Rathaus
während der Öffnungszeiten

Hauptstraße 27; Gasthaus Hartmann

Neue Straße 13; Campingplatz

Wildeshausen
- Gildeplatz

Wilhelmshaven
- Bahnhofsvorplatz; ZOB

Bismarckstraße 185; Filmzentrum am Rathaus
3 Behinderten Parkplätze

- Bootshaus Stadtpark
- Heddostraße; Verwaltungsstelle Sengwarden

Jadestraße; Kulturzentrum Pumpwerk

- Preußenstraße; Kirchplatz
- Rathaus; UG, Eingang Westseite
- Sportforum

Südstrand 110b; Nationalparkzentrum „Das Wattenmeerhaus"

Südstrand 125; Deutsches Marinemuseum

- Südstrand; Aufsichtsbehörde der Freizeit

Virchowstraße 42-44; Landesbühne Niedersachsen Nord GmbH

Willingen-Usseln
- Sportstraße; Freibad-Untergeschoss
  8.00-17.00 Uhr

Deutschland

Wilnsdorf
- 🔑 Elkersberg 2; KMS Maxi Autohof

Winnenden
- Albertviller Straße 11; Stadthalle Winnenden
- Albertviller Straße 56; Wunnenbad
- 🔑 Karl-Krämer-Straße; Zentralomnibusbahnhof am Bahnhof
- Talaue; Birkmannsweiler Halle
- Torstraße 10; Rathaus

Winsen/Luhe
- 🔑 Schanzenring 6; Edeka Schanzenhof
- 🔑 Schloßplatz 11; Marstall
- 🔑 Schloßplatz 6; Landkreisverwaltung Harburg, Gebäude „A" und „B", jeweils EG
- 🔑 Schloßring 20; Spielpark

Winterberg
- 🔑 Hauptstraße 1; Kurverwaltung

Wismar
- 🔑 Am Alten Hafen; öffentliche WC-Anlage
- 🔑 Am Weidendamm; Parkplatz
- 🔑 Marienkirchplatz; Parkplatz, öffentliche WC-Anlage
- 🔑 Ulmenstraße; am Kreisverkehr, öffentliche WC-Anlage

Witten
- 🔑 Berliner Straße; Innenstadt, neben Hauptpost

Wittenberge
- 🔑 Am Stern
- B.-Remy-Straße 6; Stadtverwaltung
- Bismarckplatz
- 🔑 Friedrich-Ebert-Platz; Am Kulturhaus
- Parkstraße/Friedhofsvorplatz

Der Locus · Deutschland

Wittlich

Beethovenstraße; AOK Rheinland-Pfalz, in Keller (Personal fragen!), Aufzug vorhanden

Koblenzer Straße; St. Elisabeth-Krankenhaus, EG

Marktplatz; öffentliches WC

Witzenhausen

 Am Markt 1; Rathaus, öffentliche Toilette

Wolfach

Glasbläserei Wolfach; kurz hinter der Kasse links

Wolfen

Dessauer Allee; öffentliche Toilette Wolfen-Nord

Puschkin-Platz; Kulturhaus der Stadt Wolfen

Reudener Straße 72; Stadtverwaltung

Wittenerstraße; Einkaufszentrum, Wolfen-Nord

Wolfhagen

Frankenstraße 12; DGH-WOH-Wenigenhausen, UG, Rückseite

Kampweg; DGH-WOH-Istha, EG

 Kirchplatz 1; Altes Rathaus, UG und 1. OG, Eingang Schützeberger Straße

Kirchplatz; DGH-WOH-Altenhasungen, EG (Rampe)

Kl. Offenberg 1; Kreiskrankenhaus Hessenklinik

Kurfürstenstraße 19; Arbeitsamt, Dienststelle Wolfhagen

Kurfürstenstraße 20; Großsporthalle Wilhelm-Filchner-Schule, EG

Kurfürstenstraße 22; Stadthalle, Eingang Saalebene

Leckringhäuser Straße; DGH-WOH-Ippinghausen, EG, Vorraum

Liemecke; Erlebnisbad Wolfhagen, EG

Schützenberg Straße 91; Ha We Ge - Markt Wolfhagen

Torstraße 5; Begegnungsstätte AWO-Wolfhagen, Eing. Rückseite

Walmeweg; Schwimmbad WOH-Niederelsungen, EG

Wilhelmstraße 7; Kreissparkasse, Eingang Ottostraße

Zierenberger Straße; DGH-WOH-Niederelsungen, UG, Eingangsbereich

Wolfsburg

Bahnhof

Wolfsburg

- 🔑 Brandenburgischer Platz; City-Toilette
- 🔑 City-Toiletten Nordkopfcenter; am Busbahnhof
- 🔑 Detmeroder Markt
-    Hoffmannstraße; OT Fallersleben
- 🔑 Porschestr. 49-51; Rathaus A
  Erdgeschoss
- 🔑 Porschestraße; auf dem kleinen Postparkplatz, Kernstadt
-    Porschestraße; Kulturzentrum
- 🔑 Südkopfcenter
-    Zentraler Busbahnhof

Worms

- 🔑 Hagenstraße/Marktplatz; Rathausdurchgang
-    Ludwigsplatz; Eingang zur Tiefgarage
-    Stadtkrankenhaus

Worpswede

- Bergstraße/Ecke Findorffstraße; Gemeindehaus Zionsirche
  zu den Bürozeiten
- Berstraße; Zentraler Parkplatz

Wörth/Rhein

- Dorfbrunnenstraße 28; ehemaliges Rathaus, OT Büchelberg
- Festhalle
- Forststraße 1a; Regionale Schule
- Hermann-Quack-Straße 1; Bürgerhaus, OT Maximiliansau
- Königstraße 1; Dammschul-Turnhalle
- Kronenstraße 12; Tullahalle, OT Maximiliansau
- Rathausplatz 5; Stadtbibliothek
- Schulstraße 5; in der Alten Schule, OT Maximiliansau
- Sporthalle/Sportzentrum, OT Schaidt

Wulfersdorf

- 🔑 Dorfstraße 75a; Raststätte Prignitz West

Wunsiedel

- 🔑 Busbahnhof

Wunstorf

- 🗝 Bahnhofstraße; Zentraler Ommnibusbahnhof
- Neuer Winkel; OT Steinhude
- Strandterrassen; OT Steinhude
- 🗝 Südstraße 1; Neues Rathaus, hinter dem Kiosk am Stadtgraben
- 🗝 Südstraße 1; Rathaus, Gebäude D, Ebene 2
- 🗝 Südwall 8; Parkplatz

Wuppertal

- Auer Schulstraße; Volkshochschule, OT Elberfeld
- August-Bebel-Straße; Rettungs- und Feuerwache, OT Elberfeld
- Friedrichstraße; Akzenta-Markt, OT Elberfeld
- 🗝 Friedrichstraße; Gesundheitsamt
- 🗝 Große Wegnerstraße; Rathaus, OT Barmen
- 🗝 Hauptbahnhof; Bahnsteig 1, OT Elberfeld
- Häusnerstraße; Klinikum, OT Barmen
- 🗝 Hünefeldstraße 3-17; Arbeitsamt, OT Barmen
- Johannisberg; Stadthalle, OT Elberfeld
- 🗝 Kleine Flurstraße 5; Wuppertaler Brauhaus, Galerie I, OT Barmen
- 🗝 Laurentiusplatz; OT Elberfeld
- 🗝 Lienhardplatz; OT Vohwinkel
- Opernhaus; OT Barmen
- 🗝 Rathausgalerie; OT Elberfeld
- 🗝 Rudolfstr. 120; Grundschule
- 🗝 Schwebebahnhof Oberbarmen; OT Barmen
- Stennert 8; „Die Färberei", Oberbarmen
- Von-der-Heydt-Museum; Turmhof, OT Elberfeld
- 🗝 Wichlinghauser Markt; OT Barmen
- Zoo; OT Elberfeld

Würselen

- 🗝 Morlaixplatz 1; Rathaus

Würzburg

- 🗝 Am Hubland; Bayerische Julius-Maximilians-Universität
- Augustinerstraße 5; Eulen-Apotheke

Deutschland

Würzburg

Augustinerstraße/Gotengasse; öffentliches WC

Bahnhof; öffentliche WC-Anlage
Schlüssel bei Bahnhofsmission

🗝 Heuchelhofstraße; unter der Brücke, OT Heuchelhof

Kardinal-Faulhaber-Platz 1; AOK, im Keller

Karmelitenstraße 43; Stadtverwaltung Sozialreferat

Kürschnerhof 4; Fa. Breuninger

🗝 Langgasse; Rathaus/Marktplatz

Luitpoldkrankenhaus

Möbelhaus Neubert; OT Heidingsfeld

🗝 Rathaus; OT Heidingsfeld

Sanderring 2; Neue Universität

Schönbornstraße; Kaufhaus Kaufhof, EG

Xanten

🗝 Kurfürstenstraße 9; Büro der Tourist-information

🗝 Nibelungenbad/Strandbadelandschaft Xantener Südsee

🗝 Xantener Nordsee; Bootshafen, OT Vynen

🗝 Xantener Nordsee; Bootshafen, OT Wardt

Zehdenick

🗝 Amtswallstraße; Stadt Zehdenick

🗝 Falkenthaler Chausse 1; Stadt Zehdenick

Zeitz/Elster

Am Schützenplatz; Busbahnhof

Roßmarkt; Innenhof, Stadtzentrum Zeitz

🗝 Schloßmuseum „Schloß Moritzburg"

🗝 Wendische Straße/Fußgängerzone

Zell am Harmersbach

🗝 Hauptstrasse 19; Friedhof

Zepernick

Schönauer Straße 105; Amt Panketal, EG

Zerbst
- Alte Brücke
- Frauentorplatz
- Markt

Zirndorf
Volkhardtstraße 33; Paul-Metz-Halle (Stadthalle)

Volkhardtstraße 3; Kreativzentrum, Zentrum für Senioren

Zittau
Brückenstraße; am Kreuzweg Hammerschmidtstraße

Frauenstraße; neben Sportplatz

Heinrich-Heine-Platz; Ecke Oybiner Straße

Innere Weberstraße; Nähe Weberkirche, Spielplatz

Ludwigstraße; in der Parkanlage

Zschopau
Altmarkt 2; Neues Rathaus, EG

Toilette an den Anlagen (neben dem Parkplatz)

Zweibrücken
- Bleichstraße 6; Parkhaus am Schloß

  Herzogstraße 3/Eingang Uhlandstraße; Rathaus, EG

- Hofenfelsstraße 120; Badeparadies Hallenbad mit Saunalandschaft
  während der Öffnungszeiten

  Rosengartenstraße 50; Städtischer Rosengarten

  Schillerstraße 4-6; Rathaus, Eingang im Hof (Uhlandstraße)

- Wallstraße 55; Parkhaus am Hallplatz

Zwickau
Georgenplatz; Zentralhaltestelle Innenstadt

Hauptbahnhof

Zwiesel
- An der B 11; Info-Zentrum, Abfahrt Zwiesel Süd
- Badstraße 4; Frei- und Hallenbad
- Prälat-Neun-Straße; Busbahnhof (nur über Damentoiletten)

Frankreich

Verzeichnis Frankreich

Abbeville
Bahnhof S.N.C.F. - Avenue de la Bahnhof
gebührenpflichtig

Agen
Bahnhof S.N.C.F., 111 Rue Pompeyre

Aix En Provence
Bahnhof S.N.C.F. - Place de la Bahnhof
gebührenpflichtig
Bahnhof S.N.C.F. TGV

Allauch
Cours du 11 novembre

Altkirch
Bahnhof S.N.C.F.

Amboise
Centre Leclerc

Andernos
Hyper Centre

Marché couvert

Place Brémontier

Port Ostréicole - Côté Avenue Ct. D Allègre

Angouleme
Bahnhof S.N.C.F., 4 Place de la Bahnhof

Annecy
Les Marquisats

Local Courrier

Annecy le Vieux
Parking Belle Etoile - Albigny
kostenlos

Antibes
Bahnhof S.N.C.F.

Arcachon
Bahnhof S.N.C.F. - Bd du Gal Leclerc
gebührenpflichtig

Parc Peireire

Parc Pereire - Face au club de tennis
gebührenpflichtig

Argeles
Avenue des Platanes

Cam Limouzy

Centre Plage

Le Port

Place de la Sardane

Argentan
Place Jean Siard
gebührenpflichtig

Place St Germain

Square Saint Martin
gebührenpflichtig

Arques
Place Roger Salengro
gebührenpflichtig

Artix
Mairie

Arudy
Sous la Mairie

Aubusson
Bahnhof routière, Aubusson

Champ de Foire, Aubusson

Auray
Bahnhof S.N.C.F.

Barbizon
"Chapelle"

Barcelonne du Gers
Centre Leclerc

Bayonne
Bahnhof S.N.C.F. - Place Pereire

Belfort
Bahnhof S.N.C.F. - Avenue Wilson

Face au Lycée Courbet

Benfeld
Bahnhof S.N.C.F. - Avenue de la Bahnhof

Bergerac
Bahnhof S.N.C.F., 2 Avenue du 108ème RI

Centre Leclerc
kostenlos

Biesheim
Place de la Mairie

Biscarrosse
La Chapelle (plage)
kostenlos

Lac de Maguide

Lac de Navarosse

Place Duffau

Plage Centrale

Bischwiller
Place de la Mairie
gebührenpflichtig

Bitche
Place de la Mairie

...N.C.F.

...n Jallieu
...u Maréchal Leclerc

...est
Ste Anne de Portzic

Brie Comte Robert
Aire de correspondance - Ilôt des Fossés
Place de la Salle des Fêtes

Brindas
Place de la Paix

Brumath
Bahnhof S.N.C.F.
Place Victor Fisher

Busigny
Bahnhof S.N.C.F. - Rue de la Bahnhof

Buxerolles
Rue des Iris

Caen
Bahnhof S.N.C.F., 15 Place de la Bahnhof

Cagnes Sur Mer
Bahnhof centrale des bus

Cahors
Boulevard Gambetta
Les Halles

Calais
Bahnhof S.N.C.F.

Caluire et Cuire
Parc du radiant

Cannes
Bahnhof S.N.C.F. - Place Pierre Semard

Capbreton
Centre Leclerc
Place de la marine
Plage de la Piste
Plage V.V.F.
Port
Près du Canal
Zone de Loisirs du Gaillou

Carcans
Place du Montaud Bd du Lac

Carcassonne
Bahnhof S.N.C.F.

Carry Le Rouet
Quai Pierre Maleville
kostenlos

Castelsarrasin
Place de la liberté

Castets
Centre Routier

Caudry
Centre Leclerc
gebührenpflichtig

Cenon Sur Vienne
Locaux Techniques

Chambly
Place Charles de Gaulle

...st
...e Paul Doumer

...leville Mezieres
Bahnhof S.N.C.F. - Place de la Bahnhof
gebührenpflichtig

Chasseneuil du Poitou
Champ de Foire

Château Chinon
Place Guclin

place Jean SALLONYER

Château du Loir
Centre Leclerc

Centre Leclerc

Chateauroux
Bahnhof S.N.C.F.
gebührenpflichtig

C. Cial St-Jean - Rue Eugène Delacroix

Cherbourg
Bahnhof S.N.C.F. - Avenue JF Millet
kostenlos

Place Mendès France
kostenlos

Place Rossel

Ciboure
Parking Socoa

Colmar
Bahnhof S.N.C.F., 9 Place de la Bahnhof

Corbas
Parking - Rue des Frères Lumières

Frankreich

Coutances
- Jardin de la Cathédrale
- Jardin des Plantes
- Tribunal
  gebührenpflichtig

Cran Gevrier
- Avenue G. Perreaud
- Pl. J. Moulkin Avenue Beauregard

Crozon Morgat
- Abris Bus „Maison du Tourisme"
- Le Môle
  gebührenpflichtig
- Rue Graveran

Dax
- Centre Leclerc
- Place de la Course
  kostenlos
- Place Saint Vncent

Deauville
- Bahnhof S.N.C.F., 15 Place de la Bahnhof

Decize
- Place de la Mairie

Dieppe
- Bahnhof S.N.C.F.

Douai
- Bahnhof S.N.C.F. - Rue des Raches

Dun le Palestel
- Place du Champ de Foire

Echirolles
- Carref. Rue du Gresy Vaudan - Cours J. Jaurès
- Place Baille Barelle

Der Locus · Frankreich

Ecully
Place Charles de Gaulle

Embrun
Bahnhof S.N.C.F. - Avenue de Verdun
gebührenpflichtig

Enghien
Bahnhof S.N.C.F. - Rue du Départ
gebührenpflichtig

Ensisheim
Place de la Mairie

Equeurdreville
Eglise - rue de la Cité

Ilot Bigard

Parking Gambetta

Sanitaire de la Bonde

Esbly
Bahnhof S.N.C.F.
kostenlos

Escota - La Ciotat
Aire de Service du Liouquet - A50

Escota - Pujet sur Argens
Aire de service du Canaver

Evreux
Bahnhof S.N.C.F. - Bd Gambetta
gebührenpflichtig

Evry Bras de Fer
Bahnhof S.N.C.F.
gebührenpflichtig

Eybens
Place du 11 novembre 1918
kostenlos

Frankreich

Eybens
Square des Maisons Neuves

Felletin
rue Reby Lagrange
kostenlos

Ferney Voltaire
Centre Leclerc ZA du Bois Candide

Fleury les Aubrais
Gare Fleury Les Aubrais - Av. Lamartine

Florange
Square Eglise Ste Agathe

Foix
Allée de Villotte

Fontenay le Comte
Place du 137éme RI

Fosses
Centre Leclerc

Gardanne
Av. Léo Lagrange

Biver Place du marché

Gex
Place du Jura - Route du Col de la Faucille

Givors
Bahnhof S.N.C.F.

Gonesse
Centre Leclerc

Gournay sur Marne
Place du Marché

Grasse

- Jardins de la Princesse Pauline
- Plan de Grasse - Rue Louis Cauvin
- Terrasses Tressemannes

Grenoble

- Avenue Albert 1er de Belgique
  gebührenpflichtig
- Parc Mistral
  gebührenpflichtig
- Place de la Gare
  gebührenpflichtig
- Place Docteur Martin
  gebührenpflichtig
- Place du Marché (Villeneuve)
- Place Jean Achard
  gebührenpflichtig
- Place Saint Bruno - rue de la Nursery
  gebührenpflichtig
- Place Victor Hugo
  gebührenpflichtig
- Rue de Turenne
  gebührenpflichtig
- rue Félix Poulat
- rue Montorge / rue de Bellegrade

Guadeloupe - le Moule

- Boulevard Maritime

Guadeloupe - Saint Francois

- Plage des Raisins Clairs

Gueux

- 11, rue des Dames de France - Près Eglise, PMU

Hagondange

- rue du Docteur Viville
  gebührenpflichtig

Frankreich

Haguenau

Bahnhof S.N.C.F.
gebührenpflichtig

Hendaye

Aire Belcenia

Armatonde

Deux jumeaux

Front de Mer
kostenlos

Fronton Gaztelu Zahar

Rue des orangers

Valencia

Hericourt

rue du Général de Gaulle
kostenlos

Herrlisheim

Bahnhof S.N.C.F.
gebührenpflichtig

Hossegor

Place des pins tranquilles

Ingwiller

Place du Marché
gebührenpflichtig

Joigny

Place du Marché
kostenlos

La Chapelle Saint Aubin

rue de la République

La Ciotat

Môle Bérouard

La Coquille

Place du Marché

La Ferte Gaucher
Derrière La Mairie

La Glacerie
Rue Montmartre

La Grande Motte
Place du 1er octobre 1974

La Teste
La Corniche (Dûne du Pyla)

La Tranche sur Mer
Place de la liberté

Lagny Sur Marne
Parking des Bords de Marne

Lalinde
Square Lignac - Face à la Mairie
kostenlos

Le Blanc
Centre Leclerc

Le Pian Medoc
Centre Leclerc

Le Puy en Velay
Parc Michelet

Le Teich
Port du Teich

Le Trait
Place du Marché
gebührenpflichtig

Le Treport
Quai de Pêche
kostenlos

Frankreich

Leognan
Centre Leclerc, 100 Avenue de Bordeaux

Les Arcs
Bahnhof S.N.C.F.

Les Deux Alpes
Centre Station

Les Gets
Chalet les Perrières

Les Mureaux
Place du 8 Mai

Les Saisies
Parking des Cars
kostenlos

Lezignan Corbieres
Jardin Public

Libourne
Bahnhof S.N.C.F., 1 Place de la Bahnhof

Centre Leclerc

Face au Lycée Max Linder

Lieusaint Moissy
Gare Lieusaint Moissy

Ligny en Barrois
3, rue de Strasbourg - Face à la Mairie

Limay
Port Auton. Limay Porcheville - Av. Dreyfus Ducas

Linas
Place Ernest Pillon
gebührenpflichtig

Der Locus · Frankreich

Lorient
Bahnhof S.N.C.F.

Lubersac
Rue Bigori Chambon

Lyon
Cours Suchet - Angle Rue Gilibert

Face au n°12 - Rue Dugat Montbel
kostenlos

Parc de Gerland Nord

Parc de Gerland Sud

Pl du 8 mai 1945, (Galet 1)

Pl du 8 mai 1945, (Galet 2)
kostenlos

Pl du 8 mai 1945, (Galet 3)

Place Batonnier Valensio (5ème arr.)

Magny les Hameaux
Carrefour rue des Ecoles / rue Hodelbourg

Mandelieu La Napoule
Terrain de boules

Marcoussis
Mairie, 7, rue A. Dubois

Megeve
Aire de jeux Rue Beau Soleil

Menton
Bahnhof S.N.C.F.

Mer
A côte de la Mairie

Parc Municipal de la Corbillière
kostenlos

Migennes
rue des Ecoles

Frankreich

Migennes
Villa des Briques

Miramas
Bahnhof S.N.C.F.

Moirans
Place Charles De Gaulle

Moliets
Camping Haritchelear

Parking

Place de la Balise

Place de la Bastide

Monswiller
Parc Goldenberg; toilettes condamnées

Mont de Marsan
Place Sainte Roch

Montauban
Rue Lalaque - Marché de Plein Air

Montbard
Parc Buffon

Place Gambetta

rue Eugène Guillaume

Montbeliard
Bahnhof S.N.C.F.

Parc Urbain du Prés La Rose

Place du Marché - Bd Victor Hugo

Montdidier
Bahnhof S.N.C.F.
gebührenpflichtig

Der Locus · Frankreich

Montelimar

Les Jardins Publics
gebührenpflichtig

Saint James
gebührenpflichtig

Montereau

Gare routière - Place Pierre Sémart
gebührenpflichtig

Montigny le Bretonneux

Place J.Cœur

Morteau

Champ de Foire

Morzine

Lieu dit - Les Dérèches
kostenlos

Office du Tourisme

Parking de Joux Plane

Place du Marché

Moulins

Jardins des Bourbons - Place de la Déportation

Mourenx

Place Pierre et Marie Curie

Nantua

Rue de la Résidence
kostenlos

Narbonne

Jardin Saint Paul

Jardins de la Révolution

Neuf Chatel en Bray

Centre Leclerc
kostenlos

Neufchateau
Parking - Rue de France

Neuville les Dieppe
Centre Leclerc

Nice
Bahnhof S.N.C.F. Nice Ville - Avenue Thiers

Niort
Ferme du Chey
gebührenpflichtig

Place Léon Blum

Place Saint Jean

rue Brisson
gebührenpflichtig

rue du Musée
gebührenpflichtig

rue J. DAGUERRE - Place Raoul Hozanoff

Nogent le Perreux
Bahnhof S.N.C.F.

Noisy le Grand
C. Cial du Champy

Nolay
Halles de Nolay

Obernai
Bahnhof S.N.C.F.

Olivet
Centre Leclerc
gebührenpflichtig

Orthez
Aire des Gens du Voyage, Voyageuse Man

Der Locus · Frankreich

Oullins
Parc du Prado

Ozoir la Ferriere
Enceinte de la Maire

Paris
Gare de Lyon; Bahnhof S.N.C.F. - Quai A - Place Louis Armand

Gare de Lyon; Bahnhof S.N.C.F. - Quai B - Place Louis Armand
kostenlos

Monoprix Dragon, 50/52 Rue de Rennes

Montparnasse; Bahnhof S.N.C.F. - Hall Pasteur

Square Carpeaux, (XL3)

Square des Epinettes, (XL3)
kostenlos

Square Rachmaninov, (XL3)
kostenlos

Pau
Bahnhof S.N.C.F. - Av. Jean Biray

Pithiviers
Place Duhamel
kostenlos

Quartier Saint Aignan

Stade Gabriel Lelong

Poitiers
Grand Pré Blossac

Parcobus Champlain - Avenue de Iassy

Parking Carnot

Parking Charles de Gaulle

Place Alphonse Lepetit

Quartier St Cyprien - rue du Maréchal Liauthey

Pontarlier
34, rue des Remparts
kostenlos

Rue Prenel

Frankreich

Porquerolles
Ile de Porquerolles

Port La Nouvelle
Avenue de la Mer
gebührenpflichtig

Plage - Boulevard Saint Charles

Port Sainte Foy
C. L. - route de Bergerac, PINEUILH STE FOY

Pralognan
Pralognan La Vanoise

Pulnoy
Aire de jeux libres Rte de Seichamps
kostenlos

Questembert
Intermarché

Quimper
Bahnhof S.N.C.F.

Centre Leclerc, 150 Route de Brest

Rabastens
Place de la Mairie

Redon
Bahnhof S.N.C.F. - Place de la Bahnhof

Reichshoffen
Bahnhof S.N.C.F.

Rennes
Marché Alexis Carell

Place Albert Bayet

Place Bir Hakiem

Place de Bretagne - Kiosque Sud

Place du Souvenir

Rennes
- Place Zagreb
- Plaine de Jeu de Bréquigny

Riberac
- Centre Leclerc Route de Périgueux

Rochefort
- Corderie Royale, Rochefort
- Coté eschillay (Billeterie) - Pont Transb. du Martrou
- Coté rochefort (Machinerie) - Pont Transb. du Martrou
- Porte du Soleil, Rochefort

Roissy C. de Gaulle
- Hall C - Niveau

Roissy D. de Gaulle
- Bahnhof S.N.C.F.
- Hall C - Niveau
- Hall D - Niveau
- Hall D - Niveau

Rungis
- Bâtiment de la Marée 1/7
  kostenlos
- Bâtiment de la Marée 2/7
- Bâtiment de la Marée 3/7
- Bâtiment de la Marée 4/7
- Bâtiment Légumes - A2 Nord (10/13)
  kostenlos
- Bâtiment Légumes - A2 Sud (11/13)
  kostenlos
- Bâtiment Légumes - A3 Nord (12/13)
  kostenlos
- Bâtiment Légumes - A3 Sud (13/13)
  kostenlos
- Bâtiment Légumes - B2 Nord (7/13)
  kostenlos
- Bâtiment Légumes - B2 Sud (9/13)
  kostenlos

Rungis

- Bâtiment Légumes - C2 Nord (6/13)
- Bâtiment Légumes - C2 Sud (8/13)
  kostenlos
- Bâtiment Légumes - D2 Nord (5/13)
  kostenlos
- Bâtiment Légumes - D2 Sud (3/13)
  kostenlos
- Bâtiment Légumes - E2 Nord (Proto)
- Bâtiment Légumes - E2 Sud (1/13)
- Bâtiment Légumes - E3 Nord (2/13)
  kostenlos
- Bâtiment Légumes - E3 Sud (4/13)
  kostenlos
- Bâtiment V1T Triperie
- Pavillon Viandes VIP Nord
- Pavillon Viandes VIP Ouest
- Pavillon Viandes VIP Sud

Saint Astier

- C.L. - Av. du Mal de Lattre de Tassigny

Saint Brieuc

- Cours arrière du Musée
- Près de la Chapelle St Guillaume

Saint Etienne du Rouvray

- Parc Central
- Parc Henri Barbusse

Saint Genis Laval

- Parc Villa Chapuis
- Places Jaboulay - Joffre

Saint Genis Pouilly

- rue de la Prairie
  kostenlos

Saint Jean de Luz

- Chantaco

Der Locus · Frankreich

Saint Jean de Luz

- Les Flots Bleus
- Parking des Saules
- Quartier Uzdazuri - Mail
- Uzdazuri

Saint Lo

- Place de la Gare
  gebührenpflichtig
- Rue de Poterne - Plage Verte
- rue Havin

Saint Louis

- Bahnhof S.N.C.F.

Saint Malo

- Bahnhof S.N.C.F. - Square Jean Coquelui
- Halles de Rocabey
  kostenlos
- Impasse Ceinte / Parame
  gebührenpflichtig
- Parking rue Paul Feval
  gebührenpflichtig
- Rotheneuf
- rue Georges V

Saint Martin de Seignanx

- Place de la Mairie

Saint Medard en Jalles

- Place Charles de Gaulle
  kostenlos

Saint Palais Sur Mer

- Accès Plage Grande Côte
  kostenlos
- Le Lac
- Nozan
  kostenlos
- Place du Marché

Saint Palais Sur Mer
Promenade de la Plage de Patin
kostenlos

Saint Paul les Dax
Lac Christus

Saint Pierre des Corps
Bahnhof S.N.C.F.

Saint Pryve
Place Clovis
kostenlos

Saint Raphael
Bahnhof S.N.C.F.
kostenlos

Saint Sever
Place du Tour de Sol
kostenlos

Saint Tropez
Port de la „Jetée"

Sainte Adresse
Sente de la Plage

Sainte Foy la Grande
Place de la Mairie

Saleilles
Marché de Plein Vent Place du Marché

Salon De Provence
Parc du Pigeonnier

Parc Floral, 118 Bd de la République

Salouel
Centre Leclerc, 1 Rue Albert Camus
gebührenpflichtig

Samoens
Domaine skiable du Giffre

Sarrebourg
Bahnhof S.N.C.F., 2 Place de la Bahnhof

Saulx les Chartreux
Parc de Loisirs - Route de Champlan

Schirmeck
Bahnhof S.N.C.F.

Selestat
Bahnhof S.N.C.F.

Seloncourt
Face Mairie Place du 8 Mai

Sens
Marché couvert (1)

Marché couvert (2)

Sete
Bahnhof S.N.C.F.

Seyssel
Place de la Mairie

Seyssinet
Centre Commercial La Fauconnière

Sisteron
Bahnhof S.N.C.F. - Avenue de la Libération

Somain
Place Jean Jaurès
gebührenpflichtig

Frankreich

Soulac sur Mer
Front de Mer
gebührenpflichtig
Place de la Basilique
gebührenpflichtig
Plage

Soustons
Office de tourisme
Parking Soustons Plage

Strasbourg
Rue Finkmatt (nahe der Feuerwache)

Talmont Saint Hilaire
Parc Peyré
Parc Veillon

Tarbes
Hôtel de Ville
Place de Verdun

Tartas
Aire de repos RN 124 - Ets Rollin
kostenlos

Thonon les Bains
Capitainerie port de rive
Parking de Rives

Tonneins
Centre Leclerc

Trelaze
Parc du Vissoire

Troyes
Bahnhof S.N.C.F.
gebührenpflichtig

Der Locus · Frankreich

Val De Reuil
Bahnhof S.N.C.F.

Valbonne
Site de Campoune
kostenlos

Valenciennes
Bahnhof S.N.C.F.

Valentigney
Grand Rue

Valognes
Place du Château

Vandoeuvre
La Sapinière

Marché municipal Rue de Belgique

Parc de loisirs Richard Pouillé

Vannes
Bahnhof S.N.C.F. de VANNES

Vaux sur Mer
Plage Nauzan

Venarey les Laumes
Place du Marché

Venissieux
Lieu dit „La Darnaise" - Angle Av. des Martyrs de la Résistance et du Bd du 11 Novembre 1918

Marché Forain Charréard - Max Barel

métro PARILLY (Grand Clément)
kostenlos

Place H. Barbusse (à côté Espace Jeune)

Frankreich

Verdun
Centre Leclerc Place Maurice Genevoix
kostenlos

Vernon
Bahnhof S.N.C.F. - Place de la Bahnhof

Vic en Bigorre
Place des Halles
kostenlos

Vieux Boucau
Plage Centrale

Ville la Grand
Rue du Commerce

Rue du Pont Neuf

Villeneuve le Roi
Ancien Cimetière

Villeneuve St Georges
Bahnhof S.N.C.F.

Vineuil
Gue de Feuillarde

Parking de la Mairie

Vitrac
Halte Nautique „Le Brat"

Vitry Sur Seine
Bahnhof S.N.C.F.

Vizille
Place du Château

Wissembourg
Bahnhof S.N.C.F.

Verzeichnis Großbritannien

Wir verweisen an dieser Stelle darauf, dass in Großbritannien ein anderes Schließsystem genutzt wird, dass sich dort parallel zu unserem durchgesetzt hat. Der passende Schlüssel heißt Radar-Key.
Der königliche Verband für Behinderung und Rehabilitation kümmert sich, wie der CBF Darmstadt, um den Vertrieb der Schlüssel und bietet ebenfalls ein Toilettenverzeichnis an, welches sich allerdings auf Großbritannien beschränkt.
Weitere Informationen erhalten Sie bei

**The Royal Association
for Disability and Rehabilitation**
12 City Forum
250 City Road
London EC1V 8AF
Tel: 0044 (20) 7250 3222
Fax: 0044 (20) 7250 0212
Internet: www.radar.org.uk
E-Mail: radar@radar.org.uk

Die im Folgenden genannten und mit dem Schlüsselsymbol gekennzeichneten Toiletten sind daher nicht mit dem Euroschlüssel, sondern mit dem Radar-Key zu öffnen.

Aberdeen City

- Ardrishaig
- Beach Central (gegenüber Beach Boulevard)
- Chapel Street; City Center
- Footdee; Beach Promenade (mit Alarm)
- King Street (gegenüber Errol Street; mit Alarm)
- Lochgilphead; RADAR-Schlüssel
- Middleton Park; Bridge of Don
- North Deesside Road (innerhalb der Bücherei, mit Alarm)
- Port Charlotte; Insel Islay; RADAR-Schlüssel
- Rhubodach; Insel Bute

Großbritannien

Aberdeen City

Sandbank; RADAR-Schlüssel

Sandy Beach; Innellan; RADAR-Schlüssel

Skene Street

Spa Street; City Center (mit Alarm)

St Nicholas House; Upper Kirkgate (mit Alarm)

Stonehaven Road (mit Alarm)

Tarbert

Taynuilt

Tobermory; Insel Mull; RADAR-Schlüssel

Victoria Bridge; Dyce

Victoria Bridge; South Esplanade West (mit Alarm)

Victorian; The Pier; Insel Bute; RADAR-Schlüssel

Angus

Aimer Square; Lochee; mit Begleitperson

Castle Street; Dundee; mit Begleitperson

Lothian Crescent; Whitfield (Mo-Sa 8.15-18 Uhr mit Begleitperson)

Overgate Shopping Center; mit Begleitperson

Queen Street; Broughty Ferry (Mo-Sa 8.15-18 Uhr mit Begleitperson)

Rosemount Road; Ardler (Mo-Sa 8.15-18 Uhr mit Begleitperson)

Taystreet; keine Begleitperson

Argyll

Argyll

Dundee

Dundee

Edinburgh

Ardmillan Terrace; RADAR-Schlüssel

Bath Street

Bruntsfield; RADAR-Schlüssel

Canaan Lane; RADAR-Schlüssel

Canongate

Canonmills; RADAR-Schlüssel

Castle Terrace Car Park

Der Locus · Großbritannien

Edinburgh

- Edinburgh
- Hamilton Place
- Haymarket
- High Street; South Queensferry; RADAR-Schlüssel
- Hope Park
- Joppa; RADAR-Schlüssel
- Mound; RADAR-Schlüssel
- Newhaven
- Nicolson Square; RADAR-Schlüssel
- Pipe Street; RADAR-Schlüssel
- Ross Band Strand
- Silvernknowes
- St James
- Taylor Gardens; RADAR-Schlüssel
- Tollcross
- Waverley Market
- Westend
- Wester Hailes

Glasgow

- Baillieston Road; Barrachnie Cross
- Cathedral Square; City Center
- Dunkenny Square; Drumchapel Shopping Center
- Maryhill Road; Maryhill Shopping Center
- Peel Street; OT Patrick
- Pollok Shopping Center; OT Pollok
- Springburn Shopping Center; OT Springburn
- St. Vincent Place
- West Campbell Street

Herefordshire

- Herefordshire Council

Highland

- Acharacle Toilets; Acharacle

Großbritannien

Highland

- All Weather Center Toilets; Fort William
- Arisaig Toilets; Arisaig
- Ballachulish Toilets; Ballachulish
- Castle Street; Car Park Inverness, Stadtzentrum
- Cathedral Car Park; westlich des Tower, Ness Walk
- Corran Ferry Toilets; Corran
- Fort William & Lochhaber
- Glencoe Toilets; Glencoe
- Station Brac Toilets; Fort William
- Toigal Toilets; Morar

Inverness

- Inverness

London Central

- Spitalfields Market
  entsprechend den Öffnungszeiten
- Aldwych; WC2; Columbia Bar
- Balderton St, off Oxford Street (Westminster); W1
- Bishopsgate Institute; EC2
- Blackfriars Station, Concourse
- Blomfield St; EC2; Henrys Café Bar
- Borders, 203 Oxford Street; W1
- Bow Churchyard (Fullers); EC4; Fine Line
- Bressenden Place/Victoria Street (Westminster); SW1
- Broad Sanctuary (Westminster); SW1
  7:30 - 23:00
- Broadwick Street, Soho (Westminster); W1
- Buckingham Palace Rd; SW1; Shakespeare
- Cabinet War Rooms; SW1
- Cannon St Station, Lower Concourse
- Cardinal Walk; SW1; Ha Ha Bar
- Chancery Lane; WC2; Knights Templar
- Charing Cross Road; WC2; Montagu Pyke
- Charing Cross Station
- City Rd./Central Street (Islington); EC1

Der Locus · Großbritannien

London Central

- Clerkenwell Rd./Leather Lane (Camden); EC1
- Cousin Lane (Fullers); EC4; The Banker
- Cowcross Street; EC1; Three Compasses
- Edgeware Road; W2; Tyburn
- Elizabeth Street; SW1; Travellers Tavern
- Embankment, by Underground (Westminster)
  7:30 - 23:00
- Euston Road, British Library (Camden); NW1
- Farringdon Road; Printworks
- Farringdon Road; Sir John Oldcastle
- Fenchurch Street Station, Lower Level
- Fetter Lane; EC4; Hog's Head
- Finsbury Leisure Centre (Islington); EC1
- Gracechurch Street; Crosse Keys
- Gt Titchfield Street; W1; Ha Ha Bar
- Guildhall School of Music
  während Konzerten
- Henrietta Street; WC2; Walkabout
- High Holborn, nr Underground Station (Camden); WC1
- High Holborn; WC1; Pendrells Oak
- Hounsditch; EC3; All Bar One
- Hyde Park, Bandstand
- Hyde Park, Reservoir
- John Lewis Store, Oxford Street; W1
- Jubilee Hall, Covent Garden (Westminster)
  7:30 - 23:00
- Kensington Rd, opp. Palace Gate (Westminster); SW7
  10:00 - 18:00
- Kings Cross Station, Platform 8; N1
- Kingsway; WC2; All Bar One
- Kingsway; WC2; Shakespeare's Head
- Leicester Square; WC2; Moon Under Water
- Leicester Square; WC2; Yate's Bar
- Liverpool St Station; The Wren
- Liverpool St Station, Platform 10
- Liverpool St. Station; Hamilton Hall

London Central

- London Bridge Station, Forecourt & Platforms 5/6; SE1
- London Bridge Street; SE1; All Bar One
- London Wall; Cafe Nero
- Long Lane, Aldersgate St.
- Ludgate Circus; EC4; Leon
- Ludgate Hill; EC4; All Bar One
- Marble Arch Subway (Westminster)
  10:00 - 23:00
- Marylebone Rd, opp. Planetarium (Westminster); NW1
- Marylebone Road; NW1; Globe
- Marylebone Station, Concourse; NW1
- Middlesex Street; E1; „Shooting Star"
  entsprechend den Öffnungszeiten
- Minories (Fullers); EC3; Fine Line
- Monument Street (Fullers); EC3; Fine Line
- Monument; EC3
- Moorfields; EC2; Rack & Tenter
- Mount Gate; SW7
- New Change, St Paul's Churchyard
- New Oxford Street; WC1; All Bar One
- Paddington St Gardens (Westminster); W1
- Paddington Station, Platform 1
- Paternoster Square; EC4
  Tagsüber
- Paternoster Square; EC4; The Paternoster
- Plaza Centre, 1st floor, Oxford Street; W1
- Poultry; Green Man
- Russel Square (Camden); WC1
- Russel Square; WC1; The Goose
- Selfridges Store, Oxford Street; W1
- Shaftesbury Ave; W1; Walkabout
- Shoe Lane; EC4; Alibi
- Smithfield (Fullers); EC1; Butchers Hook & Cleaver
- St Clare House, Minories; EC3; Bar 38
- St James's Park, Marlborough Gate; SW1

Der Locus · Großbritannien

London Central

- St Johns Street; EC1; „Bar 38"
  entsprechend den Öffnungszeiten
- St Martin-Le-Grand; Lord Raglan
- St Mary Axe; EC3; Slug Lettuce
- Station Approach; NW1; Metropolitan Bar
- Stoney Lane; E1; „Slug & Lettuce"
  entsprechend den Öffnungszeiten
- Stoney Street; SE1; Market Porter
- Strand/Arundel Street (Westminster)
- Tachbrook Street (Westminster); SW1
  7:30 - 23:00
- Temple Place; WC2; Walkabout
- Tower Place; EC3
- Trinity Square; EC3; Liberty Bounds
- Victoria Coach Station, Arrivals Area
- Victoria Coach Station, Help Point
- Victoria Place, Eccleston Bridge
- Victoria Station
- Villiers Street; WC2; Ha Ha Bar
- Wardour Street; W1; O'Neills
- Waterloo East Station, Platform B; SE1
- Waterloo Station, Concourse & Forecourt; SE1
- West Smithfield; EC1
- Westminster Bridge, by Pier (Westminster); SW1
  7:30 - 23:00
- Whitehall; SW1; Lord Moon of the Mall
- Whiteleys, Queensway; W2
- Wilton Road; SW1; Willow Walk

Niederlande

Verzeichnis Niederlande

Alkmaar
Bahnhof

Alphen
Bahnhof

Amersfort
Bahnhof

Apeldorn
Bahnhof

Bergen
Bahnhof

Beverwijk
Bahnhof

Breda
Bahnhof

Castricum
Bahnhof

Culemborg
Bahnhof

Delft
Bahnhof

Den Haag
Bahnhof

Den Helder
Bahnhof

Deventer
Bahnhof

Der Locus · Niederlande

Dordrecht
Bahnhof

Driebergen
Bahnhof

Ede Wageningen
Bahnhof

Eindhoven
Bahnhof

Enschede
Bahnhof

Goes
Bahnhof

Gorichem
Bahnhof

Gouda
Bahnhof

Harderwijk
Bahnhof

Helmond
Bahnhof

Hemstede
Bahnhof

Hengelo
Bahnhof

Hoofddorp
Bahnhof

Niederlande

Hoorn
Bahnhof

Leylistad
Bahnhof

Naarden Bussum
Bahnhof

Nijmegen
Bahnhof

Oss
Bahnhof

Rijswijk
Bahnhof

Roermond
Bahnhof

Roosendaal
Bahnhof

Rotterdam
Bahnhof

Schagen
Bahnhof

Sittard
Bahnhof

Tilburg
Bahnhof

Utrecht
Bahnhof

Der Locus · Niederlande

Venlo
Bahnhof

Vlaardingen
Bahnhof

Weert
Bahnhof

Zwijndrecht
Bahnhof

Feiner Pinkel

Österreich

Verzeichnis Österreich

Aisterheim
- Autobahnrestaurant

Alberschwende
- Hermann Gmeiner Saal

Alland
- Außenringautobahn A1; Tankstelle

Allhaming
- Schwerpunktrastplatz WC-Anlage

Altheim
- Gemeindeamt
- Radterminal Altheim

Amstetten
- Bahnhof Aufnahmegebäude Hausbahnsteig
- Alte Zeile; Stadtgemeinde Amstetten
- Alte Zeile 9; Öffentliche WC-Anlage
- Eggersdorferstr. 16-18; Parkdeck

Anger
- Rüsthaus Freiwillige Feuerwehr

Ansfelden
- Ansfelden Nord; Autobahnrestaurant „Rosenberger"

Arnoldstein
- Südautobahn 4; Hotel Südrast-Dreiländereck

Attnang-Puchheim
- Bahnhofstr. 18
- Rennerplatz; Öffentliche WC-Anlage

Bad Gleichenberg
- Mini-Golfplatz

Der Locus · Österreich

Bad Ischl
- Bahnhof

Bad Zell
- Kurhausstr. 12; Lebensquelle Bad Zell

Baden bei Wien
- Doblhofpark
- Bahnhof Baden ÖBB Neubau
- Rathaus Baden
- Brusattiplatz; Öffentliche WC-Anlage
- Doblhof-Platz; Öffentliche WC-Anlage
- Hauptplatz 1; Stadtgemeinde
- Josefsplatz 4; Öffentliche WC-Anlage

Bergheim
- A1; AXXE Autobahnstation Kasern

Biedermannsdorf
- Siegfried Ludwig Pl. 1; Hallenbetriebsges.m.b.H.

Bludenz
- Bahnhof
- Bahnhofplatz 8; Bahnhofsmanagement Vorarlberg
- Brunnenfeld; AGM C&C Markt
- Mokrystr. 26; ÖBB
- Rathausg.; „Alte Musikschule" - öff. WC

Böheimkirchen
- Westautobahn; Parkplatz Böheimkirchen

Braunau am Inn
- Industriezeile 1-3; Fa. EKB, Elektro-Kunststoff GmbH
- Theaterg.; Radterminal

Bregenz
- Kirchstr. 7; Ärztehaus - Stadtapotheke
- Mariahilfer Str. 29; Schöller 2 Welten Betriebs GmbH

Österreich

Bregenz
- ÖBB-Bahnhof Bahnhofshalle
- Pfänderbahn
- Römerstr. 2; Gemeinschaftswarenhaus Leutbühel
- Seeanlagen / Fahnenrondell
- Seeanlagen / Minigolfplatz
- Seestr.; Hafengebäude
- Seestr. 4; Zentrum am Hafen
- Sport- und Motorboothafen

Bruck a.d. Mur
- Stadion-Murinsel
- Bahnweg 9; Liechtensteinfriedhof
- Keplerstr. 2; Bundesrealgymnasium (Turnhalle)
- Koloman-Wallisch-Platz 1; Stadt Bruck
- Mitterg.; Altstadtgalerie
- Murkai; Hochgarage

Danöfen-Klösterle
- ÖMV-Tankstelle Raststätte

Deutschlandsberg
- Hauptplatz 15; Öffentliche WC-Anlage

Dobl
- Graz-Kaiserwald; Autobahnrestaurant

Dorfgastein
- Nr. 109; Dorfgasteiner Bergbahnen

Dornbirn
- Bahnhof
- Dornbirner Sparkasse
- Hochschulstr. 1; Fachhochschule
- Krankenhaus
- Martinspark
- Sägerstr. 4; Fachhochschule-Dornbirn

Der Locus · Österreich

Dornbirn
- WC-Anlage St. Martin

Ebbs
- Raiffeisenplatz 2; Geschäftshaus „am Dorfplatz"

Ebensee
- Trauneck 3; Seegasthaus Trauneck

Eisenstadt
- Domplatz 27
- Franz-Schubert-Platz 6; Kulturzentrum
- Ing.-Julius-Raabstr. 7; vis à vis Stadtkino

Ellmau
- Dorf 40
- Wochenbrunnweg 44; Alpengasthof Wochenbrunneralm

Elsbethen
- Pfarrweg 8; Volksschule
- Vorderfager 16; Volksschule

Engerwitzdorf/Denk
- Schwerpunktrastplatz WC-Anlage

Fehring
- Parkplatz Ost

Feistritz
- Tauern Autobahn A10; Mobil Station

Feldbach
- Hauptplatz 13; Rathaus

Feldkirch
- Altenstadt; DLZ Einkaufszentrum
- Bahnhofstr. 40-42; Busbahnhof
- Busplatz (Unterführung)
- Kultur & Kongreßzentrum - nur bei

Österreich

Feldkirch
- Leonhardsplatz 4/Illpark; Interspar Markt
- LKH
- ÖBB-Bahnhof
- Reichenfeldg.; Altes Hallenbad
- Schmiedg. 1-3; Rathaus
- Stadionstr.; Gisingen, Waldbad
- Vorarlberghalle - nur bei Veranstaltungen !!!

Feldkirchen
- Flughafen Graz

Floing
- Lebing 100; Gemeindehaus

Fohnsdorf
- Arena am Waldfeld 10; Diesel Lichtspieltheater GmbH

Friesach
- Bahnhofstr. 38; Bahnhof

Fürstenfeld
- Altenmarkt 45; Gasthaus-Cafe „Zum Dorfhaus

Gleisdorf
- Bahnhof Gleisdorf
- Arnwiesen; BP-Tankstelle Mobil-Autobahnstation
- Neug. 110; Diesel-Kino
- Ziegelg. 1; Groebl Möbel

Gmunden
- Druckerstr. 3 -30; EKZ-Gmunden
- Theaterg. 7; Stadttheater Gmunden

Götzis
- Bahnhof

Der Locus · Österreich

Grän
- Füssener Jöchle-Str. 11; Restaurant Sonnenalm

Graz
- Augarten
- EKZ Citypark Graz, OG und EG
- Algersdorfer Str. 11; Volks-und Hauptschule
- Auenbruggerplatz 1; LKH Graz-Objekt Eingangszentrum
- Babenbergerstr. 33; AMS-Steiermark
- Baiernstr. 86; Volksschule
- Bruckner Nord; Volksschule
- Bruckner Süd; Volksschule
- Brucknerstr. 51; Volksschule
- Dietrichsteinplatz 9a; Nähe Feuerwache
- Dr. Renner-Straße; Hauptschule
- Eggenbergerstr. 14; ÖBB
- Einspinnerg. 7; Öffentliche WC-Anlage
- Entenplatz 2; Unternehmerhaus Stmk
- Europaplatz 4; Bahnhof Graz
- Franz-Graf-Allee; gegenüber Oper
- Friedrichgasse 41; MUWA Volksbad
- Girardigasse; Kaiser-Josef-Platz
- Heinrichstr. 36; Universität
- Heinrichstraße 36; Universität
- Hilmteich; Straßenbahnhaltestelle Linie 1
- Hilmteich; gegenüber Straßenbahnhaltestelle Linie 1
- Jakominiplatz; Marktstände
- Jakominiplatz; öffentliche WC-Anlage
- Jakominiplatz 12; Steirerhof
- Jakominiplatz 16; Obj. Steinfeldhaus
- Janzg. 21; Grazer Freizeitbetrieb „Bad zur Sonne"
- Kalvariengürtel 62
- Kameliterplatz 4d; Tiefgarage Pfauengarten
- Keplerstraße 52; Keplerschule
- Köflacher Gasse 35; Graz Köflacher Bahnhof
- Lagergasse; Volksschule

Österreich

Graz

- Landhausg. 14-18; Stmk. Sparkasse
- Lange G. 2; Bischöfliches Seminar
- Lendplatz
- Lichtenfelsg. 3; Bundesgymnasium
- MA, A-18
- Maria Theresienallee; Geidorf
- Mariahilferplatz 3; Kreuzgang des Minoritenklosters
- Mariatrost; Endstelle Linie 1
- Merangasse 70; Universität
- Messe International
- Niesenbergg. 67-69; AMS
- Rathaus
- Rechbauerstr. 12; TU Graz
- Schanzgraben; Forum Stadtpark/Spielplatz
- Schlossberg Nr. 2; WC-Anlage neben Cafe Aiola
- Schloßbergplatz; Öffentliche WC-Anlage
- Schubertstr. 2-4; Mensa
- Schubertstr. 6a; HochschülerInnenschaft Uni Graz
- Schubertstraße 2-4; Mensa
- Sparkassenplatz 4; Sparkassen AG
- St. Leonhard; Gemeindehaus öffentl. WC-Anlage
- St. Leonhard; WC Anlage
- St. Peter Pfarrweg; MA A8/5
- Stadtpark 1; Forum Stadtpark
- Stadtwerke
- Stigerstr. 2; Öffentliche WC-Anlage
- Triester Str. 164; Zentralfriedhof
- Tummelplatz 9
- Universitätsplatz 3; Karl-Franzens-Universität, Resowi Zentrum
- Universitätsplatz 3; Uni-Bibliothek
- Universitätsplatz 4; Universität
- Universitätsstr. 15; Resowi Zentrum
- Universitätsstraße 15; Resowi Zentrum
- Universitätsstraße 2-4; Universität

Der Locus · Österreich

Graz
- Volks-und Hauptschule; OT Algersdorf
- Volks-und Hauptschule; OT Baiern
- Volksgarten; südöstliche Ecke
- Volksgarten; südöstliche Ecke

Graz-Andritz
- Andritzer Hauptplatz; Öffentliche WC-Anlage
- Radegunderstr. 231; Metallbau-Neustift

Graz-Gösting
- Wienerstr. 255; Bezirksamt / Bücherei Gösting

Graz-Liebenau
- Dr. Renner Hauptschule

Graz-Mariatrost
- Mariatrost; Endstelle Linie 1

Graz-Puntigam
- Herrgottwiesg. 260; ASVÖ

Graz-St. Peter
- Behinderten-, öff. WC Graz-St. Peter
- Gruber-Mohrweg 8; Pfarre Graz St. Peter

Großenzersdorf
- Gasthaus Ludl

Guntramsdorf
- Oltimerweg 1; Autobahnstation „Oldtimer"
- Südautobahn A2; BP Tankstelle

Haag
- Autobahnrestaurant Mostviertler Rast

Hall in Tirol
- Bahnhof Hall in Tirol
- Burg Hasegg; Alte u. Neue Münze

Österreich

Hall in Tirol
- Unterer Stadtplatz 18; öffentliche WC-Anlage

Hallwang b. Salzburg
- Söllheim, Autobahn Salzbg. Nord; Esso Tankstelle

Heiligenkreuz bei Baden
- Stift Heiligenkreuz

Herzogenburg
- S 33; Raststation bei Herzogenburg

Hinterbrühl
- A21; Autobahnparkplatz

Hollabrunn
- Bahnhof

Illmitz
- Seebad

Imst
- Industriezone 29; Obi Bau- u. Heimwerkermarkt

Innsbruck
- Amraser Straße 76; Pensionsversicherungsanstalt der Arbeiter, OT Pradl
- Amraser-See-Straße 56a; DEZ-Einkaufszentrum, OT Amras
- An der Lan-Straße 37-39; Sozialstation Olympisches Dorf, OT Olympisches Dorf
- Andechsstraße 52e; Lebenshilfe - Landesleitung, OT Reichenau
- Andechsstraße 85; Zone - Einkaufszentrum, OT Reichenau
- Anichstraße 35; Klinikcafé, Innenstadt
- Anichstraße 9; Sanitätshaus Danner, Innenstadt
- Autobahnrestaurant Innsbruck-Ampaß
- Baggersee
- Bergisel 6; Andreas-Hofer-Denkmal, OT Bergisel
- Bernhard-Höfel-Straße 17; Austrotel Innsbruck, OT Reichenau
- Christoph-Probst-Platz; Leopold-Franzens-Universität, Innenstadt

Seite 313

Innsbruck

- Col-di-Lana-Straße 17; Lebenshilfe, OT Olympisches Dorf
- 🗝 dez Einkaufszentren
- Domanigweg 3; Lebenshilfe, OT Pradl
- Dreiheiligenstraße 9; Sozialstation Dreiheiligen, OT Saggen
- Dürerstraße 12; Sozialstation Pradl, OT Pradl
- Egger-Lienz-Straße 116-120; Wirtschaftsförderungsinstitut (WIFI), OT Wilten
- Egger-Lienz-Straße 1; Westbahnhof, OT Wilten
- Elisabethstraße 2-4; Zentrum St. Franziskus, OT Saggen
- 🗝 Erlastr. 10; Sparkasse Hauptanstalt, Lager
- 🗝 Faistenbergstr.; Tigewosi
- Fritz-Konzert-Straße 5; Sozialversicherung der Bauern, OT Wilten
- Fritz-Pregl-Straße 2; Westfriedhof, OT Wilten
- Fürstenweg 180; Flughafen, OT Höttinger Au
- Fürstenweg 185; Universitätssportinstitut; OT Höttinger Au
- Gewerbezone 6; Cyta-Einkaufszentrum, OT Völs
- Haller Straße 165; VOWA - Fahrzeugumbauten, OT Neuarzl
- 🗝 Hauptbahnhof; Bahnsteig 1
- Hauptplatz 2; Sozialstation Mühlau, OT Mühlau
- 🗝 Haydnplatz
- 🗝 Heiliggeiststr. 7; Landhaus 2
- Herrengasse 3; Landesbaudirektion, Innenstadt
- Herzog-Friedrich-Straße 3; Bundessozialamt Tirol, Altstadt
- 🗝 Herzog-Siegmund-Ufer 1-3; Markthalle
- Herzog-Siegmund-Ufer 15; Mensa, Innenstadt
- 🗝 Hypo Passage 1; Hypo Tirol Bank
- Ing.-Etzel-Straße 59; Wohnheim Saggen, OT Saggen
- Ing.-Etzel-Straße 71; Haus St. Raphael, OT Saggen
- 🗝 Innpromenade
- Innrain 32; Finanzamt, Innenstadt
- Innstraße 34; Malfattiheim zum Hl. Josef, OT Hötting
- 🗝 Josef Hirnstr. 5-7 EG; Uni Innsbruck
- 🗝 Josef-Mayr-Nusser-Weg 29; Freizeitanlage Roßau, OT Roßau
- Josef-Wilberger-Straße 48; Johanniter-Unfallhilfe, OT Neuarzl
- Kaiserjägerstraße 12; Heim am Hofgarten, OT Saggen

Österreich

Innsbruck

Kaiserjägerstraße 8; Bundespolizeidirektion, OT Saggen

Kirchsteig 8; Volksschule Amras, OT Amras

Klara-Pölt-Weg 8; Tiroler Gebietskrankenkasse, Innenstadt

🔑 Körnerstraße 2a; Rapoldipark, OT Pradl

🔑 Kugelfangweg 46; Hallenbad Olymp Dorf

Leopoldstraße 41; Malteser Hospitaldienst, OT Wilten

Liebeneggstraße 8; Universität

🔑 Maria Theresien Str. 18 Rathausgalerien; Rathaus Innsbruck

🔑 Maria Theresienstr. 18; Altes Rathaus

🔑 Maria-Theresien-Straße 18; Rathaushof, Innenstadt

Marktgraben 10; Volkshochschule Tirol, Innenstadt

Maximilianstraße 49; Chirurgie Café-Pizzeria, Innenstadt

Maximilianstraße 7; Arbeiterkammer, Innenstadt

Meinhardstraße 14; Wirtschaftskammer Tirol, Innenstadt

Meinhardstraße 1; BVA, Innenstadt

🔑 Melzerstr.; Erlebniscenter Cineplex

Michael-Gaismair-Straße 1; Land Tirol - Abt. IVe/JUFF - Seniorenreferat, OT Wilten

🔑 Mitterweg; Baumarkt Würth

🔑 Museumstr.; Behinderten WC Hörtnagel Passage

🔑 Museumstr. 38; Einkaufszentrum Sillpark

Museumstraße 34; Bezirksgericht Innsbruck, Innenstadt

Neuhauserstraße 5; Veldidena Park, OT Wilten

🔑 ÖBB Hauptbahnhof Behinderten WC

🔑 Olympiastr. 10; Eisstadion Innsbruck

Olympiastraße 10; Olympia Eissportzentrum, OT Pradl

Olympiastraße 10a; Tiroler Landessportheim, OT Pradl

Paul-Hofhaimer-Gasse 8; Integrierter Kindergarten - Treffpunkt Lebensraum, Innenstadt

Peerhofstraße 3; Bärenhöhle - integrativer Kinderhort, OT Hötting-West

🔑 Pradler Str. 83/15; Eissporthalle

🔑 Purtschellerstr. 1; Freibad Tivoli

🔑 Rapoldipark

🔑 Rathauspassage; WC

Rennweg 17b; Aufbauwerk der Jugend, OT Saggen

Innsbruck

- Rennweg 3-5; Archiv, Innenstadt
- 🔑 Rennweg 4; BV Pavilion - öffentliche WC-Anlage
- Riedgasse 9; Seelsorgeamt der Diözese Innsbruck, OT Hötting
- 🔑 Salumerstr. 11; Innsbrucker Kommunalbetriebe
- Salurner Straße 15; Holiday Inn, Innenstadt
- 🔑 Schloß Ambras-Innsbruck
- 🔑 Schöpfstr. 21; Eishalle IBK
- Schöpfstraße 5; Arbeitsmarktservice AMS, OT Wilten
- Schulgasse 8a; Sozialstation Hötting, OT Hötting
- Sennstraße 1; Sanatorium der Barmherzigen Schwestern, OT Saggen
- Sepp-Grünbacher-Promenade; Olympisches Dorf, OT Olympisches Dorf
- Siegmaierstraße 1; Sonderpädagogisches Zentrum, OT Pradl
- Sillgasse 12; Sanitätshaus Orthosan, Innenstadt
- Sillufer 7; Tirol-Milch Stadion am Tivoli Innsbruck, OT Pradl
- 🔑 Spielplatz Kranebitten; Öffentliche WC-Anlage
- Sternwartestraße 15a; Botanischer Garten, OT Hötting
- 🔑 Südbahnstr. 1a; Hauptbahnhof
- Südtiroler Platz 14-16; Euro-Berufsinformationszentrum, Innenstadt
- 🔑 Südtiroler Platz 7; Hauptbahnhof, Bahnsteig 1, Innenstadt
- 🔑 Tschamlerstr. 7; Cineplexx
- 🔑 Unionkreuzung
- Universitätsstraße 1; Stadtcafé, Innenstadt
- Universitätsstraße 2; Hofkirche, Innenstadt
- Viktor-Franz-Heß-Straße 5; Sozial- und Gesundheitsstation und Stadtteilzentrum Hötting-West
- Viktor-Franz-Heß-Straße 7; Kolpingsfamilie Innsbruck, OT Hötting-West
- 🔑 Waltherpark
- Weiherburggasse 37; Alpenzoo, OT Hötting
- Weingartnerstraße 66; Café Corvette; OT Sieglanger
- 🔑 Westfriedhof
- Zeughausgasse 3; Sozialberatung für Menschen mit Behinderung, OT Saggen

Jenbach

- 🔑 Bahnhof

Österreich

Judenburg
- BBZ-Judenburg; Obj. ASFINAG S36
- Judenburg Richtung Klagenfurt; Parkplatz Nord-West
- Judenburg Richtung Wien; Parkplatz Süd-Ost
- Stadtamt / WC-Anlage
- Stadtamt/Rathaus

Kirchberg in Tirol
- Bahnhof

Kirchdorf a. d. Krems
- Behinderten WC am Busbahnhof
- neben Postamt
- Hauptplatz 27; Postamt

Klagenfurt
- Strandbad Maria Loretto
- Sozialamt
- Europapark
- Hauptbahnhof
- Bahnhofplatz 3; AK Klagenfurt
- Bahnhofstr. 44
- Benediktiner Platz; Magistrat Öffentliche WC-Anlage
- Heiliger Geistplatz; Öffentliche WC-Anlage
- Kempfstr. 8; Kärntner Gebietskrankenkasse
- Kohldorferstr.; ÖDK
- Metnitzstrand 2; Strandbad
- Mießtalerstr. 8; Konzerthaus Klagenfurt
- Prof. Dr. Kahler Platz 1; Botanischer Garten
- Reitschulg.; Magistrat-Klagenfurt
- Siebenhügelstr. 111; Stadtgartenamt

Klosterneuburg
- In der Au; Sportstätten Klosterneuburg AG „Happyland"
- Rathausplatz 25; Babenbergerhalle

Der Locus · Österreich

Knittelfeld
- Kaerntnerstr. 71; Groebl Möbel

Krems a. d. Donau
- Bahnhof Krems; neben öffentl. WC
- Josef Wichnerstr.; Parzelle 3168

Krems-Stein
- Zellerplatz 1; Schiffstation Krems-Stein

Kufstein
- Eisarena Sport- u. Veranstaltungszentrum
- Fischergries; Innfothek
- Gewerbehof 1; Inntalcenter Kufstein
- Südtiroler Platz 3; Bahnhof Kufstein

Laakirchen
- Autobahn Lindach Nord; OMV Tankstelle

Landeck
- Bahnhofstr. 20; Bahnhof Landeck
- Maiserstr.; Öffentliche WC-Anlage
- Schulhausplatz 11; Altersheim-Landeck

Langen am Arlberg
- ÖBB-Bahnhof

Langenlois
- Sicherheitszentrum
- Rathausstr. 2; Fußgängerpassage

Langenrohr
- Marktgemeinde

Lauterach
- Achpark

Lebring
- Florianistr. 24; Feuerwehr u. Zivilschutzschule

Österreich

Leibnitz
- Gralla Ost; Autobahnrestraurant Rosenberger

Leoben
- Bahnhof Leoben
- Kärntnerstr.; Eggenwald'sches Gasthaus
- Lendplatz
- Zirkusstr. 14; Cine Star Leoben

Leobersdorf
- Trising; Autobahnraststation

Lieboch
- Werner Groeblstr. 10; Groebl Möbel

Lienz
- Am Markt
- Bahnhofplatz 1; ÖBB Bahnhof
- Friedenssiedlung 42; Kirche „Zur heiligen Familie"
- Hauptplatz 7; Rathaus der Stadt Lienz
- Tirolerstr.; API Tankstelle

Liezen
- Kulturhaus

Linz, Donau
- Goethestr. 86; Amtsgebäude

Linz, Donau
- Cineplexx Linz
- Altes Rathaus; Magistrat Linz
- Bahnhofplatz 3-5; Hauptbahnhof Linz
- Bahnhofplatz 3-5; Wettbüro im Haupthf Linz
- Blumaurer Platz; Öffentliche WC-Anlage
- Einsteinerstr. 5; Einkaufszentrum Muldens
- Europlatz 5a; Raiffeisen Landesbank
- Fichtenstr. 7; Linz AG/Management Service
- Hauptbahnhof; Öffentliche WC-Anlage

Linz, Donau
- Kaplanhofstr. 1; PGA
- Landstr. 17-25; Passage Linz, 2 UG u. 3 OG
- Landstr. 33; Atrium Citycenter
- Landstr. 57; Halo Center
- Landwiedstr. 65; Volkshaus Keferfeld
- Makartstr. 11; OÖ Blinden- u. Sehbehindertenverband
- Rainerstr. 6-8; Cafelounge
- Wiener Str. 151; Linz AG Center/Gebäude A/Raum 062 A

Loibichl
- Gemeinde Innerschwand; WC-Anlage Sportplatzgebäude
- Innerschwandt 151; ÖMV Autobahntankstelle
- Westautobahn; ÖMV Tankstelle

Mallnitz
- Stappitz 64; Bahnhof Mallnitz-Obervellach

Mariazell
- Geistliches Haus

Markt Allhau
- A2 Loipersdorf; AGIP Tankstelle

Matrei
- Brennerautobahn; AGIP bei Brennerautobahn bei Matrei

Mattersburg
- Sonnwendg. 5; Augenarztpraxis

Mauerkirchen
- Badstr.; Freibad Mauerkirchen

Melk
- Räcking 3; BP Tankstelle

Mistelbach
- Hauptplatz; Öffentliche WC-Anlage

Österreich

Mittersill
- Sportheim Mittersill

Mödling
- Babenbergergasse 5; Theater
- Bahnhofplatz 10; Bahnhof Mödling
- LKH; Haupteingang
- Schwester-Maria-Restituta-G. 12; Thermenklinikum

Mondsee
- Seebadstr. 1; Alpenseebad Mondsee

Münzkirchen
- Gemeindeamt
- Musikschule

Mureck
- Austr. 9; Familiencamping Mureck

Nenzing
- Andreas-Gaßner-Str. 2; Doktorhaus der Gemeinde Nenzing

Neufeld
- Strandbad u. Mobilheimplatz; Öffentliche WC-Anlage

Oberaich
- Groebl Platz 1; Groebl Möbel

Oberndorf
- Kirchplatz; Stadtgemeinde Oberndorf

Oberwart
- Hauptplatz 11; Atrium

Ottensheim
- Hostauerstr. 62-68; Einkaufszentrum

Pack
- Autobahnrestaurant Oldtimer

Der Locus · Österreich

Passail
- Arzberg 3; Volkstüml. Museum

Pettnau
- Autobahnrestaurant Pettnau; Rosenberger Restaurant AG

Pfunds
- Ennsplatz; WC Anlage
- Ennsplatz; WC-Anlage
- Ortszentrum

Pöttsching
- S4 Mattersburger Schnellstr.; AGIP Tankstelle

Puchberg am Schneeberg
- Bahnhofplatz 1; ÖBB-Bahnhof

Purkersdorf
- Bachg. 4; Ärztezentrum

Raaba
- Lebenspark 2000

Rankweil
- Bahnhof
- Landeskrankenhaus Valduna
- ÖBB WC-Anlage

Reith im Alpbachtal
- Dorf 41; Tourismusverband

Ried i. Innkreis
- Promenade/Kirchplatz

Roggenburg
- A1; Raststation A1 (Schallerburg)

Rohrbach i. Mühlkreis
- Stadtplatz 17; MDZ-Medizinisches Dienstleistungszentrum

Österreich

Saalbach
- 🗝 Nr. 36; Gemeindeamt Saalbach

Salzburg
- 🗝 Bahnhofgarage
- 🗝 ASK Sportanlagen
- 🗝 City Center am Bahnhof
- 🗝 Gniglerpark
- 🗝 Grünmarkt
- 🗝 Reuschenpark
- 🗝 Schloß Mirabell
- 🗝 Stölzlpark
- 🗝 Alpenstr.; Freibad Alpenstraße
- 🗝 Am Messezentrum 1; Salzburger Renner, Ausstellungszentrum
- 🗝 Am Mönchsberg 32; Museum der Moderne
- 🗝 Anton-Neumayer-Platz 1; Szene SBG
- 🗝 Auerspergstr. 67A; Arbeitsmarktservice Salzburg
- 🗝 Autobahnauffahrt Salzburg Nord; Park & Ride Platz
- Autobahnausfahrt Nord; Esso Tankstelle, OT Söllheim
- 🗝 Bahnhofsvorplatz; Parkgarage
- Bahnsteig 2; Hauptbahnhof Salzburg
  Privat Kloset, vorher nach Schlüssel fragen!
- 🗝 Baron-Schwarz-Park; WC-Anlage
- 🗝 Conti-Park; Altstadtgarage
- 🗝 Dr. Hans Lechner Park
- 🗝 Erzabl-Klotz-Str.; Busparkplatz
- 🗝 Europastraße 1; Europark
- 🗝 Faberstraße 20; PV Arbeiter
- 🗝 Fürstenweg 37; Schloßpark, Schloß Hellbrunn
- 🗝 Gemeindeamt; OT Anif
- 🗝 H. Sattlergasse 7; Faberhäuser
- Hanuschplatz; Fisch Krieg
- 🗝 Hauptstr. 137; Sportanlage Grünau-Wals
- 🗝 Ignaz Harrerstr.; Fa. Fallnhauser
- 🗝 Julius-Raab-Platz 1; WIFI
- 🗝 Karl Wurmbstr. 6; Cineplexx

Salzburg

- Kendlerstraße; Jugendzentrum
- Kommunalfriedhof
- Landeskrankenhaus
- Laufenstr. 43; Jungend- und Kinderhaus
- Leopoldskronstr. 50; Freibad Leopoldskron
- Lieferung; Badesee
- MA/Amtsgebäude
- Messezentrum
- Mirabellplatz 3; Öffentliche WC-Anlage
- Naturwissenschaftliche Fakultät
- Nonntal; Busterminal
- Philharmonikergasse; Kollegienkirche
- Pillweinstr. 18; Hauptschule Maxglan
- Platzl - Linzergasse; Staatsbrückenkopf
- Rauchenpichel Campingplatz; OT Itzling
- Reichenhallerstr. 8; Altstadtgarage
- Rupertg. 10; Weissbierbrauerei Salzburg
- Schallmoser Hauptstr.; Rockhaus
- Schallmoser Hauptstraße 99; „Saftladen"
- Schloß Hellbrunn; Schloßpark
- Schwarzstr. 49; MUSIKUM Salzburg
- Siezenheimerstr. 20; Wirtschaftshof d. Mag. Salzburg, Fuhrpark
- St. Julienstr. 20; Kiesel Passage
- St. Julienstraße 20; Amtsgebäude
- Volksgarten
- Volksgarten; Kunsteisbahn Salzburg

Schärding

- Tumpelplatzstr. bei Tiefgarage; Öffentliche WC-Anlage

Schattwald

- Nr. 22; Kaufhaus LUTZ

Scheffau

- Bergbahnen Scheffau

Österreich

Scheffau
- Talstation Bergbahn

Schottwien
- Rosenberger/Autobahnrtestaurant; WC-Anlage

Schwarzach, Vorarlberg
- ÖBB Haltestelle

Schwaz
- Schwaz; Hauptbahnhof Schwaz

Schwechat
- Behinderten WC im EKZ
- Bahng.; Bahnhof
- Rathausplatz 9; Tiefgarage

Seefeld
- Klosterstr. 43; Gemeinde Seefeld

Siegendorf
- Rathausplatz 1; Gemeindeamt Kulturzentrum

Sierning
- Wagnerstr. 14; Aigner & Kaspar AG

Sölden
- Wohlfahrt 550; Sportplatzanlage Sölden

Söll
- Dorf 84; Gemeindeamt

Spittal a.d. Drau
- Burgplatz 1; Schloss Porcia
- Süd-Tirolerplatz 4; ÖBB Bahnhof
- Villacherstr. 79-83; EKZ Stadtparkcenter Spital/Drau

St. Jakob im Rosental
- Autobahnraststätte

St. Johann i. Pongau
- Gerberg.; Diesel-Kino

St. Michael
- Bahnhof der ÖBB
- Mautstelle Gleinalm (ASFINAG)

St. Michael im Lungau
- Landschütz/Zederhaus; Schwerpunktrastplatz

St. Pölten
- Autobahnrestaurant
- ÖBB-Hauptbahnhof
- Viehofner Badesee u. Ratzersdorfer Badesee
- Alte Reichsstr. 1; ÖBB
- Autobahn; ARAL-Tankstelle
- Neugebäudeplatz
- Pater-Paulus-Platz; Josefskirche
- Schießstattring 14; Traunfellner GmH

St. Ruprecht
- Friedhof

St. Valentin
- Bahnhof

Stallhofen
- Stallhofen 113; Gemeindeamt

Steinach/Brenner
- Bundesstr. 320; Umfahrung-Steinach

Strassburg
- Hauptplatz 3; Ing. Stefan Seiser - Gasthof

Strengberg
- A1; Autobahnrestaurant
- A1; Shell Tankstelle

Stübing
- Österr. Freilichtmuseum

Telfs
- Schlichtling; TIGEWOSI Wohnungsbau. u. SiedlungsgmbH

Traun
- Rathaus
- Christlg.; AMS

Tulln
- Bahnhof

Uttendorf, Pinzgau
- Dorfbachstr. 27; Badesee

Velden
- Casino Velden
- Hotel Velden - Casino

Villach
- Marktamt
- Sporthalle
- Auenpark 1; Hauptschule der Stadt Villach
- Bahnhofplatz 1; Bahnhof
- Faakersee; Gemeindebad Egg
- Gewerbeaufschließungsstr., Ecke; Bauhaus Villach
- Hans-Gasser-Platz; Magistrat der Stadt Villach
- Heidenfeldstr. 26; Volksschulen Auen
- Kaiser-Josef-Platz 1; Arbeiterkammer Villach
- Kärntnerstr. 34; ATRIO Einkaufszentrum
- Klagenfurter Str. 66; Magistrat Villach
- Rathausplatz 1; Magistrat der Stadt Villach
- Ringmauerg. 16A
- Tirolerstr. 47; Stadthalle Villach
- Tratteng. 70-72; Zentralfriedhof
- Treffnerstr. 100; Gasthof JOSEF

Villach
- Villach Chromstr. 2; Sportanlage - Völkendorf
- Villach Obere Fellach; Sportanlage
- Wasenboden (Sportplatz); Container am Wassenboden

Vöcklabruck
- Bahnhofstr. 17; Bahnhof Vöcklabruck

Voitsberg
- Rathaus Voitsberg

Völkermarkt
- Bahnhofstr. 36; Bahnhof

Völs
- Giesenweg 15

Vomp
- Inntalautobahn; Autobahnrasthaus
- Weer Süd/Vomp; Schwerpunktrastplatz

Vösendorf
- Shopping City
- Shopping City Süd; Multiplex

Wagna
- Hauptstr. 36; Gemeindezentrum

Wals
- Gemeinde Wals
- Hauptstraße 137; Sportanlage Grünau - Wals, OT Siezenheim

Wals-Siezenheim
- Gemeinde Wals
- Himmelreich, Kasernenstr. 3-5; Airportcenter / Gastrocente
- Kasernenstr. 3e; MEG Airportcenter
- Walserberg; Shell Tankstelle

Österreich

Wattens
- Kristallweltenstr. 1; Swarowski (Eingangshalle Kristallwelt)

Weissenbach/Attersee
- Franz v. Schönthanallee 42; Europacamp

Weistrach
- Gemeinde/Friedhof

Weiz
- Europa Allee 24; Europacenter (Magnet-Löwa)
- Weberhaus

Wels
- Bahnhofstr. 31; Bahnhof Wels
- Grünbachstr. 7; Hauptbahnhof Wels
- Maria-Theresia Str. 51; Cafe-Bar - Restaurant Glashaus
- Markthalle; Magistrat

Wien
- „Ring-Shop" im Donauzentrum
- Albert Schweitzer G. 6; Auhof Center
- Allerheiligenplatz (gegenüber Nr. 16); Öffentl. WC-Anlage
  - Alt Erlaa; U6, 23. Bezirk
  - Am Cobenzl/Parplatz; 19. Bezirk
  - Am Kaisermühlendamm; gegenüber Berchtoldgasse, 22. Bezirk
  - Am Kaisermühlendamm; gegenüber Jungmaisgasse, 22. Bezirk
- Am Kobenzl (Parkplatz bei Bushaltestelle; Öffentliche WC-Anlage
- Am Platz; Öffentliche WC-Anlage
  - Am Schöpfwerk; U6, 23. Bezirk
- AMS Floridsdorf
- An der Oberen Alten Donau (gegenüber; Wasserpark
- Anton-Baumgartner-Str 44; Wohnpark Alt Erlaa
- Arnethg. 84; Amtshaus 1160
- Augustinerstr. 1; Filmmuseum
- Auhofstr. 6; Auhofcenter
- Bacherplatz (gegenüber Nr. 10); Öffentliche WC-Anlage

Der Locus · Österreich

Wien

- 🔑 Bahnhof Liesing; Bahnhof Liesing
- Bellaria Passage; U1, unterirdisch (Lift), 1. Bezirk
- 🔑 Boerhaaveg. 15; Bundesgymnasium u. Bundesrealgymnasium
- 🔑 Brigittenauer Lände; Öffentl. WC-Anlage
- 🔑 Burgg. 14-16; Schule der Stadt Wien
- 🔑 Dampfgasse; Waldmüllerpark
- 🔑 Dehnegasse; Dehnepark
- 🔑 Doblhoffpark; Öffentliche WC-Anlage
- 🔑 Donaucity; Cineplex
- 🔑 Donauinsel Anlage 36A; Glaspalast
- 🔑 Donauinsel; Wasserrutsche, 22. Bezirk
- Donaupark; Eingang C, 22. Bezirk
- 🔑 Donauzenrum „Stiefelkönig"
- 🔑 Dornerplatz (gegenüber Nr. 9); Öffentl. WC-Anlage
- 🔑 Dr. Karl Lueger Ring; Universität
- 🔑 Dr. Karl Lueger Ring 1; Studienabteilung
- 🔑 Dr. Karl Lueger Ring 2; Burgtheater
- 🔑 Dr. Karl-Lueger-Ring 1/7. Stg./2.Stk.; Inst. f. Germanistik - UNI Wien, 2. Stock
- 🔑 Engerthstr. 117; BFI
- Ennsgasse/Vorgartenmarkt; 2. Bezirk
- Erdberg; U3, Stationsgebäude (Lift), 3. Bezirk
- Erlaaer Straße; U6, 23. Bezirk
- 🔑 Ettenreichg. 45a; Pädag. Akademie
- 🔑 Favoritenstr. 18; Gesundheits- und Jugendamt
- 🔑 Felberstr. 1; Öffentliche WC-Anlage
- 🔑 Felderstraße; Rathauspark
- 🔑 Florian Hedorferstr. 5; Simmeringer Bad
- 🔑 Friedensstr. 16; Friedhof Mauer
- 🔑 Friedhof Aspern
- 🔑 Friedhof Atzgersdorf
- 🔑 Friedhof Baumgarten
- 🔑 Friedhof Eßling
- 🔑 Friedhof Feuerhalle
- 🔑 Friedhof Grinzing

Österreich

Wien

- Friedhof Hernals
- Friedhof Hietzing
- Friedhof Kagran
- Friedhof Lainz
- Friedhof Meidling
- Friedhof Neustift
- Friedhof Ottakring
- Friedhof Simmering
- Friedhof Südwest
- Gablenzg. 11; Lugner City, 2x Kino EG, Mausi Markt OG, 2.
- Garnisong. 3; Inst. f. Erziehungswiss.
- Gaudenzdorfer Gürtel 77; Burger King
- Gaußplatz; Park
- Geiselbergstr. 26-32; Arbeitsmarktservice
- Geiselbergstraße 26-32/Stg. 6; Arbeitsamt Rehabilitation, 11. Bezirk
- Geiselbergstraße/Markt; 11. Bezirk
- Guglg. 43; Entertaiment-Center
- Gumpendorferstr. 63
- Gusshausstr. 25-29; Technische Universität (Aula)
- Handelskai 94-96; Millennium City Betriebs GmbH
- Hannovergasse (gegenüber Nr. 29); Hannovermarkt
- Herderpark (gegenüber Nr. 5); Öffentliche WC-Anlage
- Hermanng. 24-26; MA Bezirksamt f. d. 6. u 7. Bezirk
- Hermesstraße/Lainzer Tor; 13. Bezirk
- Herreng. 11-13; Außenministerium
- Herrengasse; U1, 1. Bezirk
- Heschweg / Johann Staud-Straße; Öffentl. WC-Anlage
- Hietzing U4
- Hietzinger Kai 133; BP-Tankstelle
- Hofferplatz / Thaliastraße; Öffentl. WC-Anlage
- Hohe Warte; 19. Bezirk
- Huberpark; 16. Bezirk
- Hufelangg. 3; Städt. Theresienbad
- Hutteng. 25

Der Locus · Österreich

Wien

- Johann-Nepomuk-Vogel-Platz; Markt
- Johnstraße; U3, unterirdisch (Lift), 15. Bezirk
- Josefsplatz 1; Ö. Nationalbibliothek
- Josefstädterstr. / Langeg.; Öffentliche WC-Anlage
- Kaiserebersdorfer Straße; Münichplatz
- Kardinal-Nagl-Platz / Erdbergstraße /; Öffentliche WC-Anlage
- Kardinal-Nagl-Platz; 3. Bezirk
- Karlsplatz 13; Techn. Universität
- Karlsplatz 5; Künstlerhauskino
- Karmelitermarkt; 2. Bezirk
- Keißlergasse / Brudermanngasse; Öffentl. WC-Anlage
- Kennedy Brücke; U4
- Keplerplatz; U1-U-Bahnstation
- Ketzerg. 120; Fa. Porsche
- Klieberg. 1A (Abgang zur Straßenbahnlinie; Öffentliche WC-Anlage
- Kolbeg 34; Friedhof Inzersdorf
- Kreilplatz; EKZ-Interspar
- Krieau; Krieau - WM-Übertragung - Mobile WC-Anlagen
- Kurpark Oberlaa
- Kurpark Oberlaa; Eingang Nord/Mitte/West, 10. Bezirk
- Laaerbergstr. 43; Bürogebäude
- Landstraßer Hauptstr. 1C; CAT-Wien-Mitte
- Landstraßer Hauptstr. 2a+2b; W3 (Erdgeschoss u. 1. Stock)
- Längenfeldgasse; U6, 12. Bezirk
- Langobardenstr. 56; Volksschule u. Kindertagesheim
- Lasallestr. 7A
- Leharg. 8; Kulissendepot
- Lichtenfelsgasse; Rathauspark
- Lidlpark; 16. Bezirk
- Liebhartsg. 19-21; Volksschule
- Liebigg. 5; Universität Wien (linke u. rechte Stiege)
- Linke Wienzeile; gegenüber Nr. 12; 6. Bezirk
- Linke Wienzeile; gegenüber Nr. 38; 6. Bezirk
- Linzer Straße; Baumgartner Casino

Österreich

Wien

- 🗝 Lothringerstr. 20; Konzerthaus
- Ludo-Hartmann-Platz 16; 16. Bezirk
- 🗝 Lundenburger G. 8; Trillerpark
- 🗝 Mariahilfer Str. 180; ARBÖ-Generalsekretariat
- 🗝 Mariahilfer Str. 77-79; Generali-Center im EG u. 1. OG
- 🗝 Mariahilferstraße / Getreidemarkt; U2 Museumsquartier
- 🗝 Marktg. 31-35; Volksschule
- 🗝 Märzstr. 1; BVH: Bürohaus
- 🗝 Meidlinger Markt
- 🗝 Meiselmarkt
- 🗝 Messeplatz 1; Messezentrum Wien
- 🗝 Messeplatz 1; Messezentrum Wien Parkhaus A + D
- Mexicoplatz; 2. Bezirk
- 🗝 Mexikoplatz 13-14; MA 12 Sozialzentrum 1,2,8,9
- Michelbeuern; U6, 9. Bezirk
- 🗝 Moissig. 21; Städt. Strandbad Gänsehäufel
- Nestroyplatz; U1, 2. Bezirk
- 🗝 Neubaug. 43; Maturaschule Dr. Roland
- 🗝 Neubaug. 48; Arbeitsmarktservice
- Neubaugasse; U3, Stationsgebäude (Lift), 8. Bezirk
- Neue Donau; verschiedene Anlagen
- 🗝 Nord-Westbahnstr./Erdgeschoss; EDK-Gruppe
- 🗝 Nordbergstr. 1-3; Betriebsgebäude Franz-Josefs-Bahnhof
- 🗝 Nordbergstr. 15; Wirtschaftsuniversität Wien
- 🗝 ÖBB-Bahnhof
- 🗝 Odeongasse (neben; Öffentliche WC-Anlage
- 🗝 Opernpassage
- 🗝 Pachmayergasse; Hybler-Park
- 🗝 Parkring/Wollzeile; MA 48
- 🗝 Passage Leithastr.; Wohnpark Dresdner Straße
- Perfektastraße; U6, 23. Bezirk
- Perspektivstraße/Messeparkplatz; 2. Bezirk
- Philadelphiabrücke; U6, Stationsgebäude (Lift), 12. Bezirk
- 🗝 Pitkagasse; Floridsdorfer Markt

Seite 333

Der Locus · Österreich

Wien

- Prater; Rest. Schweitzer Haus
- Prinz-Eugen-Str. 12; Haus des Sport
- Rampersdorfer Str. 67; Amtshaus Wien
- Rechter Donaudamm bei Brigittenauer Brücke; 20. Bezirk
- Rechter Donaudamm bei Florisdorfer Brücke; 20. Bezirk
- Rechter Donaudamm; erste Stiegenanlage oberh. Reichsbrücke
- Rechter Donaudamm; zweite Stiegenanlage oberh. Reichsbrücke
- Reschg. 20-22; Arbeitsmarktservice
- Reschgasse 20-22; Arbeitsmarktservice, 12. Bezirk
- Resselgasse 4; Universitätsbibliothek, 4. Bezirk
- Rochusmarkt; 3. Bezirk
- Salzberg/Lagerwiese; 14. Bezirk
- Sandleiteng. 41; Interspar
- Schiller Platz 3; Akademie
- Schlachthausgasse; U3, Stationsgebäude (Lift), 3. Bezirk
- Schönbrunn; Schloß, 13. Bezirk
- Schönbrunn; Schloßrestaurant, 13. Bezirk
- Schönbrunn; Wald-WC, 13. Bezirk
- Schönbrunner Tiergarten GesmbH
- Schoppenhauerstr. 32/2. St.; Institut für Publizistik
- Schottentor; U2
- Schrödingerplatz 1; Bezirksamt
- Schubertpark; Öffentl. WC-Anlage
- Schwarzenbergplatz 2; BM f. Wirtschaft u. Arbeit
- Schwedenplatz; U1, Stationsgebäude (Lift), 1. Bezirk
- Schwenglerstraße; U3, unterirdisch (Lift), 15. Bezirk
- Seisg.; Alois Drasche Park
- Siebenhirten/Durchgang; U6, 23. Bezirk
- Siebenhirtenstr. 16; Friedhof Liesing
- Simmeringer Hauptstraße/Kaiserebersdorfer Straße; U6, 11. Bezirk
- Sonnleitnerg. 32; Schule der Stadt Wien
- Speisinger Straße (gegenüber Nr. 262); Mauer, Rathauspark
- Spitalg. 23; AKH-Wien, Stiege 2: EB03, Stiege 6: EB02,
- Spitalg. 4; Hörsaal D

Österreich

Wien

- 🔑 Stadlauerstr. 41A; MA 46
- 🔑 Stammersdorf; Friedhof
- Stefansplatz; U1, unterirdisch (Lift), 1. Bezirk
- 🔑 Steigenteschg. 94 B; Orpheum
- 🔑 Steinbauergasse; Steinbauerpark
- 🔑 Steinbauermarkt; Öffentliche WC-Anlage
- 🔑 Stephansplatz; U1
- 🔑 Stillfriedplatz; Öffentl. WC-Anlage
- 🔑 Strebersdorf; Friedhof
- 🔑 Strudlhofg. 4; Universität Wien
- 🔑 Stubenring 1; Tiefparterre, Raum 247
- 🔑 Süßenbrunn; BVH-Friedhof
- 🔑 Tiergarten-Schönbrunn; Infocenter bei Hietzinger Kassa
- 🔑 Tiergarten-Schönbrunn; Kassa Neptun (bei Neptunbrunnen)
- 🔑 Tiergarten-Schönbrunn; Öffentliche WC-Anlage
- Tscherttegasse; 23. Bezirk
- Türkenschanzpark/Kinderspielplatz; 18. Bezirk
- 🔑 U-Bahnstation Leopoldau
- 🔑 U-Bahnstation Zentrum Kagran
- 🔑 U3 Volkstheater
- 🔑 UNI Audimax
- 🔑 UNI-Wien, Altes AKH
- 🔑 Universitätsstr. 7; Neues Institutsgebäude
- 🔑 Urban Loritz Platz 2 A; Cafe Restaurant Canetti
- 🔑 Urban-Loritz-Platz (Haltestelle Linie 49)
- 🔑 Urban-Loritz-Platz 2a; Hauptbücherei
- Urban-Loritz-Platz; 7. Bezirk
- 🔑 Vienna Twin Tower; Kino 1.UG
- 🔑 Vogelweidplatz 14; Wiener Stadthalle
- Volksprater/Knusperhäuschen; 2. Bezirk
- 🔑 Vorgartenmarkt / Ennsgasse; Öffentliche WC-Anlage
- 🔑 Wagramer Str. 2; Minopolis „Stadt der Kinder"
- 🔑 Wagramer Str. 81; Donauzentrum und Donauplex
- 🔑 Wagramerstr. 2; Cineplexx Palace

Seite 335

Der Locus · Österreich

Wien

- ⌬ Wagramerstr. 81/2. Stock; Ärztezentrum
- ⌬ Währinger Gürtel 18-20; AKH, Erdgeschoß
- Währinger Gürtel; gegenüber Volksoper
- ⌬ Wallensteinplatz; Öffentliche WC-Anlage
- ⌬ Werdertorg. 6; MA 43 - Städt. Friedhöfe
- Westbahnhof; 7. Bezirk
- Westbahnhof; U3, Stationsgebäude (Lift), 7. Bezirk
- ⌬ Wiedner Hauptstr. 8-10; TU-Wien, Bibliothekstoiletten Obj. 1-5
- ⌬ Wien-Westbahnhof; obere Halle, öffentliche WC-Anlage
- ⌬ Wien-Westbahnhof; Öffentliche WC-Anlage
- ⌬ Wiener Stadthalle; 1. Rang, Portier, Halle D, EG SO
- ⌬ Wiener Stadthalle; Hauptfoyer, Halle D, EG NW
- ⌬ Wienerbergstr. 13; Gesundheitszentrum Wien Süd
- ⌬ WIG 74 (Gschroppenhaus)
- ⌬ WIG 74 (Südportal)
- Wolkersbergenstraße; 14. Bezirk
- ⌬ Wollzeile; Öffentliche WC-Anlage
- ⌬ Zeltg. 7; Volksschule
- ⌬ Zentralfriedhof
- Zieglergasse; U3, Stationsgebäude (Lift), 7. Bezirk

Wiener Neustadt

- ⌬ Burgplatz 1; Schule im Park (Magistrat)

Wiener Neustadt

- ⌬ Bahnhofplatz 1; Bahnhof Wr. Neustadt
- ⌬ MA/Abt. 3
- ⌬ Rudolf-Dieselstr. 13; Arena Nova Betriebs GmbH
- ⌬ Sparkasseng. (Magistrat); Bedürfnisanstalt Wr. Neustadt
- ⌬ Stadtpark; Tennisanlage

Wolfsberg

- ⌬ ÖBB Banhof

Wörgl

- ⌬ Brixentalerstr. 1; Öffentliche WC-Anlage

Österreich

Wörgl
- Grenzlandpark M4; Öffentliche WC-Anlage
- Innsbrucker Str. 110; Grenzlandpark
- Innsbrucker Str. 34b; Trainingszentrum Wörgl

Zell am See
- Hallenbad, Eishalle, Campingplatz
- Karl-Vogt-Str. 65; Tenniscenter Zell am See
- Postplatz 4; Apcoa Autoabstellplatz
- Seespitzstr. 9; Strandbad Schüttdorf
- Stadtplatz 1 u. 5; Bezirkshauptmannschaft

Zellerndorf
- Bahnhof

Zöbern
- Autobahnrestaurant Oldtimer

Was heißt hier 'Anhängerbetrieb nicht erlaubt'!
Wie soll ich denn sonst das Scheiß-Problem lösen?

Verzeichnis Schweiz

Aarau
- Bahnhof SBB
- Bahnhofstrasse; Behmen Parking
- Bei der Kettenbrücke an der Aare; Parkhaus Flösserplatz
- Bleichemattstrasse 2; Geschäftshaus
- Igelweid 18; Migros Igelweid
- Zwischen den Toren 2; Markthalle Färberplatz

Adelboden
- Engstligenalp; Berghaus Bärtschi

Adliswil
- Florastrasse 10; Bahnhof SZU

Affoltern am Albis
- Zentrum Oberdorf

Aigle
- Gare CFF d'Aigle
- Av. des Glariers; Stade des Glariers
- Ch. Novassalles; Migros-Ex
- Place du Château; Château d'Aigle
- Rte Industrielle 2; Migros Centre commercial du Chablais

Allaman
- Route de la Gare 10; Littoral Centre Allaman

Altdorf UR
- Bahnhof SBB
- Gotthardstrasse 67; Einkaufszentrum Urnertor
- Hellgasse 3; Coop Restaurant

Altendorf
- Churerstrasse 8; Mehrzweckhalle Burggasse

Andeer
- Rofla; Rastplatz A13

Schweiz

Appenzell
- Bahnhof Appenzell
- Brauereiparkplatz

Attinghausen
- Schulhausweg 9; Gemeinde Gebäude Turnhalle

Auvernier
- Port d'Auvernier

Bad Ragaz
- Giessenpark
- Erlenweg; Camping Giessenpark

Baden
- Cordulaplatz
- Bahnhofstrasse 42; Migros Restaurant
- Brown Boveri Platz 1; Freizelt- und Entertainmentcenter Trafo
- Haselstrasse 2; Grand Casino
- Metroshop; Hauptbahnhof
- Schlossbergplatz 7; Manor Warenhaus
- Schmiedestrasse 12/14; nordportal
- Theaterplatz; Parkhaus Innenstadt

Baden-Dättwil
- Husmatt 4; Restaurant La Rotonda

Bäretswil
- Schulhausstrasse 1; Primarschule Bäretswil

Basel
- St. Johanns-Tor
- Barfüsserplatz 24; Tramhaltestelle
- Belforterstrasse 135; Gartenbad Bachgraben
- Bernoullistrasse; Bernoulli
- Brüglingerstrasse 19-21; St. Jakobshalle Basel
- Burgfelderstrasse 70; Kiosk Kannenfeldpark
- Centralbahnplatz; Bahnhof SBB

Der Locus · Schweiz

Basel

- Centralbahnplatz; Veloparking Seite Bahnhof
- Centralbahnplatz; Veloparking Seite Elisabethen
- Freie Strasse 75; Pfauen
- Greifengasse 22; Manor
- Güterstrasse 125; Güterstrasse
- Hammerstrasse 81; Claramatte
- Klybeckstrasse; Dreirosenanlage
- Messeplatz; Messeplatz
- Messeplatz 19; Messturm
- Mühlhauserstrasse; Dreirosenbrücke
- Schifflände; Schiffanlegestelle Schifflände
- Schönbeinstrasse 18-20; Öffentliche Bibliothek der Universität Basel
- Schwarzwaldallee; Tramhaltestelle Badischer Bahnhof
- Schwarzwaldallee 200; Badischer Bahnhof
- Spitalstrasse 8; Fachhochschule Basel
- St. Jakobs-Strasse 400; Gartenbad St. Jakob
- Strassburgerallee 18; Im Kannenfeldpark
- Theaterstrasse 7; kult.kino Atelier
- Untere Rebgasse 11; Migros
- Unterer Batterieweg; Margarethenpark
- Unterer Rheinweg; Unterer Rheinweg
- Voltastrasse; Voltamatte

Bavois

- Aire Bavois Autoroute; Shell Switzerland

Beckenried

- Seestrasse 1; Dorfzentrum

Bellinzona

- Autostrada A2 Nord-Süd; Marché Restaurant Bellinzona Nord
- Piazzale della Stazione; Stazione FFS

Belp

- Schützenweg 3; Coop-Restaurant

Schweiz

Bern

- 🗝 Münsterplattform
- 🗝 Stadion Neufeld
- 🗝 Aarstrasse 97; Dalmazibrücke
- Aarstraße 97; Dalmazibrücke, Brückenkopf Marzili
- 🗝 Allmend Bern EXPO-Gelände; EXPO Halle G1 (Festhalle)
- 🗝 Bahnhof SBB
- Bethlehem; Bushaltestelle Waldmannstraße/Riedbachstraße
- Bethlehem; CoOp Heim+Hobby
- 🗝 Bottigenstrasse 7; Migros Bachmätteli
- Bümpliz; Busendstation Rehag
- 🗝 Bürkliplatz; Kiosk
- 🗝 Campingplatz
- Christoffel; Unterführung zur SBB (2 WCs)
- 🗝 Dorfmärt
- Egghölzli; Tramhaltestelle
- Eigerplatz; Tramhaltestelle
- Elfenau; Busendstation
- 🗝 Freiburgstr. 153 A; Bushaltestelle Gangloff
- 🗝 Freiburgstrasse; Inselspital Bern
- Freiburgstraße 153a; Park & Ride
- 🗝 Fussweg Bundesgasse/Taubenstrasse; Kleine Schanze
- Gangloff; unter Autobahnviadukt
- Großer Muristalden 6; Bärengraben
- 🗝 Inseli
- Jupiterstraße 15; Einkaufszentrum, Wittigkofen
- 🗝 Kapell-Brücke; beidseitig
- 🗝 Kornhausplatz 18; Kornhaus-Café und -Keller
- 🗝 Länderpark
- Länggasse; Busendstation
- 🗝 Marktgasse 46; MMM Marktgasse
- Mattentreppe 1; Badgasse, beim Lift
- 🗝 Max-Dättwylerplatz; S-Bahnhof Wankdorf
- 🗝 Mingerstr. 12; Eisstadion Allmend
- 🗝 Mühledorfstrasse 20; Bahnhof BLS

Bern

Münsterplattform; im Park Nordwesten
- N1; Raststätte Würenlos
- N1; Raststätten Deitingen Nord und Süd
- N2; Raststätte Neuenkirch-West
- N2; Raststätte Windrose
- N3; Raststätte Herrlisberg-Süd
- Neubrück 166; Park + Ride Neufeld
- Oberland Märt
- Postgasshalde 50; Rathaus-Parking

Postgaßhalde 50; Rathaus, Autoeinstellhalle
- Pro Infirmis
- Sarnen-Center
- SBB Bahnhof
- Schifflände
- Seedamm-Center
- Seetal-Center
- Surseepark

Tiefenau; Unterführung SBB
- Überbauung Bahnhofspassage
- Wankdorffeldstrasse 90; Migros M-Parc Wankdorf

Winkelriedstraße 16; Wyler, Busendstation
- Zähringerstrasse 43; Migros Restaurant Zähringer
- Zentrum Oberdorf
- Zugerland

Beromünster
- Bahnhofstrasse 10; Bahnhof Beromünster

Bertschikon b. Attikon
- Rastplatz Oberweiher
- Rastplatz Stegen

Biel/Bienne
- Badhausstrasse 1 A; Schiffländte
- Ernst-Schülerstrasse 4; Ecke Ernst-Schüler-Strasse/Gartenstrasse

Schweiz

Biel/Bienne
- Kanalgasse 36; Migros Neumarkt
- Untergasse 15 A; Altstadt (Stadtkirche)

Birrwil
- Dorfzentrum; Mehrzweckgebäude

Bougy-Villars
- Fondation du Pré-Vert, Signal-de-Bougy; Parking extérieur no. 2 côté nord

Bremgarten AG
- Obertorplatz; Bahnhaltestelle Obertor
- Wohlerstrasse; Reussbrückesaal

Brig
- Gliserallee 13; Coop Brig Apollo
- Sennereigasse 26; Parkhaus Altstadt

Brugg AG
- Neumarkt 1; Migros Restaurant Brugg

Brunnen
- Bahnhof Brunnen

Bubikon
- Fabrik Sennweid; Restaurant Rampe

Buchs SG
- A 13; Raststätte Rheintal
- Bahnhofstrasse 40; Coop Restaurant

Bülach
- Bahnhof SBB
- Bahnhofstrasse 28; Einkaufszentrum Sonnenhof
- Schaffhauserstrasse 102; Gemeinschaftszentrum Guss 81-80

Buochs
- Ennetbürgerstrasse 45; Migros Buochs

Der Locus · Schweiz

Burgdorf
- Freibad Burgdorf
- Lyssachstrasse 27; Migros Restaurant Burgdorf Neumarkt
- Sägegasse 14; Coop Schützenmatte
- Zähringerstrasse 25; Schulhaus Lindenfeld

Bursins
- Relais de La Côte; Station Esso

Capolago
- Piazza della Stazione; Stazione FFS

Carouge GE
- Place de l'Octroi; Parking de l'Octroi

Céligny
- Rte des Coudres 4; Place du Village

Cevio
- Centre Communal

Cham
- Dorfplatz 3; Lorzensaal

Château-d`Oex
- La Ray; La Braye

Châtel-St-Denis
- Ch. Chardonneret 14; Centre Commercial Coop

Chavannes-de-Bogis
- Restaurant Manora; Centre Commercial

Chevroux
- Port de Chevroux

Chur
- Car-Haltstelle Lindenquai
- Bahnhofstrasse 40; Manor Warenhaus

Schweiz

Chur
- Felsenaustrasse 61; Campingplatz
- Gäuggelistrasse 28; Migros Markt
- Gürtelstrasse 11; Postautostation Chur
- Kalchbühlstrasse 16; Migros Fachmarkt Kalchbühl
- Plessurquai / Jochstrasse; PP / Parkhaus Arcas
- Sommeraustrasse 9; Coop Bau und Hobby

Cudrefin
- Rue de Neuchâtel 87; Camping de Cudrefin

Dachsen
- Laufen am Rheinfall; Restaurant Schloss Happen

Davos Platz
- Bahnhofstrasse 1; Coop Center

Deitingen-Nord
- Autobahnraststätte Deitingen-Nord

Deitingen-Süd
- Autobahnraststätte Deitingen-Süd

Dietikon
- Glanzenberg; Bahnhof SBB

Dietlikon
- Industriestrasse 28; Jumbo Grossmarkt

Domat/Ems
- Via Nova 96; Einkaufszentrum Coop

Dornach
- Bahnhof Dornach-Arlesheim
- Hauptstrasse 33 A; Gemeindeverwaltung

Döttingen
- Badstrasse; Schwimmbad

Der Locus · Schweiz

Dübendorf
- Bettlistrasse 22; Mehrzweckgebäude „Bettli"

Ebikon
- Zentralstrasse 16; Migros Ladengasse
- Zugerstrasse 5; M-Parc

Effretikon
- Märtplatz 5; Einkaufszentrum Effi-Märt

Erlenbach ZH
- Bahnhofstrasse 28; Bahnhof SBB

Eschen
- Rheinstrasse 657; Sportpark Eschen-Mauren

Eschenbach LU
- Freiherrenweg 1; Kath. Kirche

Faido
- Autostrada A2 Sud>Nord; Area di sosta La Monda (Faido) Nord>Sud
- Autostrada A2 Sud>Nord; Area di sosta La Monda (Faido) Sud>Nord

Flurlingen
- Rastplatz Buechhalden

Frauenfeld
- Riedstrasse 1; Mc. Donald's

Fribourg
- Bd de Pérolles 35; Kiosque du Domino
- Îlot central; Gare des autobus Fribourg
- Place Georges Python 1; Kiosque
- Rue des Ecoles 15; Cycle d'orientation de Jolimont

Gampelen
- Fanel; TCS Campingplatz Gampelen

Schweiz

Genève
- Gare CFF Cornavin
- Chemin des Crêts 17; Féd. Int. Stés Croix-Rouge et Croissant-Rouge
- Rue de la Terrassière 25; Centre Commercial „Eaux-Vives 2000"

Genève-Cointrin
- Gare Genève-Aéroport

Gersau
- Schulhausplatz 10; Schulhaus und Sportanlage

Giornico
- Autostrada A2 Sud>Nord; Area di sosta Giornico Sud>Nord

Giswil
- Bahnhof Giswil

Glarus
- Oberdorfstrasse 42; Alterszentrum Pfrundhaus

Glattzentrum
- Einkaufszentrum Glatt

Goldau
- Parkstrasse 40; Natur und Tierpark

Gonten
- Jakobsbad; Talstation der Luftseilbahn

Gossau SG
- Neuchlen 200; Abenteuerland Walter Zoo
- Neuchlen 200; Walter Zoo

Grenchen
- Marktplatz
- Schifffahrtsstation und Picknick-Platz
- Freiestrasse 10; Migros Restaurant
- Lindenstrasse 41; Parktheater Restaurant
- Solothurnstrasse 20; Coop Grenchen

Der Locus · Schweiz

Grindelwald
- Grundstrasse; Station Grindelwald-Grund

Gstaad
- Bahnhof MOB

Habsburg
- Schloss Habsburg; Restaurant Schloss Habsburg

Hägglingen
- Chilerain/Mitteldorfstrasse; röm.-kath. Kirche

Hallau
- Hauptstrasse 44; Gemeindehaus

Hausen b. Brugg
- Hauptstrasse 26; Mehrzweckhalle

Hauterive
- Parking; Le Port

Herzogenbuchsee
- Bernstrasse 33; Migros Herzogenbuchsee

Hindelbank
- Autobahn-Rastplatz Hurst

Hinterrhein
- Hinterrhein; Rastplatz A13

Hinwil
- Zürichstrasse 2; Gasthof zum Hirschen

Hochdorf
- Hauptstrasse 5; Seetalzentrum

Horw
- Bahnhofstrasse 24; Bahnhof Horw
- Gemeindehausplatz 14; Migros-Einkaufszentrum

Schweiz

Humlikon
- Rastplatz Kreuzstrasse

Hünenberg
- St. Wolfgang; Restaurant Rössli
- Zentrumstrasse 3; Kirche Heiliggeist / Friedhof Hünenberg

Huttwil
- Bernstrasse 6; Migros Huttwil

Ibach-Schwyz
- Einkaufszentrum; Mythen Center Schwyz

Immensee
- Rötelweg
- Artherstrasse; Hohle Gasse

Ins
- Bahnhofstrasse 151 A; BLS Bahnhof Ins

Interlaken
- Bahnhofstrasse 28; Bahnhof Interlaken West
- Rugenparkstrasse 1; Migros Markt
- Untere Bönigstrasse 5; Bahnhof Interlaken Ost

Ittigen
- Autobahnraststätte Restaurant Grauholz

Kaiseraugst
- Liebrütistrasse 39; Zentrum Liebrüti

Kandersteg
- Bahnhof Kandersteg
- Bahnhof Kandersteg; Autoverlad Kandersteg

Kappel SO
- Gunzgen Süd; Marché Restaurant A1

Kemptthal
- Kemptthal; Marché Restaurant

Kerzers
- Bahnhofstr. 1; Bahnhof

Köniz
- Blauäcker 10; Migros Restaurant Köniz Blauäcker

Kreuzlingen
- Seestrasse 11 B; Bodensee-Arena

Kriens
- Schappe Center
- Luzernerstrasse 30; Einkaufszentrum Hofmatt

Küssnacht am Rigi
- Restaurant Alpenhof
- Bahnhofstrasse 70; Bahnhof SBB
- Siegwartstrasse 11; Migros Rigi-Märt
- Unterdorf 15; Heimatmuseum

Lachen SZ
- Bahnhof SBB

Landquart
- Apfelwuhr; A13-Rastplatz
- Bahnhofstrasse 54; Migros-Markt, Falknis-Zentrum
- Werkstättestrasse 5; Coop Super Center

Langendorf
- Fabrikstrasse 6; Migros Langendorf

Langenthal
- Marktgasse 46; Restaurant „Spatz-Gebäude"

Langnau i. E.
- Schlossstrasse 1 A; Migros Langnau

Schweiz

Laufen
- Bahnhof SBB

Laufenburg
- Bahnhofplatz 9; Bahnhof SBB

Lausanne
- Allée du Bornan; Stade Samaranch
- Av. de Cour 33; Haute Ecole Pédagogique VD
- Av. de Rhodanie 23; Piscine de Bellerive
- Av. Des Bergières 10; Palais de Beaulieu
- Ave. de Rhodanie 15; Rhodanie / Sagrave
- Avenue d'Echallens 91; Montétan / Kiosque
- Avenue Mon Repos; Parc de Mon Repos
- Chemin de Pierrefleur 20; Pierrefleur / Église
- Chemin du Camping; Vaudaire
- en haut du ch. De Préville; Esplanade de Montbenon
- Parc Bourget; Parc Bourget
- Parc du Vélodrome; Parc du Vélodrome
- passage inférieur de Chauderon; Place Chauderon
- Passage Place St-François; Place St-François
- Passage Prè-du-Marché; Pré-du-Marché
- Pl. Gare 9; Gare Lausanne
- Pl. Riponne 6; Musée - Palais de Rumine
- Place de Bel-Air; Bel-Air
- Place de l'Europe 7; Café-Restaurant „Café Luna"
- Place de la Riponne; Parking Riponne
- Pré-du-Marché 15; Centre culturel et de loisirs
- Promenade J.-J. Mercier; Nord du parcs J.-J. Mercier
- Quai Jean-Pascal Delamuraz 1; Restaurant Le Lacustre
- Quai Jean-Pascale Delamuraz; Débarcadère / Delamuraz
- Route Aloys-Fauquez; Chemin de la Motte
- Route du Signal 46; Cantine de Sauvablin
- Rte de Signal 2; Parc de l'Hermitage
- Rue Cité-Devant; Rue Cité-Devant
- Rue des Terreaux 15/17; Centre commercial Métropole 2000

Lausanne
- Rue Saint-Laurent 3; Grands Magasins Manor
- Rue St-Laurent 24-30; Au Centre Grand Magasin

Lauterbrunnen
- Beir Zuben; Busparkplatz Parkhaus

Lenzburg
- Bachstrasse 15; Einkaufszentrum Migros Müli-Märt

Lindau
- Raststätte Kemptthal

Locarno
- Piazza della Stazione; Stazione FFS
- Viale Verbano 1; Debarcadero Locarno

Losone
- Via Rivercegno 6; Parco giochi Rivercegno

Lugano
- Piazzale della Stazione; Stazione FFS
- Via Serafino Balestra; Autosilo Balestra
- Via Trevano 100; Skatepark Lugano-Cornaredo
- Via Trevano 100; Stadio di Cornaredo

Lully FR
- Restauroute de Lully / A1; BP Service Rose de la Broye

Lutry
- Avenue du Grand-Pont 1218; Le Grand-Pont

Luzern
- Bahnhofshopping
- Bahnhof; Bahnhofbuffet und Au Premier
- Hertensteinstrasse 9; Migros Markt
- Pilatusstrasse 14; Mövenpick Kantonalbank
- Weggisgasse 5; Manor

Schweiz

Luzern
- Zihlmattweg 2; Oberstufen-Schulhaus Hubelmatt

Maienfeld
- Marché Restaurant Maienfeld

Martigny
- Place du Manoir; Centre Commercial, MM Marché Migros

Mellingen
- Grosse Kirchgasse 23; Öffentliche WC's beim Rathaus

Mendrisio
- Autostrada A2 Sud>Nord; Area di sosta Segoma (Mendrisio) Sud>Nord
- San Martino; Piscina Coperta
- Via Lavizzari 10; Stabile piazzale alla Valle
- Via Praella; Autosilo comunale

Merlischachen
- Chappelmattweg; Feuerwehrlokal Merlischachen

Meyrin
- Av. Louis Rendu 7.9; Centre sportif (piscine, patinoire)

Möhlin
- Obere Fuchsrainstrasse; Mehrzweckhalle

Moleno
- Autostrada A2 Nord>Sud; Area di sosta Moleno (Claro) Nord>Sud
- Autostrada A2 Sud>Nord; Area di sosta Moleno (Claro) Sud>Nord

Montfaucon
- Rue Communance 20; Salle de Paroisse

Monthey
- Av. De la Plantaud 122; Theatersaal
- Rte du Tonkin 28; Piscine de Reposieux

Der Locus · Schweiz

Montreux
- Rue de la Gare 22; Golden Pass Center, Gare MOB

Morges
- Général Guisan; Piscine Morges
- Rte de Genève; Camping TCS „L Petit -Bois"

Münchenstein
- Baselstrasse 88; Restaurant Hofmatt
- Loogstrasse 2; Kultur und Sportzentrum Bruckfeld
- Stöckackerstrasse 8; Einkaufszentrum Gartenstadt

Münchringen
- Autobahn-Rastplatz Lindenrain

Mürren
- Station Mürren BLM

Müstair
- Posthaltestelle; Parkplatz Praungal, Kloster St. Johann

Muzzano
- Autostrada A2 Sud>Nord; Area di sosta Muzzano Nord>Sud
- Autostrada A2 Sud>Nord; Area di sosta Muzzano Sud>Nord

Näfels
- SGU; Restaurant Linth-Arena

Neuchâtel
- Centre de Loisirs; Ch. de la Boine 31
- Pierre-à-Bot 106; Pinte de Pierre-à-Bot
- Place du Port; Parking du Port
- Route des Falaises; Port du Nid-du-Crô
- Route des Falaises 120 - 130; Plage de Monruz
- Rue de l'Hôpital 20; McDonald's Suisse Restaurant Sàrl

Neuenhof
- Hardstrasse; S-Bahn Haltestelle

Schweiz

Neuhausen
- Rheinfallquai; Rest. Schlössli Wörth

Niederurnen
- Autobahn A3; Marché Restaurant

Nussbaumen b.Baden
- Schulstrasse 3; Einkaufszentrum Markthof

Nyon
- Route de St-Cergue 1; Gare Nyon-St-Cergue-Morez
- Rte de St. Cergue 312; Paleo Arts

Oberengstringen
- Rastplatz Oberengstringen

Oberhofen am Thunersee
- Staatsstrasse 29; Parkhaus

Oftringen
- Ackerweg 2; Oftringen OBI Fachmarktcenter

Olten
- Dornacherstrasse 1; Stadthaus Olten
- Restaurant Buffet Olten; Bahnhofbuffet Olten
- Riggenbachstrasse; Hotel Arte
- Riggenbachstrasse 16; Fachhochschule Solothurn Nordwestschweiz

Ostermundigen
- Bernstrasse 114; Migros Ostermundigen

Othmarsingen
- Autobahnrastplatz A1

Personico
- Autostrada A2 Sud>Nord; Area di sosta Personico Nord>Sud

Pfäffikon SZ
- Eichenstrasse 48; Athleticum Sportmarkt

Der Locus · Schweiz

Pfäffikon ZH
- Baumenstrasse; Strandbad

Prangins
- Promenthoux; Plage de Promenthoux

Pratteln
- Autobahn-Raststätte Pratteln
- Oberemattstrasse 13; Kultur- und Sportzentrum Gemeinde Pratteln

Prilly
- Ch. de la Grand-Vigne 3; Collège du Grand Pré
- Ch. du l'Union 1; Collège de l'Union
- Chemin du Viaduc 14; Malley-Centre commercial

Rapperswil SG
- Zürcherstrasse 4; Einkaufszentrum Sonnenhof

Reinach BL
- Bruderholzstrasse 39; Evang. Ref. Kirchgemeindehaus
- Mühlemattweg 24; Schwimmbad
- Neumattstrasse 1; Coop Reinach
- Weiermattstrasse 11; KV Reinach und Gemeindebibliothek

Reussbühl
- Einkaufszentrum Roupige-Märt

Rheinfelden
- Ecke Kuttelgasse/Brodlaube
- Rheinweg 2; Stadtpark

Richterswil
- Richterswil; Seebad

Riehen
- Wettsteinanlage
- Baselstrasse 38; Restaurant Landgasthof
- Grendelgasse 21; Sportanlage Grendelmatte

Schweiz

Risch
- Buonaserstrasse; Sportpark Rotkreuz

Rothenburg
- Neuenkirch West; Marché Restaurant

Rotkreuz
- Holzhäusernstrasse; Restaurant Golfpark

Rümlang
- Katzenrütistrasse 6; Schulhaus Worbiger

Rüschlikon
- Säumerstr. 37; Hotel Belvoir

Rüti ZH
- Bandwiesstrasse 6; Migros Markt

S. Vittore
- Campagnola; Rastplatz A13

Sachseln
- Brünigbahn; Bahnhof SBB

Samnaun Dorf
- Musella; Parkplatz Plan da Purschès

Sarnen
- Jordanstrasse 17; Mehrzweckanlage Ei
- Nelkenstrasse 5; MM Sarnen-Center
- Seefeld; Minigolf-Anlage

Schaffhausen
- Ende Randenstrasse; Pferdesportanlage Griesbach
- Rathausbogen 10; Verkaufsladen EKS u. Rathauslaube

Schattdorf
- Grund; Sportanlage Grundmatte

Schlieren
- Uitikonerstrasse 9; Lilie-Zentrum
- Zürcherstrasse 6; Coop Lilie-Zentrum

Schönenberg TG
- Neukircherstrasse 1; Restaurant Mühle

Schwende AI
- Luftseilbahn Wasserauen-Ebenalp AG

Seewen SZ
- Steinbislin 7; Coop City Seewenmarkt

Seuzach
- Sportanlage Rolli; Garderobengebäude Fussballplatz

Solothurn
- Amtshausplatz
- Gurzelengasse 18; Warenhaus Manor
- Innere Mutten; TCS Campingplatz
- Steingrubenstrasse 1; Konzertsaal
- Wengistrasse 12; Migros Solothurn

Spiez
- Austrasse 1 A; Mehrzweckhalle
- Bahnhofstrasse 12; BLS-Bahnhof
- Bahnhofstrasse 12; Restaurant Bahnhof
- Kirchgasse 1; Aufbahrungshalle Spiez
- Oberlandstrasse 28; Kronenplatz

Spreitenbach
- Einkaufszentrum Tivoli
- Shopping-Center
- Manora Restaurant; Shopping-Center

St-Cergue
- Place de la Gare; Chemin de Fer Nyon-St-Cergue-Morez

Schweiz

St. Gallen
- Hauptbahnhof St.Gallen
- Bahnhofplatz 2; Migros Klubschule
- Kloster; Kloster Eingang West
- Kornhausstrasse 6; Bahnhofplatz
- Parkstrasse 2; Athletik Zentrum St. Gallen
- Sonnenstrasse; Parkplatz Spelteriniplatz
- Unterer Brühl 1; Talhof

St. Moritz
- Via Sela; Polowiese
- Via Traunter Plazzas; Parkhaus Quadrellas

Stalden (Sarnen)
- Glaubenberg; Berghotel Langis

Stans
- Parkhaus Bahnhof
- Pestalozzi Schulhaus
- Bitzistrasse 2; MMM Länderpark
- Robert Durrer-Strasse 4; Berufsschule NW

Steffisburg
- Lerchenweg 14; Kirchgemeindehaus Kaliforni, Heimberg

Stein SG
- Erlen; Mehrzweckgebäude

Steinen
- Postplatz 2; Musigträff

Steinhausen
- Hinterbergstrasse 40; Einkaufszentrum Zugerland

Studen SZ
- Dörflistrasse; Schulhaus

Sumiswald
- Kirchengemeinde

Sursee
- Bahnhofstrasse 28; Migros Surseepark
- Bahnhofstrasse 30; Fachmarkt Surseepark

Täsch
- am Bahnhof; Bahnhof / Parking Matterhorn Terminal

Teufen AR
- Bächlistrasse 2; Altes Feuerwehrhaus
- Landhausstrasse; Sportanlage Landhaus, Gebäude Nr. 1864
- Landhausstrasse; Turnhalle Landhaus
- Zeughausstrasse; Zeughausplatz

Thalwil
- Alte Landstrasse 104; Pfisterschüür
- Alte Landstrasse 108; Gemeindehaus „Sonnegg"
- Bodenstrasse 15; Sportanlage Brand

Thayngen
- Schulstrasse 12; Reckensaal

Thun
- beim „Alten Waisenhaus"; Oberes Bälliz / Mühlegässli
- Grabenstrasse 6; Parkhaus City Nord „Grabengut„
- Schulstrasse 32; Coop Thun Schulstrasse

Thusis
- Im Park; Migros Thusis Restaurant

Tübach
- Steinacherstrasse 2; Restaurant Landhaus

Unterägeri
- Birkenwäldli; Kiosk und Clubgebäude

Schweiz

Uster
- Bahnhof SBB

Utzenstorf
- Autobahn-Rastplatz Chölfeld

Vevey
- Rue d'Italie
- Rue des Moulins 11; Ecole Club Migros
- Vevey-Marché; Au Débarcadère

Villars-sur-Ollon
- Bretaye; Gare B.V.B. de Bretaye
- Roc d' Orsay; Télécabine du Roc d'Orsay Station Arrivée
- Rte des Layeux; Télécabine du Roc d'Orsay Station Départ

Wädenswil
- Autobahn A3 Herrlisberg Nord
- Bahnhof SBB
- Rastplatz Geerenau
- Autobahnrestaurant A3 Zürich-Chur; Cindy's Diner Esso
- Restaurant Cindi's Diner; Autobahn A3 Herrlisberg Süd

Wallisellen
- Schwarzackerstrasse; Bahnhof SBB Wallisellen

Wangen ZH
- Rastplatz Baltenswil-Nord
- Rastplatz Baltenswil-Süd

Wattwil
- Bahnhofstrasse 29; Gewerbliche Berufsschule

Wengen
- Bahnhof Wengen

Wettingen
- Landstrasse 69; Migros Wettingen

Der Locus · Schweiz

Wetzikon ZH
- Bahnhofstrasse 151; Züri-Oberland Märt

Widnau
- Aegertenstrasse 60; Sporthalle Aegerten

Windisch
- Dohlenzelgstrasse 24 A; Singsaalgebäude / Gemeindebibliothek
- Hauserstrasse 40; elf-Tankstelle mit Shop

Winterthur
- Bahnhofsplatz 5-9; Hauptbahnhof Winterthur
- In der Au 9; Top CC
- Kanzleistrasse 23; Shopping Seen
- Katharina Sulzer-Platz; Ausbildungszentrum Winterthur azw
- Marktgasse 45; Molino Pizzeria Ristorante
- Sulzer Areal; Ausbildungszentrum Sulzer AG

Wohlen AG
- Bahnhofstrasse 7; Migros Markt
- Bünzmatt; Schulanlage Bünzmatt
- Chilegässli 2; Kath. Kirche Wohlen
- Frohburgstrasse 1; Tankstelle Restaurant

Wollerau
- Autobahn A13; Autobahn-Raststätte Fuchsberg

Worb
- Richigerstrasse 1; Migros Markt Worb

Würenlos
- Marché Restaurant Mövenpick
- Büntenstrasse; Schwimmbad Wiemel

Yverdon-les-Bains
- Avenue Haldimand; Avenue Haldimand
- Grèves de Clendy; Plage
- Quai de Nogent; Débarcadère LNM

Schweiz

Yverdon-les-Bains
- Rue de l'Arsenal; Rue de l'Arsenal - Abattoirs
- Rue de la Jonction; Rive du Lac entre Thièle et Mujan
- Rue de Neuchâtel 3; Centre commercial Migros
- Rue des Bouleaux; Rue des Bouleaux / Curtil-Maillet
- Rue du Valentin; Centre funéraire
- Rue Pierre de Savoie; Jardin Pierre de Savoie

Zermatt
- Gornergrat Bahn; Station Gornergrat
- Gornergrat Bahn; Station Riffelalp
- Gornergrat Bahn; Station Riffelberg
- Station; Bahnhof BVZ

Zofingen
- Aarburgerstrasse 5; Migros Zofingen
- Im Brühl; CP Pumpen

Zug
- Bahnhof SBB Zug
- Landsgemeindeplatz
- Baarerstrasse 22; Einkaufsallee Metalli
- Chamerstrasse 177; Chollerhalle
- Industriestrasse; Oeffentliche Toilettenanlage
- Lüssiweg 24; Kantonschule Zug
- Lüssiweg 24; Kantonsschule Zug Aula
- Schönegg 19; Zugerbergbahn, Station Schönegg
- Zugerberg; Zugerbergbahn, Station Zugerberg

Zürich
- Bachstrasse
- Bahnhofplatz
- Buecheggplatz
- Kiosk Bürkliplatz
- Klusplatz
- Rastplatz Büsisee-Nord
- Rastplatz Büsisee-Süd

Der Locus · Schweiz

Zürich

- Rastplatz Aspholz; OT Wollishofen
- Albisstrasse 105; Tramendstation Wollishofen, VBZ Züri-Linie 7
- Altstetterplatz 11/12; Bahnhof SBB Zürich Altstetten
- Am Marktplatz; Marktplatz Oerlikon
- Andreasstrasse 15; Geschäftshaus
- Bahnhofplatz 15; Hauptbahnhof Südtrakt
- Bärengasse 5; Credit Suisse am Paradeplatz
- Bellevueplatz; Service-Insel Bellevue
- Bleicherweg 33; Hochhaus zu Palme
- Breitensteinstrasse 19 A; Gemeinschaftszentrum Wipkingen
- Ecke Cullmann-/Ottikerstrasse; Rigiplatz
- Einmündung Seminarstrasse; Schaffhauserplatz
- Escher-Wyss-Platz; Traminsel Escher-Wyss-Platz
- Falkenstrasse 19-21; Migros-Restaurant Stadelhofen
- Feldstrasse (vis à vis 89); Aussersihlanlage (Bäckeranlage)
- Gloriastrasse bei 19; Gloriastrasse, Haltestelle Platte
- Goldbrunnenplatz; Tram-/Bus-Haltestelle
- Grubenstrasse 31; Bambinos AG
- Hardaustrasse; Albisriederplatz
- Heinrichstrasse 269; Kino CinemaX
- Herzogenmühlestrasse, gegenüber Nr. 4; Schwamendingenplatz
- Hofwiesenstrasse 143; Christiliches Zentrum Buchegg
- Hofwiesenstrasse 350-354; Migros Restaurant Neumarkt
- Hofwiesenstrasse 369; Bahnhof Oerlikon
- Karl-Schmid-Strasse 4; Universität Zürich
- Kasernenstrasse; Bahnhof SBB
- Kreuzung Helen Keller-Str./Weibelackerweg; Tram-Endstation Hirzenbach
- Limmatquai 61; Rathauswache
- Limmatstrasse 152; Migros Limmatstrasse
- Lindenplatz; Kioskgebäude
- Maienstrasse 7/11; Quartierschule Kügeliloo
- Milchbuck; Tram-/Bushaltestelle Milchbuck
- Molkenstrasse 5/9; Amtshaus Helvetiaplatz
- Räffelstrasse 25; Geschäftshaus

Zürich

- Rämistrasse 71; Universität Zürich Zentrum
- Rämistrasse 74; Universität Zürich
- Rütistrasse/Ilgenstrasse; Römerhof
- Schaffhauserstrasse; Endstation Seebach
- Schaffhauserstrasse 239; Interkantonale Hochschule für Heilpädagogik
- Schönberggasse 1; Schulhaus Schanzenberg
- Seebahnstrasse 175; Lochergut
- Seefeldquai; Hafen Riesbach
- Seidengasse 1; Jelmoli City
- Sihlstrasse 55; EPA Warenhaus
- Stadelhoferstrasse 8; Bahnhof Zürich Stadelhofen
- Stadthausquai 17; Stadthaus Zürich
- Stadthausquai 2; Restaurant Bauschänzli
- Stauffacherstrasse; Tramhaltestelle Stauffacher
- Theaterstrasse 10; Kino Corso
- Thurgauerstrasse 11; Messezentrum Zürich, Halle 9
- Thurgauerstrasse 40; Airgate Zürich Geschäftshaus
- Uraniastrasse 9; Restaurant Brasserie Lipp
- Usteristrasse; Pestalozziwiese
- Wallisellenstrasse 49; Messezentrum Zürich
- Wasserwerkstrasse 89; Lettenareal
- Winterthurerstrasse 190; Universität Zürich
- Winterthurerstrasse 190; Universität Zürich (Irchel)
- Zähringerplatz 6; Zentralbibliothek Zürich
- Zehntenhausplatz; Bushaltestelle Zehntenhausplatz
- Zürichbergstrasse 221; Tramendstation Zoo
- Zypressenstrasse; Fritschiwiese

Zurzach

- Promenadestrasse 10; Migros Aare
- Schiffsmühleacherweg; Regibad Zurzach

Zuzwil

- Unterdorfstrasse 36; Restaurant Nossi Pic

Der Locus · Spanien

Verzeichnis Spanien

Barcelona

Avda Marques de l'Argentera 13; Restaurant „Terminus"

Avda. De l'Estatut de Catalunya; Restaurant „Can Cortada"

Avda. Diagonal 593; Restaurant „Si Señor"

Avda. Diagonal 616; Restaurant „Diagonal"

Avda. Reina Maria Cristina; Restaurant „La Pergola"

Calle Alts Forns; La Capa Casal d'Avis

Calle Bermejo 1-5; Casal d'Avis Joan Maragall

Calle Calabria 69; Restaurant „La Dida"

Calle Capella; Casal d'Avis de Navas

Calle Carme 7; Restaurant „Quo Vadis"

Calle Consell de Cent 333; Eixample

Calle Consell de Cent 335; Restaurant „Orotava"

Calle Consell de Cent 413; Restaurant „Wembley"

Calle Correu Vell 5

Calle Creu Roberta 104; Sants Montjuic

Calle Doctor Pi i Molist 133; Nou Barris

Calle Erasme Janes 6; Centre de Serveis Personals

Calle Garcilaso 232; Centre de Serveis Personals AG

Calle Gran Canaria 81; Restaurant „Botafumeiro"

Calle Granada del Penedes; Restaurant „Henry J Bean's"

Calle Jonqueres 10; Restaurant „Brasserie Flo"

Calle Londres 94; Restaurant „El Asador de Aranda"

Calle Marina 1; Restaurant „Longumare"

Calle Marina 16; Restaurant „Talaia"

Calle Muntaner 171; Restaurant „L'Olive"

Calle Nou de la rambla; C. C. Drassanes

Calle Pacia 9; Casal d'Avis Josep Trueta

Calle Pau Claris 150; Restaurant „Claris"

Calle Provenca 88; Restaurant „Jaume de Provenca"

Calle Roger de Lluria 40; Restaurant „Tic Tack Toe"

Calle Rossello 154; Restaurant „Selz"

Calle Rossello 202; Restaurant „Pekin"

Calle Sepulveda 78; Restaurant „Bolshoi"

Spanien

Barcelona

Calle Trinitat 2; Restaurant „Agut d'Avignon"
Gran Via Charles III 31; Restaurant „Casa Jacinto"
Jardins del Laberint d'Horta
Jardins Quinta Amélia
Moll de Fusta; Restaurant „Blau Mari"
Moll de Fusta; Restaurant „Gambrinus"
Moll de Gregal 10; Restaurant „El Pirata del Port"
Moll de Gregal 16; Restaurant „El Tunel del Port"
Moll de Gregal 18; Restaurant „Pompeolas"
Moll de Gregal 30; Restaurant „El Cangrejo Loco"
Moll de Gregal 4; Restaurant „La Galerna"
Moll de Gregal 6; Restaurant „Tinglado Moncho's"
Moll de Gregal 8; Restaurant „La Fonda del Port Olimp"
Moll de Mestral; Restaurant „Barlovento"
Moll de Mestral; Restaurant „El Cocedero del Port"
Moll de Mestral; Restaurant „El Rey de la Gamba"
Moll de Mestral; Restaurant „Ja! Mon Port"
Moll de Mestral; Restaurant „Jamoneiria Jabugo"
Moll de Mestral; Restaurant „Llesqueria del Port"
Moll de Mestral; Restaurant „Panini"
Moll de Mestral 1-2; Restaurant „Pizza Hut"
Moll de Mestral 45; Restaurant „El Chanquete"
Moll de Mestral 46; Restaurant „Iguacu"
Plaza Espana
San Andreu de la Barca
San Cugat - Estacion
Sarria - Estacion

Bermeo

Tala tompi Bidea
Terrain de foot

Bilbao

A côté du Tramway
Ametzola

Seite 367

Der Locus · Spanien

Bilbao

- Calle de la Esperanza
- Dona Casilda
- Errekalde
- Escurce - Parque
- Etchevarria (1/2) - Parque
- Etchevarria (2/2) - Parque
- Europa Norte (1/2) - Parque
- Europa Norte (2/2) - Parque
- Zorroza

Burgos

- Fuentes blancas - Parque
- Y Jardines - Parque

Castro Urdiales

- Rez de chaussée hotel de ville

Catalayud

- Bahnhof

Costa Blanca

- Casa de Cultura; Calpe
  Während der Öffnungszeiten im Untergeschoß ohne Schlüssel
- 🗝 Plaza Central; Calpe
  Während der Öffnungszeiten im 2. Stock

Deba

- Bahnhof

Lloret de Mar

- Paseo Torrent
- Rue Baldri

Madrid

- Nuevos Ministerios - Bahnhof

Spanien

Pampelune
- Parque Conde de Gagès (Calle Bernardo Tirapu)
- Parque Del Runa (Calle Rio Arga)
- Parque San Jorge (Calle Dr Salva)
- Puente de Magdalena (Parque de Magdalena-Calle de Magdalena)

Salou
- Bahnhof

Tudela
- En el centro de la ciudad - Parque (Centre Ville Jardin Public)

Vitoria
- Canton de la Soledad - Terrain de Foot
- Paseo de cervantes
- Plaza Bulerias
- Plaza San Francisco

Zarrautz
- Aitze Falea
- Plage - Bord de Mer Sud

Der Locus · Nachtscherben

Die Nachtscherben

Bis in unser Jahrhundert hinein fand man in jedem Haushalt einen Nachttopf. In Kinderzimmern sind sie bis heute erhalten, ebenso in Krankenhäusern und anderswo.

Der »Topf«, die »Scherbe« oder »Brunzkachel« gehörte vor dem Siegeszug des WCs als wichtiger Bestandteil zum »schöner Wohnen«, ersparte einem doch dieser Topf den Gang nach draußen, wenn es stürmte und schneite. Die Römer wohnten teils in sechsstöckigen Häusern. Kein Wunder, dass man in den Trümmern derselben bei Ausgrabungen Nachttöpfe fand; damals eventuell auch noch als Tag-Topf benutzt. Heute sind diese »Scheißkacheln« meist aus Plastik, vormals wurden sie hauptsächlich aus Zinn aus Steingut, Porzellan und Ton hergestellt. Für Könige und Fürsten gab es dieselben in Silber und Gold.

Zur Jahrhundertwende wurde der Potschamberl gar als politisches Agitationsmittel genutzt. Nein, nicht wie im Mittelalter wurde dem Feinde der Topfinhalt übergeschüttet – auf den Boden des Topfes war eine Karikatur des »Feindes« gemalt oder ein saftiger Hetzspruch, auf den man dann schiss.

Mehr vom und über den Nachttopf erfährt man bei einem Besuch des weltweit ersten Nachttopfmuseums in München (Blöcklingstraße 30, sonntags von 10 bis 13 Uhr).

»Das Scheißbuch«, Seite 92

Städteregister

Deutschland

Aachen	8
Aalen	8
Achern	9
Achim	9
Adendorf	9
Adorf	9
Ahaus	9
Ahlen	9
Ahrensburg	10
Aichach	10
Albstadt	10
Aldenhoven	10
Allensbach	10
Allersberg	10
Alpirsbach	10
Alsdorf	10
Alsfeld	11
Altdorf	11
Altenau	11
Altena/Westf.	11
Altenberg	11
Altensteig	11
Altötting	11
Alzenau	12
Alzey	12
Amberg	12
Ammerbuch-Reusten	12
Ampfing	12
Amt Neuhaus	12
Andernach	12
Angermünde	13
Annweiler	13
Anröchte	13
Ansbach	13
Appenweier	13
Arnsberg	13
Arnstadt	14
Arolsen	14
Artern	14
Asbach-Sickenberg	14
Aschaffenburg	15
Aschau im Chiemgau	15
Ascheberg	15
Aschersleben	15
Asperg	15
Attendorn	15
Aue	16
Auerbach	16
Augsburg	16
Augustusburg	16
Aurich	16
Backnang	17
Bad Aibling	17
Bad Bentheim	17
Bad Berleburg	17
Bad Bramstedt	17
Bad Camberg	17
Bad Doberan	17
Bad Düben	17
Bad Dürkheim	18
Bad Dürrenberg	18
Bad Dürrheim	18
Bad Ems	18
Baden-Baden	27
Badenweiler	28
Bad Feilnbach	18
Bad Gandersheim	18
Bad Harzburg	18
Bad Herrenalb	19
Bad Hersfeld	19
Bad Hindelang	19
Bad Homburg v.d.H.	19
Bad Honnef	20
Bad Karlshafen	20
Bad Kissingen	20
Bad Kohlgrub	20
Bad Königshofen/Grabfeld	20
Bad Kreuznach	20
Bad Laasphe	20
Bad Langensalza	21
Bad Lauchstädt	21
Bad Lippspringe	21
Bad Mergentheim	21
Bad Münder am Deister	21
Bad Nauheim	21
Bad Neuenahr-Ahrweiler	21
Bad Neustadt a.d. Saale	21
Bad Oeynhausen	22
Bad Oldesloe	22
Bad Orb	22
Bad Pyrmont	22
Badra	28
Bad Rappenau	23
Bad Reichenhall	23
Bad Säckingen	23

Seite 371

Der Locus · Städteregister

Bad Salzuflen	24	Beverungen	45
Bad Sassendorf	24	Biberach/Riß	45
Bad Schandau	24	Biebesheim	45
Bad Schönborn	24	Bielefeld	46
Bad Schwalbach	25	Bietigheim-Bissingen	46
Bad Schwartau	25	Bingen	47
Bad Soden am Taunus	25	Bispingen	47
Bad Soden-Salmünster	25	Bitterfeld	47
Bad Staffelstein	25	Blankenburg/Harz	47
Bad Tölz	25	Blaubeuren	48
Bad Vilbel	25	Blomberg/Lippe	48
Bad Waldsee	26	Blomberg/Ostfriesl.	48
Bad Wiessee	26	Bobenheim-Roxheim	48
Bad Wildbad/Schwarzwald	26	Bobingen	48
Bad Wildungen	26	Böblingen	48
Bad Windsheim	26	Bocholt	49
Bad Wörishofen	27	Bochum	49
Bad Wurzach	27	Bockum	49
Bad Zwischenahn	27	Bodenmais	49
Baiersbronn	28	Bodenwerder	50
Balingen	28	Bodman-Ludwigshafen	50
Bamberg	28	Böhlitz-Ehrenberg	50
Bannesdorf auf Fehmarn	29	Boizenburg	50
Bansin/Usedom	29	Bonn	50
Barmstedt	29	Boppard	51
Barsbüttel	29	Borken	51
Barßel	29	Borken/Westf.	51
Bassum	29	Borna	52
Baumholder	29	Bosen	52
Baunatal	29	Bottrop	52
Baunschwg	29	Bovenden	54
Bautzen	30	Brackenheim	54
Bayreuth	30	Brake (Unterweser)	54
Bebra	30	Bramsche	54
Beckingen	30	Brandenburg	54
Bedburg-Hau	30	Brand-Erbisdorf	54
Bellheim	30	Braunfels	55
Bendorf	30	Braunschweig	55
Bensheim	31	Bredstedt	55
Berchtesgaden	31	Bremen	55
Bergheim	31	Bremerhaven	58
Bergholz-Rehbruecke	31	Bremervörde	58
Bergisch Gladbach	31	Breuberg	58
Bernau	44	Brilon	58
Bernbeuren	44	Bruchsal	58
Bernkastel-Kues	45	Bruckmühl	59
Bernsdorf	45	Brühl/Baden	59
Besigheim	45	Brühl/Rheinland	59
Bestwig	45	Buchen/Odenwald	59
Betzdorf/Sieg	45	Buchholz/Nordheide	59

Städteregister

Bückeburg	59	Donaueschingen	68
Büdelsdorf	60	Donauwörth	68
Bünde	60	Donzdorf	69
Büren	60	Dormagen	69
Burg	60	Dorsten	69
Burghausen	60	Dortmund	69
Burgkirchen an der Alz	60	Dreieich	71
Burglengenfeld	60	Dresden	71
Burgtiefe	60	Drochtersen	76
Burscheid	60	Drolshagen	76
Bürstadt	61	Duderstadt	76
Buseck	61	Duisburg	76
Büttelborn	61	Dülmen	78
Butzbach	61	Dümpelfeld	78
Bützow	62	Düren	78
Buxheim	62	Düsseldorf	78
Calau	62	Ebern	81
Calbe	62	Ebersbach	81
Calw	62	Eberswalde	81
Castrop-Rauxel	62	Eching	82
Celle	62	Eckernförde	82
Cham	62	Eggstätt	83
Chemnitz	63	Eichstätt	83
Clausthal-Zellerfeld	63	Eilenburg	83
Coburg	63	Eilwangen	83
Cottbus	63	Eisenberg	83
Crailsheim	64	Eisenhüttenstadt	83
Cuxhaven	64	Ellwangen/Jagst	84
Dachau	64	Elmshorn	84
Damp	64	Eltville am Rhein	85
Danneberg	64	Elz	85
Dannenberg	64	Emden	85
Dannenberg/Elbe	64	Emmerich am Rhein	85
Darmstadt	64	Emmerthal	85
Deggendorf	66	Emsdetten	85
Delbrück	66	Enger	85
Delitzsch	66	Enkenbach-Alsenborn	85
Delmenhorst	66	Ennepetal	85
Denzlingen	66	Ense	86
Dessau	67	Eppertshausen	86
Detmold	67	Eppingen	86
Dieburg	67	Erbach/Odenwald	86
Dießen/Ammersee	67	Erding	86
Dietzenbach	67	Erfurt	86
Dillenburg	67	Erkelenz	88
Dillingen/Saar	68	Erlangen	88
Dingolfing	68	Erwitte	89
Dinkelsbühl	68	Eschweiler	89
Dinslaken	68	Eselsburg	89
Ditzingen	68	Esens	90

Seite 373

Der Locus · Städteregister

Esens	90	Gartow	103
Essen/Ruhr	90	Gauting	103
Esslingen/Neckar	93	Geeste	103
Ettal	93	Geilenkirchen	103
Ettlingen	94	Geislingen an der Steige	103
Euskirchen	94	Geithein	103
Eutin	94	Geldern	103
Falkensee	94	Gelnhausen	103
Fallingbostel	94	Geltendorf-Kaltenberg	105
Fehmarn	95	Gengenbach	105
Fellbach	95	Georgsmarienhütte	105
Felsberg	95	Gera	105
Feuchtwangen	95	Geretsried	105
Finnentrop	95	Gerlingen	106
Fischen im Allgäu	95	Germering	106
Flensburg	95	Gernrode	106
Flörsheim	95	Gernsheim	106
Florstadt	95	Gerolzhofen	106
Fockbek	96	Gersfeld	106
Forst/Lausitz	96	Gifhorn	106
Frankenthal/Pfalz	96	Gladbeck	106
Frankfurt/Main	96	Gladenbach	107
Frechen	97	Glauchau	107
Fredersdorf-Vogelsdorf	97	Gmund	107
Freiberg/Neckar	97	Göppingen	107
Freiberg/Sachsen	97	Görlitz	107
Freiburg i. Brsg.	97	Goslar	107
Freigericht	99	Gotha	108
Freilassing	99	Göttingen	108
Freising	99	Gottmadingen	108
Freudenstadt	100	Grafenrheinfeld	108
Freyung	100	Grafing bei München	108
Friedberg	100	Gransee	108
Friedberg/Hessen	100	Greifswald	109
Friedrichsdorf	100	Greiz	109
Friedrichshafen	101	Greußen	109
Frielendorf	101	Greven	109
Friesenheim	101	Grevenbroich	110
Fritzlar	101	Griesheim/Hessen	110
Fulda	101	Grimma	110
Fuldatal	101	Gröbenzell	110
Fürstenau	101	Gronau/Leine	110
Fürstenfeldbruck	102	Gronau/Westf.	110
Fürth/Bayern	102	Grossefehn	110
Fürth/Odenwald	102	Großenkneten	111
Füssen	102	Groß-Gerau	110
Gadebusch	102	Großostheim	111
Ganderkesee	102	Groß-Umstadt	111
Garching	103	Grünstadt	111
Garmisch-Partenkirchen	103	Guben	111

Städteregister

Gudensberg	112	Hersbruck	131
Gummersbach	112	Herten	131
Günzburg	112	Herzogenaurach	131
Gunzenhausen	112	Hessisch Oldendorf	131
Güstrow	113	Hettstedt	132
Gutach	113	Heusenstamm	132
Gütersloh	113	Heusweiler	132
Haan	113	Hiddenhausen	132
Hagen	113	Hildburghausen	132
Halberstadt	114	Hilden	132
Haldensleben	114	Hildesheim	132
Halle	114	Hilter	132
Halle a. d. Saale	114	Himmelkron	133
Halle/Westfalen	115	Hirzenhain/Merkenfritz	133
Halstenbek	115	Hitzacker (Elbe)	133
Haltern	115	Hof	133
Hameln	119	Hofgeismar	133
Hamm	119	Hofheim am Taunus	133
Hammelburg	120	Hofheim i. Ufr.	133
Hanau	120	Holzkirchen	134
Hankensbüttel	120	Holzminden	134
Hann. Münden	120	Homberg/Efze	134
Hannover	120	Horn-Bad Meinberg	134
Haren (Ems)	125	Hornberg	134
Harrislee	125	Hörstel	134
Harsewinkel	125	Horumersiel	134
Haßfurt	126	Horumersiel-Schilling	135
Hatten	125	Hösbach	135
Hattersheim	125	Höxter	135
Hattingen	125	Hoyerswerda	135
Havixbeck	126	Hünfeld	140
Hechingen	126	Hünxe	140
Heide	126	Hürth	140
Heidelberg	126	Husum	141
Heidenheim/Brenz	127	Ibbenbüren	141
Heikendorf	127	Ichenhausen	141
Heilbronn	127	Idar-Oberstein	141
Heinsberg	129	Idstein	141
Hellertshausen	129	Ihlow	141
Helmbrechts	129	Illertissen	142
Helmstedt	129	Illingen	142
Hemmingen	129	Ilmenau	142
Hennigsdorf	129	Immenstadt/Allgäu	142
Herborn	129	Ingelheim	142
Herbrechtingen	130	Ingolstadt	142
Herford	130	Insel Mainau	143
Hermannsburg	130	Isenbüttel	143
Herne	130	Iserlohn	143
Herrenberg	131	Isernhagen	144
Herrenchiemsee	131	Ismaning	144

Seite 375

Der Locus · Städteregister

Isny/Allgäu	144	Krefeld	160
Itzehoe	144	Kreuztal	162
Jemgum-Ditzum	144	Kriegsfeld/Pfalz	162
Jena	144	Kriftel	162
Jever	146	Kronshagen	162
Jork	146	Krummhörn	162
Jugenheim	146	Kulmbach	162
Juist	146	Künzelsau	163
Jülich	146	Kuppenheim	163
Jüterbog	147	Kurort Rathen	163
Kahl/Main	147	Kyritz	163
Kaiserslautern	147	Laatzen	163
Kalletal	148	Ladenburg	164
Kaltenkirchen	148	Lage	164
Kamen	148	Lagerlechfeld	164
Kamenz	149	Lahr/Schwarzwald	164
Kamp-Lintfort	149	Lahrte	165
Kandel	149	Lam	165
Kappeln	149	Lampertheim	165
Kaub	152	Landau/Pfalz	165
Kaufbeuren	152	Landsberg/Lech	165
Kehl	152	Landsham	165
Kelheim	152	Landshut	165
Kempen	152	Langen	166
Kempten/Allgäu	152	Langenargen	166
Kerpen/Rheinl.	153	Langenfeld	166
Kevelaer	153	Langenhagen	166
Kiefersfelden	153	Langenselbold	167
Kiel	153	Langeoog	167
Kierspe	156	Langgöns	167
Kirchberg	156	Lathen	167
Kirchheim a. d. Weinstraße	156	Laubach	168
Kirchheim unter Teck	156	Lauda-Königshofen	168
Kirchlengern	156	Lauenau	168
Kirn/Nahe	157	Lauenburg/Elbe	168
Kissing	157	Lauffen am Neckar	168
Kitzingen	157	Lauf/Pegnitz	168
Kleinostheim	158	Lauterbach	168
Kleve	158	Lebach	168
Koblenz	158	Leer/Ostfriesland	168
Köln	158	Lehrte	169
Köngen	159	Leipzig	169
Königsbrunn	160	Leisnig	171
Königs Wusterhausen	160	Lemgo	171
Konstanz/Bodensee	160	Lengede	172
Korb	160	Lengenfeld	172
Korntal-Münchingen	160	Lengerich	172
Kornwestheim	160	Leopoldshöhe	172
Korschenbroich	160	Leutenbach	172
Köthen/Anhalt	160	Leutkirch/Allgäu	172

Städteregister

Leverkusen	173	Marktsteft	183
Lich	173	Marl	183
Lichtenfels	173	Marxheim	184
Lichtenstein	173	Mayen	184
Limbach	173	Mechernich-Dreimühlen	184
Limbach-Oberfrohna	173	Meerbusch	184
Limburg/Lahn	173	Meersburg	184
Lindau	174	Meeschendorf	184
Linden	174	Meiningen	184
Lindenberg/Allgäu	174	Meißen	185
Lindlar	174	Melle	185
Lingen/Ems	175	Memmingen	185
Linkenheim/Hochstetten	175	Menden	186
Lippstadt	175	Mengen	186
Löffingen Unadingen	175	Merching	186
Lohberg	175	Merzig	186
Lohfelden	175	Meschede	186
Löhne	176	Mettingen	186
Lohne (Oldenburg)	176	Mettlach	187
Lorsch	176	Mettmann	187
Losheim am See	176	Michelstadt	187
Lotte	176	Michendorf	187
Lübbecke	176	Miesbach	187
Lübben (Spreewald)	176	Mindelheim	187
Lübeck	176	Minden	187
Luckenwalde	177	Mittelzell/Insel Reichenau	188
Lüdenscheid	177	Mitterteich	188
Lüdinghausen	177	Moers	188
Ludwigsau-Friedlos	177	Mogendorf	188
Ludwigsburg	177	Möglingen	188
Ludwigshafen/Rhein	177	Mölln	188
Lüneburg	178	Mönchengladbach	188
Lünen	178	Monheim am Rhein	189
Lutherstadt Eisleben	180	Montabaur	189
Lutherstadt Wittenberg	180	Morbach	189
Lychen	180	Mörfelden-Walldorf	189
Magdeburg	180	Moritzburg	189
Mahlberg	180	Mosbach	189
Mainaschaff	180	Mücke	189
Mainz	180	Mügeln	189
Malsfeld	181	Mühlacker	190
Mandelbachtal	181	Mühldorf/Inn	190
Mannheim	182	Mülheim-Kärlich	190
Marbach/Neckar	182	Mülheim/Ruhr	190
Marburg/Lahn	182	Müllenbach/Eifel	190
Maria Laach	182	München	190
Markdorf	182	Münsingen	192
Markkleeberg	183	Munster	192
Marktheidenfeld	183	Münster bei Dieburg	192
Marktredwitz	183	Münster/Westf.	192

Seite 377

Der Locus · Städteregister

Nackenheim	194	Oberwesel	204
Nauheim	194	Ochtrup	204
Naumburg	194	Oebisfelde	205
Neckargemünd	194	Oederan	205
Neckartenzlingen	194	Oelde	205
Neubrandenburg	195	Oelsnitz/Vogtland	205
Neuburg/Donau	195	Offenbach/Main	205
Neuenkirchen/Kr. Steinfurt	195	Offenburg	205
Neuhausen an den Fildern	195	Oftersheim	205
Neu-Isenburg	194	Öhringen	206
Neumünster	195	Oldenburg	206
Neunburg vorm Wald	197	Olsberg	206
Neunkirchen	197	Oppenheim	206
Neuötting	197	Oranienburg	206
Neuried	197	Ortenberg	207
Neuss	197	Oschatz	207
Neustadt/Aisch	198	Oschersleben/Bode	207
Neustadt am Rübenberge	198	Osnabrück	207
Neustadt bei Coburg	198	Osterholz-Scharmbeck	208
Neustadt/Hessen	198	Osterode am Harz	208
Neustadt-Mardorf	198	Ostseebad Binz/Rügen	208
Neustadt/Weinstraße	198	Ostseebad Dierhagen	208
Neustrelitz	199	Ostseebad Graal-Müritz	208
Neu-Ulm	195	Ostseebad Prerow	208
Neuwied	199	Ötigheim	209
Nidda	199	Ottenhöfen	209
Niddatal	199	Otterbach	209
Niebüll	199	Ottrau	209
Niedernhausen	199	Ottweiler	209
Nienburg/Weser	200	Overath	209
Niestetal	200	Oyten	209
Norden	201	Paderborn	209
Nordenham	201	Passau	210
Norderney	201	Pattensen	210
Norderstedt	201	Peine	210
Nordhausen	202	Peitz	210
Nordhorn	202	Petersberg	211
Northeim	202	Petersdorf/Fehmarn	211
Nürnberg	202	Pfaffenhofen/Ilm	211
Nürtingen	203	Pforzheim	211
Oberhausen	203	Pfronten	211
Oberhof	203	Pfungstadt	211
Oberkirch	203	Philippsburg	211
Oberkotzau	203	Pinneberg	211
Oberndorf/Neckar	203	Pirmasens	211
Obernkirchen	204	Pirna	212
Oberstaufen	204	Plattling	212
Oberstdorf	204	Plauen	212
Obertshausen	204	Pleinfeld	213
Oberursel	204	Plettenberg	213

Städteregister

Plön	213	Rinteln	221
Pocking	213	Rödermark	221
Poppenhausen/Rhön	213	Rodgau	222
Porta Westfalica	213	Rommerskirchen	222
Potsdam	214	Rosenheim	222
Pottum	215	Roßdorf	223
Preetz	215	Roßwein	224
Presen	215	Rostock	222
Preußisch Oldendorf	215	Rotenburg a.d. Fulda	223
Prien	216	Rotenburg/Wümme	223
Prien a. Chiemsee	216	Roth	223
Pulheim	216	Rottach-Egern	223
Puttgarden	216	Rottenburg/Neckar	223
Püttlingen	216	Rottweil	223
Quedlinburg	216	Rudolstadt	224
Querfurt	216	Ruhpolding	224
Quickborn	217	Rüsselsheim	224
Radebeul	217	Rust	224
Radolfzell am Bodensee	217	Rüthen	224
Raisdorf	217	Saalfeld	224
Rastede	217	Saarbrücken	224
Ratekau	217	Saarlouis	225
Rathenow	218	Saerbeck	225
Ratingen	218	Salem	225
Ravensburg	218	Salzgitter	225
Recklinghausen	218	Salzwedel	225
Rees	218	Sasbachwalden	226
Regen	218	Sassenberg	226
Regensburg	218	Saterland	226
Reichenbach/Vogtland	219	Schalksmühle	226
Reinbek	219	Schauenburg	226
Reit i. Winkl	219	Scheidegg	226
Rellingen	219	Schenefeld	226
Remscheid	219	Schiffdorf	226
Remseck am Neckar	219	Schleiden	227
Rendsburg	219	Schleswig	227
Reutlingen	219	Schlitz	227
Rhauderfehn	220	Schloß Holte-Stukenbrock	227
Rheda-Wiedenbrück	220	Schluchsee	227
Rhede	220	Schmalkalden Kurort	227
Rheinberg	220	Schmallenberg	227
Rheine	220	Schmelz	228
Rheinstetten	221	Schneeberg	228
Rhüden	221	Schneverdingen	228
Ribnitz-Damgarten	221	Schömberg	228
Riedlingen	221	Schondorf am Ammersee	228
Riedstadt	221	Schönebeck/Elbe	228
Riegsee	221	Schongau	228
Riesa	221	Schopfheim	228
Rieste	221	Schotten	229

Seite 379

Der Locus · Städteregister

Schramberg	229	Steinenbronn	237
Schriesheim	229	Steinfurt	238
Schüttorf	229	Stendal	238
Schwabach	229	Stockach	238
Schwabhausen	229	Stockelsdorf	238
Schwäbisch Gmünd	229	Stolberg/Rheinland	238
Schwäbisch Hall	230	Straelen	238
Schwalbach/Taunus	230	Stralsund	239
Schwalmstadt	230	Straubing	239
Schwandorf	230	Strausberg	240
Schwangau	230	Stuhr	240
Schwarzach	230	Stuttgart	240
Schwarzenberg/Erzgeb.	230	St. Wendel	237
Schwedt/Oder	231	Süderbrarup	241
Schweinfurt	231	Suhl	241
Schwelm	231	Sulzbach-Rosenberg	241
Schwerin	231	Sulzbach/Saar	242
Schwerte	232	Sulzbach/Taunus	242
Seeheim-Jugenheim	233	Sundern	242
Seelbach	233	Syke	242
Seesen	233	Tauberbischofsheim	242
Seligenstadt	233	Tegernsee	242
Senden	233	Teistungen	242
Senden/Iller	233	Teltow	242
Senftenberg	233	Templin	242
Siegburg	234	Teterow	243
Siegen	234	Tettnang	243
Sigmaringen	234	Teublitz	243
Singen (Hohentwiel)	234	Thale	243
Sinsheim	234	Thalheim	243
Sinzheim	234	Thallichtenberg	243
Soest	234	Tharandt	243
Solingen	235	Titisee-Neustadt	243
Soltau	235	Tittling	243
Sondershausen	235	Tönisvorst	243
Sonneberg	235	Torgau	243
Sonthofen	235	Torgelow	244
Speyer	236	Tornesch	244
Spiesen-Elversberg	236	Traunstein	244
Spremberg	236	Trebur	244
Sprendlingen	236	Trier	244
Sprockhövel	236	Troisdorf	245
Staberdorf	237	Trostberg	245
Stade	237	Tübingen	245
Stadtbergen	237	Tuttlingen	245
Stadtlohn	237	Twistringen	245
Starbach	237	Überlingen	246
Starnberg	237	Übersee	246
Starnbergersee	237	Uelzen	246
Staufen i. Brsg.	237	Uetersen	246

Städteregister

Stadt	Seite	Stadt	Seite
Uetze	246	Weiden/Oberpfalz	253
Uhldingen-Mühlhofen	246	Weilburg	254
Ulm	246	Weilheim in OBB	254
Unna	247	Weimar	254
Unterföhring	247	Weingarten/Württ.	254
Unterhaching	247	Weinheim	254
Unterschleißheim	247	Weißenburg in Bayern	254
Uslar	247	Weißenfels	255
Utting am Ammersee	247	Weitendorf	254
Varel	247	Weiterstadt	254
Velbert	248	Welver	255
Vellmar	248	Wemding	255
Velten	248	Wenden	255
Verden/Aller	248	Wendlingen/Neckar	255
Verl	249	Wennigsen (Deister)	255
Viernheim	249	Werdau	255
Viersen	249	Werder	255
Villingen-Schwenningen	249	Werdohl	255
Villmar	250	Werl	255
Vilshofen	250	Werlte	256
Viöl	250	Wermelskirchen	256
Vlotho	250	Wernau/Neckar	256
Vöhringen	250	Werne	256
Vreden	250	Wernigerode	256
Wachtberg	250	Wertheim	256
Wadern	250	Werther/Westf.	256
Waghäusel	250	Wesel	256
Waiblingen	250	Wesenberg	257
Waldbröl	251	Wesseling	257
Waldburg	251	Westerland/Sylt	257
Waldkraiburg	251	Westerstede	257
Waldsassen	251	Westoverledingen	258
Waldshut	251	Wetzlar	258
Walldorf	251	Weyhe	258
Wallgau	251	Wiehl	258
Walsrode	251	Wiesbaden	258
Waltershausen	251	Wiesenburg/ Mark	260
Waltrop	251	Wiesloch	260
Wangen/Allgäu	252	Wiesmoor	260
Wangerland	252	Wietzendorf	260
Warburg	252	Wildeshausen	260
Wardenburg	252	Wilhelmshaven	260
Warendorf	252	Willingen-Usseln	260
Warstein	252	Wilnsdorf	261
Wasserburg/Inn	253	Winnenden	261
Wathlingen	253	Winsen/Luhe	261
Wedel/Holstein	253	Winterberg	261
Wedemark	253	Wismar	261
Weener (Ems)	253	Witten	261
Wehr	253	Wittenberge	261

Der Locus · Städteregister

Wittlich	262	Bayonne	269
Witzenhausen	262	Belfort	269
Wolfach	262	Benfeld	269
Wolfen	262	Bergerac	269
Wolfhagen	262	Biesheim	269
Wolfsburg	262	Biscarrosse	269
Worms	263	Bischwiller	269
Worpswede	263	Bitche	269
Wörth/Rhein	263	Blois	270
Wulfersdorf	263	Bourgoin Jallieu	270
Wunsiedel	263	Brest	270
Wunstorf	264	Brie Comte Robert	270
Wuppertal	264	Brindas	270
Würselen	264	Brumath	270
Würzburg	264	Busigny	270
Xanten	265	Buxerolles	270
Zehdenick	265	Caen	270
Zeitz/Elster	265	Cagnes Sur Mer	270
Zell am Harmersbach	265	Cahors	270
Zepernick	265	Calais	270
Zerbst	266	Caluire et Cuire	271
Zirndorf	266	Cannes	271
Zittau	266	Capbreton	271
Zschopau	266	Carcans	271
Zweibrücken	266	Carcassonne	271
Zwickau	266	Carry Le Rouet	271
Zwiesel	266	Castelsarrasin	271
		Castets	271

Frankreich

		Caudry	271
Abbeville	267	Cenon Sur Vienne	271
Agen	267	Chambly	271
Aix En Provence	267	Chaponost	272
Allauch	267	Charleville Mezieres	272
Altkirch	267	Chasseneuil du Poitou	272
Amboise	267	Château Chinon	272
Andernos	267	Château du Loir	272
Angouleme	267	Chateauroux	272
Annecy	267	Cherbourg	272
Annecy le Vieux	267	Ciboure	272
Antibes	268	Colmar	272
Arcachon	268	Corbas	272
Argeles	268	Coutances	273
Argentan	268	Cran Gevrier	273
Arques	268	Crozon Morgat	273
Artix	268	Dax	273
Arudy	268	Deauville	273
Aubusson	268	Decize	273
Auray	268	Dieppe	273
Barbizon	269	Douai	273
Barcelonne du Gers	269	Dun le Palestel	273

Städteregister

Echirolles	273	Le Puy en Velay	278
Ecully	274	Les Arcs	279
Embrun	274	Les Deux Alpes	279
Enghien	274	Les Gets	279
Ensisheim	274	Les Mureaux	279
Equeurdreville	274	Les Saisies	279
Esbly	274	Le Teich	278
Escota - La Ciotat	274	Le Trait	278
Escota - Pujet sur Argens	274	Le Treport	278
Evreux	274	Lezignan Corbieres	279
Evry Bras de Fer	274	Libourne	279
Eybens	274	Lieusaint Moissy	279
Felletin	275	Ligny en Barrois	279
Ferney Voltaire	275	Limay	279
Fleury les Aubrais	275	Linas	279
Florange	275	Lorient	280
Foix	275	Lubersac	280
Fontenay le Comte	275	Lyon	280
Fosses	275	Magny les Hameaux	280
Gardanne	275	Mandelieu La Napoule	280
Gex	275	Marcoussis	280
Givors	275	Megeve	280
Gonesse	275	Menton	280
Gournay sur Marne	275	Mer	280
Grasse	276	Migennes	280
Grenoble	276	Miramas	281
Guadeloupe - le Moule	276	Moirans	281
Guadeloupe - Saint Francois	276	Moliets	281
Gueux	276	Monswiller	281
Hagondange	276	Montauban	281
Haguenau	277	Montbard	281
Hendaye	277	Montbeliard	281
Hericourt	277	Mont de Marsan	281
Herrlisheim	277	Montdidier	281
Hossegor	277	Montelimar	282
Ingwiller	277	Montereau	282
Joigny	277	Montigny le Bretonneux	282
La Chapelle Saint Aubin	277	Morteau	282
La Ciotat	277	Morzine	282
La Coquille	277	Moulins	282
La Ferte Gaucher	278	Mourenx	282
La Glacerie	278	Nantua	282
Lagny Sur Marne	278	Narbonne	282
La Grande Motte	278	Neufchateau	283
Lalinde	278	Neuf Chatel en Bray	282
La Teste	278	Neuville les Dieppe	283
La Tranche sur Mer	278	Nice	283
Le Blanc	278	Niort	283
Leognan	279	Nogent le Perreux	283
Le Pian Medoc	278	Noisy le Grand	283

Seite 383

Der Locus · Städteregister

Nolay	283	Samoens	290
Obernai	283	Sarrebourg	290
Olivet	283	Saulx les Chartreux	290
Orthez	283	Schirmeck	290
Oullins	284	Selestat	290
Ozoir la Ferriere	284	Seloncourt	290
Paris	284	Sens	290
Pau	284	Sete	290
Pithiviers	284	Seyssel	290
Poitiers	284	Seyssinet	290
Pontarlier	284	Sisteron	290
Porquerolles	285	Somain	290
Port La Nouvelle	285	Soulac sur Mer	291
Port Sainte Foy	285	Soustons	291
Pralognan	285	Strasbourg	291
Pulnoy	285	Talmont Saint Hilaire	291
Questembert	285	Tarbes	291
Quimper	285	Tartas	291
Rabastens	285	Thonon les Bains	291
Redon	285	Tonneins	291
Reichshoffen	285	Trelaze	291
Rennes	285	Troyes	291
Riberac	286	Valbonne	292
Rochefort	286	Val De Reuil	292
Roissy C. de Gaulle	286	Valenciennes	292
Roissy D. de Gaulle	286	Valentigney	292
Rungis	286	Valognes	292
Saint Astier	287	Vandoeuvre	292
Saint Brieuc	287	Vannes	292
Sainte Adresse	289	Vaux sur Mer	292
Sainte Foy la Grande	289	Venarey les Laumes	292
Saint Etienne du Rouvray	287	Venissieux	292
Saint Genis Laval	287	Verdun	293
Saint Genis Pouilly	287	Vernon	293
Saint Jean de Luz	287	Vic en Bigorre	293
Saint Lo	288	Vieux Boucau	293
Saint Louis	288	Ville la Grand	293
Saint Malo	288	Villeneuve le Roi	293
Saint Martin de Seignanx	288	Villeneuve St Georges	293
Saint Medard en Jalles	288	Vineuil	293
Saint Palais Sur Mer	288	Vitrac	293
Saint Paul les Dax	289	Vitry Sur Seine	293
Saint Pierre des Corps	289	Vizille	293
Saint Pryve	289	Wissembourg	293
Saint Raphael	289		
Saint Sever	289		

Großbritannien

Aberdeen City	294
Angus	295
Argyll	295
Dundee	295

Saint Tropez 289
Saleilles 289
Salon De Provence 289
Salouel 289

Städteregister

Edinburgh	295
Glasgow	296
Herefordshire	296
Highland	296
Inverness	297
London Central	297

Niederlande

Alkmaar	301
Alphen	301
Amersfort	301
Apeldorn	301
Bergen	301
Beverwijk	301
Breda	301
Castricum	301
Culemborg	301
Delft	301
Den Haag	301
Den Helder	301
Deventer	301
Dordrecht	302
Driebergen	302
Ede Wageningen	302
Eindhoven	302
Enschede	302
Goes	302
Gorichem	302
Gouda	302
Harderwijk	302
Helmond	302
Hemstede	302
Hengelo	302
Hoofddorp	302
Hoorn	303
Leylistad	303
Naarden Bussum	303
Nijmegen	303
Oss	303
Rijswijk	303
Roermond	303
Roosendaal	303
Rotterdam	303
Schagen	303
Sittard	303
Tilburg	303
Utrecht	303
Venlo	304
Vlaardingen	304
Weert	304
Zwijndrecht	304

Österreich

Aisterheim	305
Alberschwende	305
Alland	305
Allhaming	305
Altheim	305
Amstetten	305
Anger	305
Ansfelden	305
Arnoldstein	305
Attnang-Puchheim	305
Baden bei Wien	306
Bad Gleichenberg	305
Bad Ischl	306
Bad Zell	306
Bergheim	306
Biedermannsdorf	306
Bludenz	306
Böheimkirchen	306
Braunau am Inn	306
Bregenz	306
Bruck a.d. Mur	307
Danöfen-Klösterle	307
Deutschlandsberg	307
Dobl	307
Dorfgastein	307
Dornbirn	307
Ebbs	308
Ebensee	308
Eisenstadt	308
Ellmau	308
Elsbethen	308
Engerwitzdorf/Denk	308
Fehring	308
Feistritz	308
Feldbach	308
Feldkirch	308
Feldkirchen	309
Floing	309
Fohnsdorf	309
Friesach	309
Fürstenfeld	309
Gleisdorf	309
Gmunden	309
Götzis	309
Grän	310
Graz	310
Graz-Andritz	312

Seite 385

Der Locus · Städteregister

Graz-Gösting	312	Mistelbach	320
Graz-Liebenau	312	Mittersill	321
Graz-Mariatrost	312	Mödling	321
Graz-Puntigam	312	Mondsee	321
Graz-St. Peter	312	Münzkirchen	321
Großenzersdorf	312	Mureck	321
Guntramsdorf	312	Nenzing	321
Haag	312	Neufeld	321
Hall in Tirol	312	Oberaich	321
Hallwang b. Salzburg	313	Oberndorf	321
Heiligenkreuz bei Baden	313	Oberwart	321
Herzogenburg	313	Ottensheim	321
Hinterbrühl	313	Pack	321
Hollabrunn	313	Passail	322
Illmitz	313	Pettnau	322
Imst	313	Pfunds	322
Innsbruck	313	Pöttsching	322
Jenbach	316	Puchberg am Schneeberg	322
Judenburg	317	Purkersdorf	322
Kirchberg in Tirol	317	Raaba	322
Kirchdorf a. d. Krems	317	Rankweil	322
Klagenfurt	317	Reith im Alpbachtal	322
Klosterneuburg	317	Ried i. Innkreis	322
Knittelfeld	318	Roggenburg	322
Krems a. d. Donau	318	Rohrbach i. Mühlkreis	322
Krems-Stein	318	Saalbach	323
Kufstein	318	Salzburg	323
Laakirchen	318	Schärding	324
Landeck	318	Schattwald	324
Langen am Arlberg	318	Scheffau	324
Langenlois	318	Schottwien	325
Langenrohr	318	Schwarzach, Vorarlberg	325
Lauterach	318	Schwaz	325
Lebring	318	Schwechat	325
Leibnitz	319	Seefeld	325
Leoben	319	Siegendorf	325
Leobersdorf	319	Sierning	325
Lieboch	319	Sölden	325
Lienz	319	Söll	325
Liezen	319	Spittal a.d. Drau	325
Linz, Donau	319	Stallhofen	326
Linz, Donau	319	Steinach/Brenner	326
Loibichl	320	St. Jakob im Rosental	325
Mallnitz	320	St. Johann i. Pongau	326
Mariazell	320	St. Michael	326
Markt Allhau	320	St. Michael im Lungau	326
Matrei	320	St. Pölten	326
Mattersburg	320	Strassburg	326
Mauerkirchen	320	Strengberg	326
Melk	320	St. Ruprecht	326

Seite 386

Städteregister

Stübing	327	Beckenried	340
St. Valentin	326	Bellinzona	340
Telfs	327	Belp	340
Traun	327	Bern	341
Tulln	327	Beromünster	342
Uttendorf, Pinzgau	327	Bertschikon b. Attikon	342
Velden	327	Biel/Bienne	342
Villach	327	Birrwil	343
Vöcklabruck	328	Bougy-Villars	343
Voitsberg	328	Bremgarten AG	343
Völkermarkt	328	Brig	343
Völs	328	Brugg AG	343
Vomp	328	Brunnen	343
Vösendorf	328	Bubikon	343
Wagna	328	Buchs SG	343
Wals	328	Bülach	343
Wals-Siezenheim	328	Buochs	343
Wattens	329	Burgdorf	344
Weissenbach/Attersee	329	Bursins	344
Weistrach	329	Capolago	344
Weiz	329	Carouge GE	344
Wels	329	Céligny	344
Wien	329	Cevio	344
Wiener Neustadt	336	Cham	344
Wiener Neustadt	336	Château-d`Oex	344
Wolfsberg	336	Châtel-St-Denis	344
Wörgl	336	Chavannes-de-Bogis	344
Zell am See	337	Chevroux	344
Zellerndorf	337	Chur	344
Zöbern	337	Cudrefin	345
		Dachsen	345

Schweiz

Aarau	338	Davos Platz	345
Adelboden	338	Deitingen-Nord	345
Adliswil	338	Deitingen-Süd	345
Affoltern am Albis	338	Dietikon	345
Aigle	338	Dietlikon	345
Allaman	338	Domat/Ems	345
Altdorf UR	338	Dornach	345
Altendorf	338	Döttingen	345
Andeer	338	Dübendorf	346
Appenzell	339	Ebikon	346
Attinghausen	339	Effretikon	346
Auvernier	339	Erlenbach ZH	346
Baden	339	Eschen	346
Baden-Dättwil	339	Eschenbach LU	346
Bad Ragaz	339	Faido	346
Bäretswil	339	Flurlingen	346
Basel	339	Frauenfeld	346
Bavois	340	Fribourg	346
		Gampelen	346

Seite 387

Der Locus · Städteregister

Genève	347	Lenzburg	352
Genève-Cointrin	347	Lindau	352
Gersau	347	Locarno	352
Giornico	347	Losone	352
Giswil	347	Lugano	352
Glarus	347	Lully FR	352
Glattzentrum	347	Lutry	352
Goldau	347	Luzern	352
Gonten	347	Maienfeld	353
Gossau SG	347	Martigny	353
Grenchen	347	Mellingen	353
Grindelwald	348	Mendrisio	353
Gstaad	348	Merlischachen	353
Habsburg	348	Meyrin	353
Hägglingen	348	Möhlin	353
Hallau	348	Moleno	353
Hausen b. Brugg	348	Montfaucon	353
Hauterive	348	Monthey	353
Herzogenbuchsee	348	Montreux	354
Hindelbank	348	Morges	354
Hinterrhein	348	Münchenstein	354
Hinwil	348	Münchringen	354
Hochdorf	348	Mürren	354
Horw	348	Müstair	354
Humlikon	349	Muzzano	354
Hünenberg	349	Näfels	354
Huttwil	349	Neuchâtel	354
Ibach-Schwyz	349	Neuenhof	354
Immensee	349	Neuhausen	355
Ins	349	Niederurnen	355
Interlaken	349	Nussbaumen b. Baden	355
Ittigen	349	Nyon	355
Kaiseraugst	349	Oberengstringen	355
Kandersteg	349	Oberhofen am Thunersee	355
Kappel SO	349	Oftringen	355
Kemptthal	350	Olten	355
Kerzers	350	Ostermundigen	355
Köniz	350	Othmarsingen	355
Kreuzlingen	350	Personico	355
Kriens	350	Pfäffikon SZ	355
Küssnacht am Rigi	350	Pfäffikon ZH	356
Lachen SZ	350	Prangins	356
Landquart	350	Pratteln	356
Langendorf	350	Prilly	356
Langenthal	350	Rapperswil SG	356
Langnau i. E.	350	Reinach BL	356
Laufen	351	Reussbühl	356
Laufenburg	351	Rheinfelden	356
Lausanne	351	Richterswil	356
Lauterbrunnen	352	Riehen	356

Seite 388

Städteregister

Risch	357	Wetzikon ZH	362
Rothenburg	357	Widnau	362
Rotkreuz	357	Windisch	362
Rümlang	357	Winterthur	362
Rüschlikon	357	Wohlen AG	362
Rüti ZH	357	Wollerau	362
Sachseln	357	Worb	362
Samnaun Dorf	357	Würenlos	362
Sarnen	357	Yverdon-les-Bains	362
Schaffhausen	357	Zermatt	363
Schattdorf	357	Zofingen	363
Schlieren	358	Zug	363
Schönenberg TG	358	Zürich	363
Schwende AI	358	Zurzach	365
Seewen SZ	358	Zuzwil	365
Seuzach	358		
Solothurn	358	**Spanien**	
Spiez	358	Barcelona	366
Spreitenbach	358	Bermeo	367
Stalden (Sarnen)	359	Bilbao	367
Stans	359	Burgos	368
St-Cergue	358	Castro Urdiales	368
Steffisburg	359	Catalayud	368
Steinen	359	Costa Blanca	368
Steinhausen	359	Deba	368
Stein SG	359	Lloret de Mar	368
St. Gallen	359	Madrid	368
St. Moritz	359	Pampelune	369
Studen SZ	359	Salou	369
Sumiswald	360	Tudela	369
Sursee	360	Vitoria	369
S. Vittore	357	Zarrautz	369
Täsch	360		
Teufen AR	360		
Thalwil	360		
Thayngen	360		
Thun	360		
Thusis	360		
Tübach	360		
Unterägeri	360		
Uster	361		
Utzenstorf	361		
Vevey	361		
Villars-sur-Ollon	361		
Wädenswil	361		
Wallisellen	361		
Wangen ZH	361		
Wattwil	361		
Wengen	361		
Wettingen	361		

Seite 389

Martin Dederichs GmbH

Europaweit gültig:
Der Behinderten-WC-Schlüssel

Mobilität ist ein wesentlicher Bestandteil von Lebensqualität. Dazu gehört für Behinderte auch der barrierefreie Zugang zu öffentlichen Behinderten-Toiletten und Behindertenaufzügen.

Wir liefern mit unserem seit Jahren eingesetzten System für Deutschland und Europa einen flächendeckenden Zugang zu diesen Toiletten. Alle Behinderten-Toiletten an den Autobahnraststätten und -tankstellen sind mit diesem Schlüssel nutzbar.

Martin Dederichs · Internationale Behinderten-WC Schließanlagen GmbH
Postfach 3124 · 53314 Bornheim · Tel. 02227 - 17 21 · Fax 02227 - 68 19 · www.mdederichs.de